AF329826

D. C. A. HÉMET (1866-1916)

Professeur de Publicité et de Psychologie Commerciale à l'Institut Économique de Paris

Directeur-Fondateur de la revue " *La Publicité* "

Membre du Jury des Concours de Composition typographique de la revue " *La Typologie* "

TRAITÉ PRATIQUE

DE

Publicité

Commerciale et Industrielle

Avec une Préface de ÉMILE GAUTIER

NOUVELLE ÉDITION

EN DEUX VOLUMES, ENTIÈREMENT REVUE ET MISE A JOUR

Par LOUIS ANGÉ

Professeur de Publicité à l'École supérieure pratique de Commerce
et d'Industrie de Paris et à l'Institut d'Enseignement Commercial Supérieur de Strasbourg.
Directeur des Cours Techniques par Correspondance de la revue " *La Publicité* ".

PREMIÈRE PARTIE

LE MÉCANISME DE LA PUBLICITÉ

AVEC DIVERSES APPLICATIONS

PARIS

Éditions du Bureau Technique de " *La Publicité* "

6, rue de la Grange-Batelière, 6

1922

:: :: Droits de traduction et de reproduction réservés :: ::

TRAITÉ PRATIQUE

de

PUBLICITÉ ✤

Commerciale et Industrielle

✤

PREMIÈRE PARTIE

LE MÉCANISME DE LA PUBLICITÉ

AVEC DIVERSES APPLICATIONS

✤

D. C. A. HÉMET (1866-1916)

Professeur de Publicité et de Psychologie Commerciale à l'Institut Économique de Paris
Directeur-Fondateur de la revue " *La Publicité* "
Membre du Jury des Concours de Composition typographique de la revue " *La Typologie* "

TRAITÉ PRATIQUE

de

PUBLICITÉ

Commerciale et Industrielle

Avec une Préface de ÉMILE GAUTIER

NOUVELLE ÉDITION

EN DEUX VOLUMES, ENTIÈREMENT REVUE ET MISE A JOUR

Par LOUIS ANGÉ

Professeur de Publicité à l'École supérieure pratique de Commerce
et d'Industrie de Paris et à l'Institut d'Enseignement Commercial supérieur de Strasbourg.
Directeur des Cours Techniques par Correspondance de la revue " *La Publicité* ".

PREMIÈRE PARTIE

LE MÉCANISME DE LA PUBLICITÉ

AVEC DIVERSES APPLICATIONS

PARIS

Éditions du Bureau Technique de " *La Publicité* "
6, rue de la Grange-Batelière, 6

1922

PRÉFACE DE LA PREMIÈRE ÉDITION
(1912)

❀ ❀ ❀

La Publicité est-elle un art ou une science ? Elle est apparemment l'un et l'autre. Autrement, ce curieux *Traité Pratique de Publicité*, le premier ouvrage de ce genre publié en langue française, dont mon ami Hémet vient de me faire l'honneur de me communiquer les bonnes feuilles, n'aurait ni sens ni raison d'être. Que, tout d'abord, la Publicité soit un art, c'est l'évidence même ; non seulement, elle met en œuvre et à contribution, le cas échéant, tous les arts, jusques et y compris l'art de bien dire — et la poésie elle-même — mais elle a enfanté, de toutes pièces, des arts nouveaux : l'art de l'affiche, par exemple, qui ne le cède pour l'envergure et la maîtrise à nul autre. Peut-être même aurait-on, dans une certaine mesure, le droit de dire qu'elle les a enfantés tous, la peinture, la sculpture, l'architecture ayant à toutes les époques, depuis la préhistoire jusqu'à nos jours et dans tous les pays, défrayé les publicités politiques, religieuses, militaires, commerciales, etc..., dont peuples, princes, partis ou sectes avaient besoin pour rallier les enthousiasmes et susciter des sacrifices, au profit de leur ambition, de leur intérêt ou de leur orgueil. Combien, par le fait, de ces chefs-d'œuvre dont nous admirons la beauté soi-disant désintéressée, n'ont été, dans leur inspiration initiale, que des réclames ou des enseignes ?

Telle même que nous la comprenons aujourd'hui, sous sa forme restreinte et spécialisée au commerce et à l'industrie, la Publicité est *en soi* un art, voire même un art difficile et délicat, exigeant de ceux qui le pratiquent comme de ceux qui en font les frais, infiniment de tact, de savoir-faire et d'ingéniosité.

La Publicité est-elle en même temps une science? La question ne se pose même pas, tous les actes humains ou plutôt tous les phénomènes quelconques étant conditionnés par des rapports nécessaires dérivant de la nature des choses, dont la détermination est précisément objet de science.

La Publicité peut se définir: « L'ensemble des moyens de toutes sortes, destinés à faire connaître les produits du commerce et de l'industrie au plus grand nombre de personnes possible, de façon à suggérer le désir d'en faire l'acquisition au prix d'un sacrifice d'argent. » Il importe donc de savoir quels sont les meilleurs moyens d'obtenir ce double résultat dans le temps et dans l'espace, en fonction du milieu, des circonstances, de la clientèle, etc... Il est, en effet, de toute évidence, que ces moyens varient avec les époques, avec les régions, avec les races, avec les habitudes locales, avec le plus ou moins de facilité des communications, avec l'état d'âme des multitudes ; ils ne sont pas aujourd'hui ce qu'ils étaient il y a vingt ans, ni ce qu'ils seront demain ; les méthodes qui réussissent en Amérique ne réussiraient pas, en dépit d'une légende qui a déjà fait d'innombrables victimes, en France où les conditions économiques et sociales sont si différentes. C'est à la science qu'il appartient de dégager de cet imbroglio les lois fondamentales auxquelles est subordonnée la solution *optima* du problème.

Besogne d'autant plus ardue et compliquée que, une fois ces lois dégagées des faits multiples et contradictoires qui les dissimulent, il reste encore à en tirer, pour chaque cas particulier, telle conclusion pratique que de droit. Il ne suffit pas de posséder à fond les principes de la mécanique pour être en mesure de dessiner et de construire une machine parfaite. Il ne suffit pas davantage d'être un psychologue émérite ni de connaître théoriquement les ressorts qui gouvernent les désirs et les volontés des hommes : il faut encore savoir manier ces ressorts, traduire ces théories en actes, en formules, en images susceptibles d'agir efficacement sur les volontés et les désirs, de façon à persuader le public qu'il est de son intérêt de consentir les sacrifices escomptés. Voilà comment et pourquoi les spéculations de la Publicité-Science doivent se compléter de la technique Publicité-Art.

Telle est la thèse que l'ami Hémet soutient dans son **Traité Pratique de Publicité** avec la maëstria, la précision, l'éloquence communicative que seule peut donner une longue expérience au service d'aptitudes natives hors de pair.

Il est permis de dire que ce livre vient juste à point, et que le besoin s'en faisait positivement sentir.

Sans doute, dans plusieurs pays, en Angleterre, en Allemagne, en Amérique surtout, la Publicité a fait déjà l'objet d'études systématiques qui ne sont point sans valeur. Mais jusqu'à ces derniers temps, en France du moins, l'empirisme y régnait en maître. Comme on n'en avait pas compris l'importance, une importance qui va en grandissant au fur et à mesure que les marchés s'élargissent et que la concurrence devient plus acharnée, elle fut, au début, monopolisée à peu près exclusivement par les charlatans et les faiseurs : ce qui acheva de la déconsidérer. Il fallut pourtant y venir : peut-être y vint-on même avec trop de *furia*, sans plus de souci des contingences que des principes généraux, et avec cette idée, bien française, « qu'on se débrouillerait toujours ». Beaucoup, à cette audace inconsidérée, ont perdu des plumes, si bien

— ou plutôt si mal — que les préventions contre la Publicité se seraient irrémédiablement aggravées si certains triomphes sensationnels et de plus en plus nombreux, uniquement dus à son emploi judicieux, n'avaient fini par démontrer aux plus sceptiques qu'il y a là un instrument de travail de premier ordre, indispensable à qui veut faire du négoce, traiter des affaires et amplifier son champ d'action. Malheureusement, il n'en est sorti ni un système, ni une méthode, les triomphateurs, imprégnés d'une méfiance plus démocratique encore que nationale, se gardant bien de vulgariser les heureux procédés auxquels ils avaient dû leur succès, si tant est qu'ils s'en fussent rendu compte eux-mêmes. (Ainsi s'explique l'incohérence et la confusion qui paralysèrent jusqu'à ces derniers temps la Publicité française, et l'incertitude de ses résultats.) Mais, chez nous, le bon sens, qui est, avec l'instinct de la mesure, l'une des caractéristiques du génie de la race, ne perd jamais ses droits. Contrairement à nos traditions, nous n'aurons été, sur ce terrain, que les ouvriers de la onzième heure, mais certains indices du meilleur augure permettent d'espérer que nous aurons tôt fait de regagner l'avance perdue.

N'est-ce pas un signe des temps qu'une grande École commerciale, considérant que la Publicité doit être objet d'enseignement au même titre que les langues étrangères ou la comptabilité, ait cru devoir créer à cet effet une chaire spéciale, et que le premier titulaire de cette chaire ait immédiatement éprouvé le besoin de faire œuvre de vulgarisation, et, pour que nul n'en ignorât, d'inaugurer une littérature !

Personne, au demeurant, n'était mieux qualifié que M. Hémet pour s'acquitter de cette tâche, dont il n'y a pas à se dissimuler les difficultés « d'essuyeur de plâtres ». Non seulement en raison de ses prédispositions personnelles, mais encore parce que, au cours d'une longue carrière exclusivement consacrée à la Publicité, tour à tour annoncier et annonceur, « conseiller » et « payeur », il lui a été donné d'envisager la question par les deux bouts de la lorgnette, d'en connaître les surprises et d'en pénétrer le fin du fin.

Puisqu'on me fait, en général, la faveur d'admettre que je dois quelque peu m'y connaître, on voudra bien me croire si j'affirme qu'il me fait l'effet d'y avoir admirablement réussi.

Il faut lire ses pages si lumineuses et si fortes sur l'intuition des besoins du public (que la Publicité ne crée pas, sauf exception, mais qu'elle éveille ou qu'elle accouche), sur la « majorité relative » et le « potentiel d'intérêt », sur la limitation de la clientèle, sur le « phénomène de réceptivité », sur la loi de l'offre et de la demande (que la Publicité a pour fonction de corriger, sauf à la subir elle-même), sur la nécessité pour elle d'opérer dans « une atmosphère de sympathie », sur le rôle de « la masse » en matière d'annonce, sur la distinction des deux publicités (la « Publicité directe, suggestive, à effet immédiat », et la « Publicité indirecte, obsédante, à effet différé »), etc..., etc..., pour se rendre compte des subtilités de cette science, des raffinements de cet art, et de la manière de s'en servir efficacement.

Quiconque s'intéresse à la Publicité, sous un titre quelconque, fût-ce par dilettantisme pur, comme on s'intéresse à un fait historique ou à un phénomène social, trouvera là pâture à son goût. Il est même certain chapitre où sont analysées à traits rapides, mais de main de maître, les passions diverses (la curiosité, l'intérêt, la vanité, le sentiment de la propriété ou de la possession, la crédulité, la confiance, la pusillanimité, la cupidité), que je me permets de recommander aux psychologues professionnels.

Tout cela en une langue simple et claire, où se reconnaît l'homme qui, entraîné à calculer la valeur et la portée des mots, n'en emploie jamais d'inutiles ni d'impropres, et qui a vécu ses doctrines.

Le **Traité Pratique de Publicité** n'est pas seulement un livre utile : c'est un beau livre, car *il fait penser*, et je ne suis pas peu fier d'en avoir été choisi pour parrain par l'auteur. Son apparition consacre définitivement l'élévation en France, au rang d'institution économique et sociale, d'une forme de l'activité humaine trop longtemps abandonnée, sans critérium et sans méthode, aux caprices de la fantaisie individuelle.

La Publicité avait déjà ses maîtres et ses artistes, mais ils opéraient pour leur propre compte, comme qui dirait en court-circuit. Il lui manquait un évangile : M. Hémet s'est chargé de le lui fournir.

N'oublions pas cependant que le plus génial manuel de stratégie ne suffit pas toujours pour gagner la bataille !

Émile GAUTIER.

AVANT-PROPOS DE LA PREMIÈRE ÉDITION

(1912)

⌘ ⌘ ⌘

Nous avons, d'abord, et toute affaire cessante, un devoir bien doux à remplir : celui d'adresser nos remerciements les plus sincères, les plus émus, dirons-nous, au maître publiciste qui a bien voulu couvrir cet ouvrage de l'autorité la plus haute que reconnaissent, de nos jours, tous ceux qui s'intéressent à la publicité : nous avons nommé M. Émile GAUTIER, *qui, en nous honorant très grandement du titre d'ami, a écrit la Préface substantielle par laquelle il présente au lecteur notre* **Traité Pratique de Publicité.**

Lorsque nous lui demandâmes de l'écrire, nous savions que nous nous adressions au plus puissant des vulgarisateurs que compte, à notre époque, la presse française. Nous n'osions espérer qu'il acceptât. Il y a consenti avec la bonne grâce obligeante qui est tout lui-même et que tous ceux qui l'approchent estiment en lui.

Nous en sommes d'autant plus vivement touché qu'il n'a pas seulement jeté quelques fleurs de rhétorique sur le berceau de notre nouveau-né ; il a voulu le connaître, l'apprécier, pour pouvoir en dire, en toute sincérité, ce qu'il en pensait, et il se trouve qu'il n'en pense que du bien. C'est une sanction à laquelle nous ne saurions attacher trop de prix et qui mérite mieux de notre part que de la reconnaissance.

Quelques mots, maintenant, pour dire dans quel esprit nous avons écrit ce livre :

De ce que, jusqu'à présent, d'aucuns se sont obstinés à prétendre que la Publicité ne pouvait se concevoir que dans l'empirisme, doit-on conclure qu'il n'est pas possible de fixer des règles à cette science capricieuse et insoumise ?

Nous sommes, au plus profond de nous-même, persuadé que l'indécision qui règne généralement pour tout ce qui a trait à cette branche des connaissances commerciales est simplement causée par l'ignorance dans laquelle se tiennent tous ceux qui devraient le mieux la connaître. On dirait qu'ils ont peur d'en chercher la clé, par crainte de la trouver, et de ne plus savoir comment s'en servir.

Et pourtant, que de services on pourrait obtenir d'un traité de publicité bien fait, où seraient exposés et étudiés toutes les conditions, tous les cas dans lesquels un commerçant, un industriel doivent en faire ? Que d'argent gâché, dépensé à tort et à travers ; que de temps irrémédiablement perdu en fausse publicité ! On gagnerait tout cela si l'on savait brûler les premières étapes, pour arriver plus vite et à moins de frais, au but recherché !

Que notre **Traité Pratique de Publicité** soit bien fait, il ne nous est pas dévolu d'en débattre, encore moins de l'affirmer. Mais nous pouvons garantir que nous avons fait tout ce que nous pouvions pour le rendre clair, utile et, surtout, véritablement pratique. Nous l'avons surtout écrit sans parti pris, mais aussi sans complaisances blâmables, de sorte que c'est absolument l'expression de notre pensée que nous livrons à nos lecteurs, sans nous soucier des inimitiés que nous susciterons, des ennemis que nous nous ferons. Nous avons cherché uniquement à faire profiter les commerçants et les industriels qui s'apprêtent à saisir l'arme et à s'en servir, de l'expérience que nous avons acquise depuis tantôt vingt-cinq ans que nous nous occupons de publicité.

Après nous, d'autres mieux instruits, mieux informés, voudront, sans aucun doute, exprimer plus clairement ce que nous avons dit, le compléter et l'enrichir de leurs observations personnelles ; nous en serons ravi. Il en est de certains sujets — et la publicité est du nombre — comme de l'art du chant, pratiqué par des amateurs, dans les repas de corps et les dîners de mariages. D'abord, personne ne veut chanter, parce qu'on ne sait pas comment chantent les autres. Mais aussitôt qu'un convive plus hardi s'est déclaré et a poussé sa romance, tous les invités s'y mettent et font entendre leur couplet. Rien de tel pour délier les langues et débrider les écritoires comme l'exemple.

Nous avons cependant la conviction de ne pas nous être aventuré sans vert. Les éléments de ce traité sont ceux que nous avons utilisés pour créer notre Cours de Publicité et de Psycho-

logie commerciale à l'Institut Economique de Paris, il y a quatre ans. C'est le premier cours de cette nature qui ait été fait, à Paris, dans l'enseignement commercial.

Depuis, nous l'avons perfectionné autant que nous avons pu, classant les faits, les analysant, les disséquant, pour ainsi dire, afin d'en extraire les conclusions les plus précises. Si donc nous nous sommes trompé, c'est assurément de bonne foi.

Enfin, il y a deux ans, la Direction de l'Enseignement technique du Ministère du Commerce ayant demandé à quelques notabilités de la publicité l'établissement d'un programme de cours pour les Écoles de commerce françaises, primaires et supérieures, nous avons été appelé par la confiance de Louis Vergne, alors Secrétaire général de la Chambre syndicale de la Publicité, aujourd'hui défunt, à collaborer à la rédaction de ce programme et nous avons été ainsi en situation de formuler les différents principes qui régissent la pratique de cette science artistique, ou de cet art scientifique, comme on voudra.

La méthode qui a présidé à la rédaction de ce Traité, l'ordre dans lequel il a été élaboré, sont exactement ceux que le programme de cours, établi sur la demande de la Direction de l'Enseignement technique du Ministère du Commerce, avaient prévus. L'esprit en est, croyons-nous, le même aussi.

*Aujourd'hui que ce **Traité Pratique de Publicité** a vu le jour, notre sentiment est qu'il peut répondre aux besoins des Commerçants, des Industriels et, en même temps, faciliter la tâche de nos collègues de l'Enseignement technique dans les Écoles de Commerce, en suppléant, pour une part au moins, aux lacunes que présenteraient leurs connaissances personnelles sur un sujet qui, nous le répétons, n'a fait l'objet, en France, d'aucune étude réellement pratique.*

L'accueil réservé à ce livre nous dira si nous avons réussi ou si nous avons échoué.

D. C. A. HÉMET.

PRÉFACE DE LA PRÉSENTE ÉDITION

✣ ✣ ✣

Appelé — par la confiance de celle qui continue si digne-ment dans le domaine de la publicité l'œuvre du regretté M. Hémet — à l'honneur de mettre sur pied une nouvelle édition du **Traité Pratique de Publicité** *que l'initiateur de l'école française de publicité avait fait paraître en 1912 et qui était depuis longtemps épuisé, je me suis imposé le devoir de chercher, avant tout, à apporter ici ce qui eût vraisemblable-ment été la pensée de l'auteur lui-même, si une mort préma-turée ne l'eût pas ravi à notre admiration.*

J'ai voulu apporter à cet ouvrage uniquement les modifica-tions que l'auteur y eût apportées lui-même, si nous avions eu la joie de le voir lui-même accomplir ce travail. Un intervalle de dix années, magnum spatium publicitaris ævi, *nécessitait une revision complète de ce* **Traité***, revision que M. Hémet n'eût pas manqué d'effectuer lui-même, mais, certes, avec une maîtrise que je suis loin d'avoir égalée et qui nous eût valu encore quelques-unes de ces brillantes pages, nourries de tant de verve, d'esprit et de jugement.*

Comme on le fait toujours en pareil cas, et surtout dans un travail si vaste, lorsque l'on a sa conscience et son talent, M. Hémet eût épousseté ceci, déblayé cela, ajouté ou retranché tel passage, précisé telle idée, cité tel fait nouveau, ou modifié en tel sens le plan de l'ouvrage. J'ai essayé de me mettre à sa place, en m'effaçant entièrement devant sa rayonnante person-nalité, et si mon nom figure ici, c'est simplement pour attes-ter dans quel esprit de piété et de fidélité a été entreprise cette refonte — et aussi pour endosser les imperfections qu'elle présente : tout ce qu'on trouvera ici d'intéressant est la pro-priété pleine et entière du maître ou du moins le résultat de sa fécondante inspiration.

*Lorsque, sous de multiples signatures, M. Hémet rédigeait presque à lui tout seul la magnifique revue **La Publicité**, il est arrivé que parfois des lecteurs ont cru que le pseudonyme de* Comfort *dont je signais de modestes articles n'était qu'une des incarnations de la plume de notre éminent directeur. Et maintenant voilà que, par un lien nouveau, mon nom se rapproche encore du sien, mais à la façon dont le lierre chétif entrelace respectueusement ses faibles branches autour du chêne royal.*

Les siècles auront beau passer. Tant qu'il y aura des Français et qui font de la publicité, l'ouvrage de M. Hémet, joint au souvenir de tout ce qu'il a fait pour constituer la publicité française en dignité, en efficacité, en valeur scientifique et en sérieux, demeurera comme un monument inébranlable, qu'il y aura toujours profit à consulter. Ainsi, quelles que soient les vicissitudes des théories économiques, on revient toujours avec fruit aux travaux des Montchrétien, des Adam Smith et des Bastiat. M. Hémet a posé les assises fondamentales de la publicité française, et les portes de l'oubli ne sauraient prévaloir contre sa belle mémoire.

Louis ANGÉ.

La Vie et l'Œuvre de D. C. A. Hémet

◩ ◩ ◩

UN DE CEUX QUI MANQUENT
A LA FRANCE D'AUJOURD'HUI

D. C. A. HÉMET

(Extrait d'un article paru dans le numéro
de février 1919 de la revue *La Publicité*.)

    ... Les fidèles lecteurs de cette revue, épars aux quatre coins
du monde, n'apprendront pas sans une profonde amertume que
le fondateur, directeur, rédacteur en chef et principal rédacteur
de *La Publicité*, notre maître et ami M. D. C. A. Hémet, est

mort à Paris, le 22 février 1916, après une brève mais douloureuse maladie, dans la verdeur de la maturité humaine, n'ayant pas encore cinquante ans...

M. D. C. A. Hémet, par sa personnalité et par son œuvre, tenait dans la publicité française une place à part, telle que, pour pouvoir l'apprécier dignement, il faudrait au moins un numéro entier de cette revue. Et quand je dis « dans la publicité française », j'entends dire « dans la vie économique française », et j'entends dire plus encore : « dans la France elle-même tout entière ». Et, en disant cela, j'ai pleine conscience de ne point exagérer.

Je veux dire par là que M. Hémet était pour moi un symbole, le symbole de l'esprit d'initiative, de vérité et de réalisation. Il était un de ces rares hommes qui, en France, avant la guerre, se rendaient compte clairement de la situation véritable de notre pays dans le monde et qui savaient d'une science sûre tout ce qui nous manquait et quels efforts il fallait faire pour égaler, non pas en tant qu'individus, MAIS EN TANT QUE NATION, nos puissants voisins ou émules des deux continents. Et, fort de cette certitude, ayant devant lui la vision lumineuse du but à atteindre, quelles que fussent la *coupable* ou *sotte* indifférence et la lamentable inertie qu'il rencontrait trop souvent autour de lui, il allait creusant toujours son sillon. *Fac et spera*, « travaille et espère », eût-il pu dire avec le stoïcien antique.

Et c'est ainsi que, maître de son domaine, ce domaine vers lequel l'avait dirigé sa vocation, il menait pour sa part, dans la publicité française, — comme quelques trop rares esprits le faisaient dans les autres branches de l'activité économique, sociale ou intellectuelle de notre pays, — le bon combat du labeur quotidien, s'obstinant à promouvoir le meilleur avenir.

On ne saurait trop insister sur le mérite d'une telle action ; et en souligner ici d'un mot *l'importance nationale*, — c'est à dessein que j'emploie cette expression, — c'est décerner au disparu le plus bel éloge qui se puisse concevoir. Car M. Hémet savait, par intuition et par raisonnement, par esprit de finesse et par raison géométrique, que, *si le phénomène capital de l'industrie et du commerce est la vente, le facteur essentiel de la vente est aujourd'hui la publicité, ce mot étant pris en son sens le plus large.*

Et c'est par là que l'action d'un Hémet dépasse de beaucoup

le cadre de cette revue et de la publicité, et que j'aurais voulu que, — en dehors des hommages unanimes que la presse technique, par la voix de ses confrères, de ses pairs et de ses disciples, lui a déjà spontanément rendus, — les colonnes de notre grande presse se soient honorées en signalant au public français la valeur *nationale* d'un tel exemple et d'un tel enseignement.

Et, pour bien montrer que je ne me laisse pas entraîner au souffle emphatique de vaines paroles, je dirai que, dans un grand pays, — malheureusement, ce n'est pas le nôtre, — je sais un savant économiste qui a été plusieurs fois ministre du commerce et qui, actuellement, si je ne me trompe, est encore ministre de la prévoyance sociale, par conséquent un des esprits les plus éclairés et les plus ouverts de l'heure présente, qui, chaque fois, se délectait à la réception et à la lecture du nouveau numéro de *La Publicité*, à laquelle il avait été un des premiers abonnés.

M. D. C. A. Hémet a été en France l'incarnation de la publicité ; il était la « publicité même », dans ce qu'elle a de plus élevé, de plus honorable, de plus captivant, de plus efficace et — *last not least*, comme disent nos alliés — de plus utile.

Pour rappeler, par à peu près, des vers peu connus de Jules Lemaître, nul ne méritait mieux qu'on dise de lui :

> Dans le bataillon grandissant
> Des chevaliers de Notre-Dame
> La Renommée au son puissant,
> C'est Hémet qui tient l'oriflamme.

Et nous, ses collaborateurs, pour si modestes que nous soyons, nous ajouterons ce que Dante disait à Virgile : « *Tu se' lo mio maestro e il mio autore.* » C'est toi notre maître et c'est toi notre auteur.

Il ne me reste qu'un peu de place pour préciser, à grands traits, par quelques données biographiques, les contours d'une telle carrière, d'une telle œuvre et d'une telle vie.

Désiré-Constant-Albert Hémet, né le 1er mai 1866, s'était dès sa jeunesse consacré tout entier à la publicité, qu'il a pratiquée de bonne heure sous toutes ses faces et dans tous ses aspects, de sorte qu'en 1902, âgé de trente-six ans, il a été à même de prendre la direction d'une des grandes agences de publicité de Paris. S'il s'en était tenu là, il aurait poursuivi une carrière qui, pour si brillante qu'elle pût être, ne serait point sortie des chemins ordinaires. Où commence l'originalité de M. Hémet, c'est lorsque, en 1903, il fonde cette revue, dans laquelle je ne pensais pas que j'aurais un jour, et cela si précocement, le douloureux honneur de lui rendre les suprêmes devoirs.

Maître de la pratique de son art, M. Hémet était un esprit trop supérieur pour ne point s'être rendu compte, de prime abord, que si l'on voulait assurer à la publicité française une place digne d'elle dans la vie économique de la nation, il fallait s'efforcer d'en établir la théorie, afin, autant que possible, d'essayer de la constituer en science, — science psychologique autant qu'économique et purement technique, — par l'accumulation des études, des recherches et des documentations.

Ce n'est point aux assidus lecteurs de cette revue, qui représentent l'élite intellectuelle du monde de la production et du négoce, qu'il faut dire toute la signification et toute la portée de cette publication qui — dans un caractère et un goût absolument français — a été la première qui permît chez nous d'avoir quelque chose d'analogue aux grandes revues anglaises et américaines.

Bornons-nous à remarquer que la fondation et l'existence depuis 1903 de cet « organe technique des annonceurs », consacré à « l'étude et la vulgarisation des meilleurs procédés de publicité », et venant enfoncer mensuellement dans la tête — parfois « un peu bien dure » du public français — l'infatigable marteau de la saine doctrine publicitaire, constituent, au point de vue sociologique, un très intéressant exemple de ce que peut l'application, à une branche déterminée de la pratique moderne des affaires, de la méthode expérimentale des Claude Bernard, des Auguste Comte et des Descartes.

Directeur de sa revue, M. Hémet en était encore, et de beaucoup, le plus important, le plus aimé et le plus assidu rédacteur. Sous de multiples signatures il apportait chaque mois à ses lecteurs charmés (je parle ici pour mon propre compte) la manne de son esprit, de ses réflexions, de ses remarques et de ses études, toujours marquées au coin du bon sens le plus sûr et de la plus judicieuse finesse. Et sa chronique de tête signée

Spectator, qu'il intitulait si simplement « causerie », et qui était le « premier Paris » de la publicité française, quelle verve, quel feu d'artifice, quelles fusées d'éloquence et quel pétillement de malice, toujours savoureuse comme un champagne de cuvée choisie! Je ne sais plus à quelle occasion j'appelais un jour *Spectator* « le Francisque Sarcey de la publicité ».

Mais si, dans les débuts, « M. Hémet-Raveau-Spectator, etc. » faisait presque à lui tout seul le numéro de sa revue, il ne tarda pas à voir affluer autour de lui, comme collaborateurs occasionnels ou permanents, la plupart des esprits qui en France avaient « des clartés » et des notions sur la théorie ou la pratique de la publicité. Et c'est ainsi que, par la force des choses, autour de ce Buloz d'un nouveau genre, sont venus tour à tour prendre rang une série d'écrivains spécialistes, ou même à l'occasion non spécialistes, dont les articles ont fait un peu de cet organe la « *Revue des Deux Mondes* » de la publicité française.

C'est que M. Hémet était le plus exquis des directeurs qu'on puisse rencontrer. Je me rappellerai toujours que, lorsque, étudiant attardé aux amphithéâtres de la Sorbonne, je mis un peu mon nez à l'air d'une atmosphère plus moderne et vins pour la première fois proposer ma « copie » au directeur de *La Publicité*, que je ne connaissais alors ni d'Ève ni d'Adam, — conditions, on l'avouera, bien mauvaises pour qui aspire à renifler dans ses articles l'odeur fraîche de l'encre d'imprimerie, — ma stupéfaction ne fut pas petite de m'entendre dire par la voix convaincue et chaude de M. Hémet : « *Je n'aurai jamais assez de rédacteurs.* » O vous, les grands manitous de nos grands journaux, — qui, parfois, à côté des journaux étrangers paraissent… bien petits, — méditez cette parole, dont le bénéfice s'étend, en première ligne, aux lecteurs non moins qu'à ceux qui écrivent : « *Je n'aurai jamais assez de rédacteurs!* »

Et depuis, dans une collaboration qui, pour si minime qu'elle soit, ne s'est point interrompue un instant, je me permets de révéler que, des articles que je lui envoyais parfois de plus de mille kilomètres, il n'en est pas un seul dans lequel il ait ajouté ou supprimé une seule ligne, ou dont il m'ait imposé ou simplement inspiré ou suggéré l'idée ou la tendance. Mais, si aucun de ces articles ne m'a été particulièrement dicté par lui, je dois ajouter que, moi-même, dans l'ensemble de ma ligne de conduite publicitaire, je me suis toujours systématiquement inspiré de son exemple et de ses magistrales dissertations. Si bien que, chose assez piquante, il est arrivé parfois qu'on ait cru — et ce n'est pas des moindres qui pendant un temps l'ont cru — que Comfort était une des diverses manifestations de ce Protée omniprésent et omniscient qu'était notre cher directeur et rédacteur en chef.

Apôtre de la publicité par la plume, M. Hémet voulut l'être aussi par la parole, ayant compris que l'enseignement de la publicité était aussi nécessaire que n'importe quel autre ordre d'enseignement, car, si l'enseignement n'a pas pour objet de se substituer à l'apprentissage et à la pratique, il est encore le seul moyen qu'on ait trouvé, « depuis qu'il y a des hommes et qui pensent », pour préparer, orienter et faire, rapidement et largement, fructifier cet apprentissage et cette pratique. C'est ainsi que, dès 1908, M. Hémet, un des premiers en France et en Europe, professa — avec quel succès, ses élèves le savent — un cours de publicité et de psychologie commerciale (car l'un et l'autre vont ensemble) à l'établissement qui fait aujourd'hui partie de l'Institut Catholique de Paris sous le nom d'École Supérieure des Sciences Économiques et Commerciales. Et c'est très naturellement que, en 1911, M. Hémet était appelé à la Commission chargée d'établir le programme de l'enseignement de la publicité dans nos écoles de commerce.

Enfin, en 1912, M. Hémet a publié son *Traité Pratique de Publicité* qui, sous une forme facilement accessible à chacun, développe, avec précision et ampleur, le cours complet de ce que chacun doit savoir sur la publicité. Ouvrage unique en son genre et qui résume le fruit de trente ans d'expérience de l'homme de France qui, étant le mieux informé sur tous les points de la question, était en mesure de la traiter avec le plus de compétence. C'est la « Somme » et le « Bréviaire » de qui veut *sérieusement* s'initier aux principes de la publicité rationnelle.

Je ne crois point faire erreur en disant que la doctrine, ou le système, ou, simplement, la théorie de M. Hémet en publicité tirait sa principale force de ce qu'elle était basée sur une connaissance profonde des hommes de notre temps et des mobiles qui les font agir, qu'elle était, avant tout, psychologique, ou, si l'on ne craint pas le mot, pragmatiste, ou encore, toutes proportions gardées, qu'elle marchait parallèlement à ce qu'ont fait de nos jours, en philosophie, les Bergson, en France, et les William James et les Baldwin, en Amérique; ou encore, pour employer un terme de comparaison emprunté à l'histoire littéraire, M. Hémet serait en publicité de l'école des Sainte-Beuve, des Jules Lemaître et des Anatole France, laissant à d'autres le rôle d'un Nisard, d'un Taine ou d'un Brunetière. On voit tout de suite ce qu'avec une telle théorie, la publicité peut gagner en clarté et en animation, si tant est qu'elle y perde en passion et en intransigeance.

Et quant au sens des principales campagnes menées par M. Hémet au cours de sa longue et pourtant brève carrière, un mot les résume : « De la lumière, toujours de la lumière ! » Voilà pour le point de vue morale et honnêteté; et pour le point de vue technique : « De la méthode et du savoir ! » Ce qui, en fin de compte, aboutit toujours à l'intérêt de celui qui paie, c'est-à-dire l'annonceur. Aussi sommes-nous en droit de répéter, à propos de M. Hémet, ce que le « député de la publicité », M. Paul Bluysen, disait en 1912 sur la tombe d'une autre grande figure de la publicité, M. Louis Vergne : « C'est bien lui qui a marqué la publicité française d'un sceau particulier, fait d'une affirmation quotidienne d'honnêteté, d'ingéniosité et de goût. Notre profession lui devra un gré perpétuel de la ténacité et de la loyauté avec lesquelles il nous a fait délivrer publiquement cette sorte de brevet. »

Vergne et Hémet, les deux pôles du globe publicitaire ! Si la place ne me manquait, quel parallèle à faire dans le mode antique : Homère et Virgile, Cicéron et Démosthène ! On se souvient encore de la fameuse polémique qui s'engagea entre « Vergne-Tant-Mieux » et « Hémet-Tant-Pis » dans les colonnes mêmes de cette revue, à propos de la cherté comparative de la publicité française et de la publicité étrangère, et dans laquelle, on se le rappelle, notre érudit confrère M. René Carré est intervenu avec une documentation si judicieuse. Il est trop évident, pour qui est seulement sorti de son pays — et qui n'a pas à défendre des intérêts particuliers — que c'est M. Hémet qui avait *indiscutablement* et mille fois raison. D'ailleurs, depuis la guerre, la conduite de la presse française en général à l'égard de

la publicité est venue écrabouiller la thèse adverse comme par
le formidable éclatement d'un monstrueux 420. Mais ce qui a
donné à cette polémique son caractère et son intérêt tout particulier, c'est la courtoisie et l'élégance avec laquelle, sur le
« terrain » de cette revue, les deux maîtres escrimeurs maniaient
leurs épées mouchetées, pour le plus grand régal des « témoins »
et de la « galerie ».

Si donc, par ses campagnes de salubrité ou d'intérêt public,
M. Hémet avait soulevé quelques contradictions ou même
quelques inimitiés professionnelles (il n'y a que la vérité qui
blesse !), tous étaient unanimes à reconnaître la sincérité de sa
conviction, la loyauté de ses intentions et ses qualités d'honnête
homme, d'homme serviable et bon, en même temps que d'esprit
supérieur toujours disposé à agir pour la bonne cause et à faire
le bien. La publicité française lui doit cette sublime parole d'apo-
logie : *Transiit benefaciendo.* Il a vécu en faisant le bien.

Nous nous rappellerons longtemps sa forte et bonne tête,
resplendissante de santé intellectuelle et de cordial enjouement.
Et la sérénité de son regard à demi-souriant semblait ne se
cacher derrière le cristal du lorgnon que pour mieux exprimer la
sérénité philosophique — saupoudrée de malice normande —
d'un Français qui a beaucoup vu, beaucoup entendu, beaucoup
retenu, mais aussi beaucoup pardonné. Il y a de pareilles têtes
au pays de Corneille et de Flaubert.

Membre de la Chambre Syndicale de la Publicité, membre
du jury des concours de composition typographique de la [revue
La Typologie (car il était un des rares experts en matière de
typographie appliquée à la publicité, — matière si délicate et si
particulière !), chevalier du mérite agricole et officier de l'instruction publique (distinctions, qui, pour banales qu'elles soient
devenues, se sont trouvées rarement aussi bien placées),
M. Hémet représente, pour moi, comme pour tous les initiés,
selon une expression de Napoléon, « la plus haute pyramide »
de la science publicitaire. Parmi ses pairs et ses émules, il était
« celui qui fait autorité » et, si on ne le suivait pas toujours, c'est
que la nature humaine est ainsi faite : *meliora video proboque,
deteriora sequor.* Je vois le bien, mais je fais… le contraire.

C'eût été, me semble-t-il, une perte difficile à réparer que la
disparition de cette revue, à laquelle le nom de M. Hémet restera
à jamais attaché, de même que le nom de la revue *La Publi-*

cité restera indissolublement lié à l'histoire de la technique des affaires au XX⁰ siècle. C'est pourquoi nous devons être reconnaissants à la veuve de M. Hémet, à celle qui fut la si dévouée compagne et collaboratrice des bons et des mauvais jours, d'avoir tenu à honneur, dès que les circonstances l'ont permis, de lancer à nouveau sur les flots de l'océan apaisé l'esquif hardi et glorieux de *La Publicité*. Et elle ne pouvait, je crois, en confier la direction à un meilleur pilote...

COMFORT.

(Extrait du numéro de novembre 1916 du *Bulletin
de Guerre de la Conférence des Chefs de Publicité*.)

La mort fauche décidément dans les rangs des écrivains publicitaires français.

Après Arren, D. C. A. Hémet.

D. C. A. Hémet! Ce nom, prononcé par nous, n'évoquera plus que des souvenirs. Hémet, le Hémet de *La Publicité*, le vaillant, le doyen des écrivains, n'est plus.

En cette époque troublée, où maintes relations furent suspendues par la guerre, cette nouvelle ne m'est parvenue qu'incidemment. C'est donc tardivement, mais du fond du cœur, que je viens dire à sa famille, à sa compagne surtout, à celle qui fut sa collaboratrice si attentionnément dévouée : la douleur qui vous blesse nous frappe également, car celui que nous regrettons aujourd'hui nous a permis de nous affirmer parce qu'il avait, avant nous, mené le bon combat. En perdant D. C. A. Hémet, les chefs de publicité ont perdu un tuteur et un ami dont ils n'ont pu tous apprécier la valeur.

Il m'est permis, à moi qui l'ai approché de près, qui ai travaillé jadis à ses côtés, de dire tout le bien que j'en pense.

L'homme était bon, franc, loyal; son abord était cordial et sympathique. Les relations, avec lui, était toujours empreintes de courtoisie.

Alors que d'autres, à sa place, se seraient murés derrière leurs efforts passés, D. C. A. Hémet laissait ses portes largement ouvertes et l'on peut dire que nul ne fut, plus que lui, accueillant aux débutants.

Son œuvre se résume en deux grands faits. L'un lui assure la première place dans le monde publicitaire. C'est son journal *La Publicité*, le plus ancien des journaux similaires édités en Europe. Il serait regrettable que cet organe disparût avec son créateur et je souhaite, ardemment, que les héritiers de notre ami puissent continuer l'œuvre entreprise par lui. S'il leur faut des collaborateurs, ceux de la Conférence que la guerre aura épargnés seront à leur disposition.

Le second grand fait de D. C. A. Hémet est son *Traité de Publicité*. Il m'est difficile, à moi qui ai pris position sur le même terrain, de juger un tel travail. Mais ce que je puis dire, c'est qu'il contient des années, des lustres, des décades d'expérience professionnelle et que, pour cela, il s'impose à quiconque s'occupe de publicité. Je lui ai donné une place d'honneur en ma bibliothèque.

Aussi bien, je ne viens pas, sur une tombe trop tôt creusée, jeter des fleurs. L'homme qui a fait sa tâche n'a pas besoin de louanges. C'est le cas de Hémet : il a rempli sa tâche. Mais ce qui m'est un devoir à moi, c'est de lui dire bien haut : Merci pour nous avoir tracé le sillon, et ce qui m'est une douleur, c'est de lui dire ici, en votre nom comme au mien, l'ultime « Adieu »..

Octave-Jacques GÉRIN.

(Extrait du numéro 71, deuxième numéro de la guerre, de la revue *Atlas*.)

C'était certainement une des figures les plus attachantes et les plus intéressantes du monde de la publicité que celle de Hémet qui a succombé à une courte maladie.

Il était un des rares, un des très rares même qui connaissait admirablement son métier et alliait à une connaissance approfondie de la pratique une théorie éclectique qu'il exposait d'ailleurs chaque mois dans le journal qu'il avait créé, *La Publicité...*

Hémet était un convaincu et il fut l'un des plus généreux champions de la cause de la publicité libre ; il rompit de nombreuses lances pour la thèse qu'il soutenait. Il allait répétant — et nous nous sommes toujours rangés à son avis — que la profession tout entière n'avait qu'à gagner à la modicité des tarifs et à la loyauté des déclarations. Il n'a cessé de demander, on peut le dire, jusqu'à sa mort, la justification des tirages, l'établissement des prix sur une base équitable, c'est-à-dire proportionnée à l'intérêt du journal, à la classe de ses lecteurs, à son tirage et à la largeur de ces colonnes...

La collection complète du journal *La Publicité* est aujourd'hui quasi introuvable; elle contient des choses fort intéressantes qui contribueront à l'histoire de la publicité au cours de ces dernières années; elle publia des articles très documentés, elle exposa des aperçus, des impressions, elle provoqua des mouvements dont la publicité tout entière profita.

Hémet consacra beaucoup de ses dernières années à l'établissement d'un ouvrage qui est et sera de plus en plus apprécié et qui parut sous le titre de *Traité de Publicité*. L'ouvrage ne doit pas être épuisé et il constitue certainement une des études les plus consciencieuses et les plus documentées qu'on ait écrites sur le sujet. Il y a dans certaines parties de l'ouvrage quelques restrictions à apporter aux vues personnelles de Hémet, cela va sans dire, mais c'est justement en cela que réside l'originalité d'une œuvre qui apporte quelque chose d'original aux connaissances déjà acquises par les techniciens.

Nous envoyons à notre regretté confrère un salut confraternel que tous ceux qui l'ont connu seront unanimes à partager.

J. F.

Les Maîtres de l'organisation, de la vente et de la publicité

(Extrait du numéro de février 1922
de Polmoss Revue, de Bruxelles.)

Désiré-Constant-Albert Hémet... est incontestablement le fondateur de l'École française de publicité moderne. Un de ses biographes les plus sincères a écrit avec raison que la grande figure publicitaire dont nous voulons honorer ici la mémoire, était « l'incarnation de la publicité française » dans ce qu'elle a de plus élevé, de plus captivant, de plus efficace et de plus utile. Cette affirmation n'est pas le cri du cœur d'un ami et d'un

admirateur du grand Hémet, elle est vraie, elle exprime lumi-
neusement en quelques mots toute la valeur, tout le savoir,
toute la science du Maître.

En 1903, D. C. A. Hémet fonda son célèbre organe technique
des annonceurs, sa revue *La Publicité*, consacrée exclusivement
à l'étude et à la vulgarisation des meilleurs procédés de publicité, premier périodique du genre créé en France.

Ce faisant, Hémet réalisait un véritable coup d'audace et
prouvait qu'il était l'un des rares hommes de son pays, de cette
France toujours avide de progrès, qui accordaient — à cette
époque déjà lointaine — une valeur économique réelle à l'étude
de la publicité. Et pour le prouver, il n'hésita pas à y consacrer
toute son intelligence, toute son énergie, tout son temps et tout
son argent.

*
* *

Il est impossible d'évaluer, même difficile de s'imaginer les
conséquences heureuses qui résultèrent pour l'industrie et le
commerce français de l'existence de la revue *La Publicité*. En
fondant son journal, Hémet procréa, pour ainsi dire, la publicité
raisonnée sur le continent européen. Avant l'existence de
l'organe technique des annonceurs, nous ignorions le pouvoir
réel de la Grande Fée Réclame. Nous savions bien que les
Anglais et les Américains étaient plus forts que nous dans ce
domaine de l'art de vendre, mais nous étions loin de voir dans
la réclame une science et un art nouveaux. Hémet fut donc
véritablement un précurseur...

... Enfin, en 1912, Hémet publia son *Traité pratique de
Publicité*, ouvrage d'une valeur inestimable, fruit de trente
années d'études, de travail et d'expérience.

Voilà pourquoi Hémet est le père de toute la génération
actuelle des techniciens français — nous pouvons même ajouter
des techniciens belges, car la vague de sa renommée déferla
jusque chez nous. — C'est sa « graine » que nous voyons germer
dans l'immense campagne publicitaire. Ce sont toujours ses
lauriers qui font la gloire de la publicité d'expression française.
C'est son « sceau » qui marque la valeur de nos travaux.

L'érudition du Maître n'était comparable qu'à sa bonté... Son
enthousiasme pour la défense de la grande cause publicitaire

était communicatif ; c'était un animateur de premier ordre et,
personnellement, nous lui devons d'avoir embrassé la religion
dont il était le grand-prêtre. Nous lui en gardons un souvenir
ému, et c'est avec le plus profond respect que nous nous incli-
nons devant le nom de ce grand Français : D. C. A. Hémet.

Paul.-M. Moss...

LIVRE I

◇

Les Principes Généraux de la Publicité

◇ ◇ ◇

CHAPITRE PREMIER

NOTIONS PRÉLIMINAIRES

En France, on n'a encore que peu écrit sur la publicité, relativement à ce qui a été publié dans les pays de langue anglaise ou de langue allemande. C'est que, si, chez nous, il existe bien des commerçants et des industriels, qui ont su acquérir, pour leur compte personnel, une technique de la publicité, on doit constater que les connaissances qu'ils ont acquises, en cette matière, ont été très jalousement mises par eux à l'abri de toute indiscrétion : à part quelques rares exceptions, les Français qui ont véritablement appris la manière de faire de la publicité, et qui se sont trouvés bien d'en avoir fait et d'y persévérer, estiment, dans un sentiment d'égoïsme tout à fait compréhensible, n'en devoir compte à personne.

En Amérique, il n'en va pas ainsi. La science de la publicité fait partie naturelle du bagage de tous les hommes d'affaires, et si, il y a longtemps, la pratique a pu en être secrète, la diffusion des idées générales a depuis lors déchiré le voile à l'abri duquel on aurait voulu tenir cachés les principes essentiels de cette importante partie des connaissances nécessitées par le mouvement de plus en plus actif des transactions.

En France, au contraire, s'il y a des commerçants et des industriels audacieux qui ont su — après l'avoir appris à leurs dépens — faire travailler la publicité à la prospérité de leurs affaires, ceux-là sont les derniers à concevoir qu'ils puissent, sans s'amoindrir, faire profiter autrui des observations qu'ils ont faites, du résultat de leurs tentatives, des conclusions qu'ils ont pu tirer de leurs essais, et, en un mot, de la longue mise au point qu'ils ont dû faire, avant d'en arriver à la méthode définitive qu'ils observent et qu'ils considèrent comme la clé de leur succès, le secret de leur fortune. Les Français se sont initiés eux-mêmes à la publicité, et, encore, en trop petit nombre; ils ne veulent pas initier ceux qui les suivent dans la carrière.

D'autre part, les commerçants et les industriels français n'ont encore prêté qu'une attention insuffisante aux travaux et aux enseignements des quelques techniciens, théoriciens et spécialistes *autorisés* que nous ayons en matière de publicité.

De là vient, certainement, la manière empirique, confuse et incertaine qu'ont adoptée la plupart des hommes d'affaires de chez nous pour faire de la publicité. N'AYANT JAMAIS ÉTÉ INSTRUITS DES PREMIERS ÉLÉMENTS QUI SONT LA BASE ET LE RUDIMENT DE CETTE SCIENCE COMMERCIALE, il leur a fallu s'instruire eux-mêmes, et l'on sait combien le fruit de l'expérience, cueilli dans ces conditions, est souvent amer.

Est-ce à dire, précisément, qu'il suffirait de se pénétrer des lois et des procédés connus et appliqués aux États-Unis et de les mettre en œuvre en France, pour être capable d'entreprendre et pour réussir avec certitude? Nous ne le croyons pas.

La publicité suggère.

Les conditions économiques des deux pays sont essentiellement différentes. Les populations ne sont pas réparties sur le territoire dans les mêmes proportions; les moyens de communication sont également organisés de tout autre façon, les agglomérations, en Amérique, étant beaucoup plus distantes que chez nous; et, enfin, la mentalité, l'éducation des deux peuples offrent surtout de si notables dissemblances qu'il nous semble impossible d'adapter, simplement, les procédés, les systèmes américains, à la mentalité, à l'éducation des Français. *Le cerveau américain grossit; le cerveau français rapetisse.* Résultat naturel de notre puissant esprit critique, qui nous vient de nos origines latines et de la longue culture qui nous a précédés, au cours des siècles, chez tous les peuples dont nous sommes, à des titres divers, les descendants.

C'est ainsi que les Américains — ou, du moins, les auteurs américains qui ont étudié la publicité et son mécanisme — prétendent que l'œuvre accomplie par la publicité est du domaine de la suggestion. A les en croire, il serait possible d'arriver à créer, chez tous les êtres susceptibles de s'impressionner par la publicité, un état d'esprit particulier dans lequel l'être en arriverait à dépouiller son libre arbitre et tomberait sous la dépendance d'une annonce, d'une affiche, vues un certain nombre de fois. Par une sorte de cristallisation cérébrale, la publicité imposerait le besoin impérieux de la chose annoncée et obligerait à l'achat dans un temps plus ou moins long, le temps nécessaire pour produire cet état d'esprit, voisin, en quelque sorte, de l'état hypnotique.

On entrevoit les limites dernières où seraient entraînés les gens qui font de la publicité, s'ils admettaient pour vraie cette excentrique théorie, et surtout, s'ils conformaient leurs actes à son autorité. Ils seraient fatalement conduits à croire que, par la publicité, il n'est pas impossible de faire naître chez un cul-de-jatte le besoin pressant d'une paire de bottines, chez un capitaliste l'envie irrésistible de devenir pauvre et, enfin, chez une femme stérile, l'idée fixe d'acheter une layette !

C'est, tout simplement, accorder à la publicité un pouvoir qu'elle ne possède pas et laisser croire qu'elle dispose de forces inconnues, mystérieuses, dont elle est loin d'être pourvue. C'est surtout, sur l'affirmation de semblables axiomes, *entraîner des commerçants, des marchands dans une voie sans issue, et qui serait jalonnée de déceptions à chaque pas.* Il est possible qu'en Amérique la publicité jouisse d'une puissance qui se confonde un peu avec celle de la suggestion. Le caractère enthousiaste et UN PEU ENFANTIN des Yankees pourrait, jusqu'à un certain point, donner une valeur à cette théorie. Mais c'est absolument faux pour des Français, dont l'éducation philosophique est incompatible avec des conceptions aussi obscures, qui, pas plus de ce côté que de l'autre côté de l'Atlantique, ne se justifient par rien de précis, de positif. A moins que les mots, en Amérique, n'aient pas la même signification que dans notre pays, et que, surtout, les écrivains de là-bas tendent, malgré eux, à forcer les expressions, à les enfler dans leur acception, ce qui est encore très possible. Nous l'avons déjà dit : l'Américain grossit, le Français rapetisse.

S'il en était ainsi, suggestionner signifierait simplement « suggérer », et l'on conviendra que ce n'est pas tout à fait la même chose. Nous ne sommes pas éloignés de ce point de vue : en effet, le verbe *to suggest*, en anglais, signifie à la fois « suggérer » et « suggestionner ». Et c'est peut-être là l'origine très simple de la confusion qui s'est formée dans l'esprit des traducteurs : ils ont, une fois de plus, pris le Pirée pour un homme et *suggestionner* pour *suggérer*.

Qu'on dise que la publicité suggère et nous entrons de plainpied dans le domaine de la logique et de la raison.

Oui, la publicité suggère. Elle suggère de diverses manières, suivant des modes qui varient avec les temps, les besoins, les ressources, les capacités; elle suggère lentement, rapidement, immédiatement même, mais elle ne fait que suggérer, et c'est déjà très bien lorsque ce but est par elle atteint dans le minimum de temps et avec le minimum de dépenses.

QU'EST-CE QUE LA PUBLICITÉ ?

Définissons d'abord ce que l'on doit entendre par « Publicité » :

Ce sont les moyens de toute sorte destinés à faire connaître au plus grand nombre d'individus possible les produits du commerce et de l'industrie, afin de développer d'abord, de satisfaire ensuite, tous leurs besoins, en les incitant à une acquisition, à une dépense.

La publicité est donc, avant tout, une affaire d'argent.

C'est une affaire d'argent pour celui qui consomme et qui paie; c'est encore — et bien plus — une affaire d'argent pour celui qui *publie*, qui *annonce*, puisqu'il ne peut publier, annoncer sans débours.

Le problème, pour celui qui annonce, qui publie, est de dépenser le moins possible pour encaisser le plus. Ou bien, ce qui serait plus exact, de dépenser utilement le plus possible, pour encaisser, en numéraire, le maximum des recettes que sa dépense peut lui procurer.

C'est ici qu'est le nœud de la question. C'est ce nœud que nous voulons nous efforcer de trancher avec précision. Mais on saisit, par cette explication, combien les lois de la publicité sont d'ordre purement matériel et économique, et combien notre théorie, QUE NOUS APPUYONS UNIQUEMENT SUR LA PRATIQUE, est différente de celles qui tendent à vouloir faire de la publicité une science entièrement abstraite et d'essence purement psychologique. Certes, pour mettre en œuvre ces lois, il faut de la psychologie. Mais cette psychologie NE VA PAS AU DELA DES SENTIMENTS SIMPLES ET NATURELS et elle ne nous entraîne pas jusqu'à exiger de nous la connaissance absolue et scientifique des tréfonds de l'âme humaine.

Avant d'entrer dans le détail de la publicité, quelques considérations accessoires nous paraissent devoir prendre leur place ici.

Disons, notamment, qu'un économiste allemand, le professeur Werner Sombart, qui, d'ailleurs, n'aime pas la publicité, a cherché, dans le journal berlinois *der Morgen*, n° 10, 1908, et dans la *Zukunft,* 27 juin 1908 (l'étude publiée dans cette revue porte le titre caractéristique de *Ihre Majestät die Reklame*), à faire un départ entre la *publicité* et la *réclame*.

Réclame et publicité.

Le professeur Sombart voudrait que l'on ne considérât comme de la publicité que toutes les choses, toutes les informations ayant un caractère d'utilité générale : la littérature destinée à faire connaître une invention, à répandre le nom d'un homme, d'un savant, d'un explorateur, à signaler les beautés d'un livre, d'une découverte, etc. La *publicité*, pour lui, serait seulement ce qui s'affiche, ce qui s'imprime, sans que cet affichage, cette impression donnent lieu à une tractation commerciale quelconque. C'est, en somme, la publicité gratuite et désintéressée.

Par opposition, il classe sous la dénomination de *réclame*, dans son sens le plus péjoratif, toute publication, toute impression qui donnent lieu, pour celui au bénéfice, au profit de qui elles sont faites, à un débours d'argent, à des contrats, à des traités commerciaux. La *réclame* serait, pour lui, la forme mercantile de la *publicité*.

Pour nous, Français, nous établirons également une différence entre la *publicité* et la *réclame*, en ce sens que nous réserverons de préférence le mot de *réclame* pour désigner la publicité tapageuse ou malhonnête, la publicité prise dans une acception péjorative. En outre, dans un sens plus restreint, le mot de *réclame* désigne aussi une forme spéciale d'annonce, comme nous le verrons plus tard (1).

LA PUBLICITÉ EST-ELLE UNE SCIENCE ? EST-ELLE UN ART ?

La publicité-science.

On s'est souvent demandé si la publicité était une science ou était un art. Cette question, quoique d'importance secondaire au point de vue pratique, mérite d'être élucidée.

Il faut répondre, sans hésiter, une science et un art. C'est une science dans sa conception, par exemple; mais une science purement psychologique, par conséquent, et de nature essentiellement philosophique.

Si nous n'admettons pas que la publicité appartienne au domaine de la psychiâtrie, elle n'exclut pas pour cela l'application des lois de la psychologie élémentaire. Puisqu'en effet, nous affirmons qu'elle SUGGÈRE SANS SUGGESTIONNER, il apparaît que celui qui en fait doit savoir comment, par quels moyens, par quels calculs, il parviendra à agir sur le public à qui il s'adresse, de manière à lui suggérer l'envie, puis le besoin de la chose offerte. L'étude des divers mouvements de l'âme et des formes variées qu'affectent les sentiments se place au premier rang des facteurs à envisager, sans que pour cela, ainsi que nous l'avons dit déjà, cette étude comporte la recherche des solutions compliquées de la psychologie subjective et la connaissance des abstractions impondérables de la conscience.

Les sentiments qui entrent le plus fréquemment en jeu dans l'influence exercée par la publicité sont les suivants :

La curiosité,	La vanité,	La pusillanimité,
L'intérêt,	La confiance,	La cupidité.
La propriété (ou possession),	La crédulité,	

1. Voir vol. II, chap. v, Pratique de la Publicité.

LES SENTIMENTS MOTEURS DE LA PUBLICITÉ

La curiosité.

C'est le sentiment le plus commun et le plus faible qu'on puisse pratiquement exciter par la publicité. On peut même assurer qu'il est le premier qu'on doive s'attacher à faire mouvoir, les autres sentiments lui étant subordonnés. La curiosité n'est pas encore l'intérêt, mais elle y conduit, et c'est en excitant la curiosité d'abord qu'on parviendra à faire éprouver ensuite les divers autres sentiments.

Exemple :

C'EST DEMAIN QUE s'ouvrira, au 132 de la rue d'Hauteville, la nouvelle brasserie « Belgica » où l'on trouvera toujours, à toute heure, de l'excellente choucroute et des saucisses de Strasbourg de provenance directe.

Tous les Belges de passage à Paris ou l'habitant se feront certainement une joie de visiter ce splendide établissement, dont l'aménagement et la décoration ont été copiés sur ceux des plus célèbres brasseries de Bruxelles. « Belgica » restera ouverte jusqu'à deux heures du matin.

Ici, la curiosité est suscitée simplement par les premiers mots de l'annonce. L'intérêt est réservé jusqu'au moment où le texte aura appris au lecteur quel événement doit se produire le lendemain.

Mais si ce lecteur n'aime pas la bière belge, s'il déteste la choucroute et les saucisses de Strasbourg, ni l'intérêt, ni aucun des sentiments moteurs ne seront excités.

L'intérêt.

La curiosité éveillée, il ne s'ensuit pas toujours que sa satisfaction aura fait naître l'intérêt. Du reste, l'intérêt n'est pas un sentiment impérieux. Il ne commande pas l'acte, mais il le fait admettre comme possible, comme réalisable, dans certaines circonstances et sous certaines conditions. L'intérêt, qui suit la curiosité, précède, comme elle, tous les autres sentiments que la publicité provoque. Si, après avoir éveillé la curiosité, il n'en résultait pas de l'intérêt pour la chose annoncée, c'est que la publicité n'aurait pas été pourvue de l'énergie suffisante à son action. Elle n'opérerait pas alors, et ne provoquerait pas à l'acte, acte d'achat généralement.

La publicité théâtrale offre de nombreux exemples de publicité simplement créatrice d'intérêt.

Exemple :

— Après quelques retards, nécessités par la mise en scène très compliquée, la Direction du Théâtre des Nouveautés annonce pour lundi irrévocablement la répétition générale de la pièce nouvelle de M. Edgard Turlupin, l'auteur si souvent applaudi de : *Il n'y a plus d'enfants*. Le titre de l'œuvre nouvelle du délicat écrivain est : *Cherchez la femme*. Polaire a trouvé, dans le rôle de Mme Boulestin, une des créations les plus remarquables de sa carrière et on nous fait prévoir, outre des débuts sensationnels, une véritable révélation, avec Paulus, qui interprétera le rôle du général Moreau-Chandonneur. Le bureau de location est ouvert dès à présent pour les représentations du mardi 23 et les suivantes.

Le lecteur a été intéressé par l'annonce de ce spectacle nouveau ; mais il se réserve le plus souvent et se dit qu'il ira voir cette pièce si : les journaux en font un compte rendu élogieux, si sa femme consent à l'y accompagner, si le temps est favorable, si, le jour où il pourra se rendre au théâtre, ses moyens lui permettent de prendre deux fauteuils, si son ami le journaliste lui procure des billets de faveur, etc.

La vanité.

A des degrés différents, la vanité et l'orgueil sont deux sentiments jumeaux que la publicité doit chercher, dans certains cas, à solliciter, toujours après que la curiosité d'abord, l'intérêt ensuite, auront été mis en éveil. Tous les lecteurs ne sont, certes, pas en situation de voir leur vanité agréablement chatouillée par la publicité. Mais il en est toujours ainsi, car il serait évidemment trop beau que toute publicité, quel que soit le sentiment auquel elle s'adresse, atteignît et fît mouvoir la totalité des gens. La vanité aura, cependant, de nombreuses chances d'être suscitée chez une catégorie nombreuse de lecteurs. Il suffit, pour cela, que la chose annoncée fasse naître l'idée que, par sa possession, celui qui aura été conduit à l'acheter deviendra, par quelque point, supérieur aux autres ; qu'il pourra devenir un objet d'envie pour un certain nombre de ses contemporains, ou simplement qu'il croie devenir cet objet, car le vaniteux imagine l'humanité tout entière soumise aux mêmes exigences d'amour-propre que lui-même.

Exemple :

Le vaniteux qui prétend être très bien habillé, mais qui n'a pas les moyens de s'adresser à un grand tailleur, se satisfera avec les promesses de cette annonce où l'on veut lui faire croire — ce qu'il croit, en effet — qu'il sera aussi bien habillé qu'un gentleman accoutumé à donner le ton à l'élégance et à la mode.

La publicité qui fait appel à la vanité commence à être de celles dont l'action, provocatrice de l'acte d'achat, est énergique.

Un autre exemple est celui d'une marque d'automobiles françaises, la « Bollée », qui, en Amérique, faisait toute sa publicité en affirmant simplement que les voitures *Bollée* étaient *les plus chères*. Une telle publicité escomptait essentiellement l'action de la vanité.

La propriété (ou possession).

Le sentiment de la propriété, ou de la possession, est sous la dépendance immédiate, au point de vue des manifestations de la publicité, des sentiments initiaux de curiosité et d'intérêt. Il peut aussi avoir quelques liens avec la vanité, mais il est moins aveugle que ce dernier sentiment, parce qu'il est plus positif. Il est sollicité par le souci de s'enrichir, de mettre la vieillesse à l'abri du besoin, par l'envie d'une chose, et fouetté par la pensée des plaisirs que cette chose procurera : une maison, une automobile, un livre.

1ᵉʳ Exemple :

ÉTUDE de Mᵉ René Pellerin, avoué à Versailles, 36, avenue de Saint-Cloud. VENTE au Palais de Justice à Versailles, le jeudi 4 juillet 1912, à midi. D'UNE PROPRIÉTÉ située À MEULAN quai de l'Arquebuse, 27, et rue Nicolas-Leclerc, 20. Mise à prix : 10,733 fr. 33. S'adresser, pour les renseignements, à Versailles : à Mᵉˢ Pellerin, Vallée et Salone, avoués ; à Meulan, à Mᵉ Grison et Mᵉ Marquis, notaires.

CHATEAU 20 kil. Paris et Versailles, 3 salons, 8 ch. de malt., grand luxe, parc superbe, 10 hectares, rivière, communs. Prix : 350.000 francs avec riche mobilier neuf. JOLIE VILLA moderne, à 20 kilom. Paris. Situation unique pour cure d'air et repos. Petit parc, pelouses, verger. Potager, serre, communs. Close murs, grille. VUE INCOMPARABLE. Occasion à 70.000 fr. Reynier et Collin, 37, rue de Courcelles, Paris.

VENTE au Palais, à Paris, le 10 juillet 1912, à 2 heures, IMMEUBLES A PARIS. 1ᵉʳ LOT : MAISON RUE VANDAMME, N° 23 (14ᵉ arrondissement). Contenance : 207 m. 38 c. Rev. brut : env. 5,560 fr. 55. M. à p. 50,000 fr. 2ᵐᵉ LOT : MAISON RUE PAUL-ALBERT, N° 5 (18ᵉ arrondissement). Revenu brut : environ 9,346 francs 70 cent. Mise à prix : 75,000 fr. 3ᵐᵉ LOT : MAISON (hôtel meublé) RUE DE VOUILLÉ, 60 (15ᵉ arrondissement). Contenance : 382 mètres. Revenu brut : env. 3,500 fr. M. à p. 35,000 fr. 4ᵐᵉ LOT : TERRAIN RUE DE VOUILLÉ, N° 62. Contenance : 506ᵐ env. Mise à prix : 40,000 fr. 5ᵐᵉ LOT : MAISON (hôtel meublé) RUE Sᵗᵉ-ANNE, N° 36 (1ᵉʳ arrondissement). Revenu brut : env. 8,900 fr. Mise à prix : 80,000 fr. S'adresser à Mᵉˢ GILLET, Couret et Beaumé, avoués ; Bourdel, notaire à Paris ; Corpechot, notaire à Noisy-le-Sec.

L'homme qui cherche une retraite, un foyer, s'intéressera à ces sortes d'annonces. Toutefois, le sentiment de propriété ou de possession (plus vif sous cette dernière forme que sous la première) n'est pas un sentiment violent. Il laisse le libre arbitre dans sa pleine conscience ; il se vérifie et se contrôle.

2ᵉ Exemple :

Ici, c'est plutôt le sentiment de la possession qui est en jeu. Les frais engagés pour le satisfaire sont minimes et l'imagination est plus énergiquement sollicitée parce qu'elle n'a pas le contrepoids de la responsabilité personnelle pour la réfréner : le débours est faible et ne compromet rien dans le budget de l'acheteur.

La confiance.

Sentiment essentiellement primitif, spontané, la confiance est de ceux qu'il est très difficile de faire naître par la publicité. Il y faut, dans tous les cas, une grande force de persuasion. Tous les lecteurs ne sont pas susceptibles, non plus, de se laisser aller à ce sentiment. D'abord, ceux dont l'esprit critique est développé seront toujours incités à discuter les arguments par lesquels on

aura essayé de capter leur confiance, et beaucoup résisteront, en dépit des preuves et des démonstrations les plus éloquentes. D'autres, sceptiques à l'extrême, s'attacheront même à prendre le contre-pied de tout ce qu'on leur fera savoir pour obtenir leur confiance, et y chercheront malices et pièges.

La confiance ne s'acquerra donc qu'auprès de personnes naïves, ou crédules, si on veut la posséder du premier coup. Mais on peut espérer la conquérir après une longue publicité et lorsque l'essai de la chose annoncée aura été assez prolongé pour que la notoriété lui soit venue. La confiance est, sans aucun doute, le sentiment le moins aisé à susciter, car sa principale qualité est d'être réciproque entre celui qui annonce et celui qui achète.

EXEMPLE : *Annonce du chocolat Menier.*

Cependant, la confiance peut être inspirée par des affaires ou des produits ne jouissant pas de la notoriété du chocolat Menier, mais à la condition qu'elle soit guidée par une affirmation absolue, énergique et surtout sincère et convaincante.

Exemple : *Sunlight Savon. 25.000 francs à qui prouvera, etc.*

La crédulité.

C'est incontestablement le sentiment le plus bas, le plus vulgaire — et aussi le plus trompeur — qu'on puisse éveiller par la publicité. C'est le propre de la publicité malhonnête, faiseuse de dupes et trompeuse d'espoirs. Nous déplorerons que cette sorte de publicité soit encore la plus nombreuse et la plus prospère en France. Elle ne profite qu'à ceux qui la font, mais elle nuit à tous les autres, car elle contribue à répandre l'idée, dans le public, parmi ceux, tout au [moins, qui ont souffert de ses traits, que toute la publicité n'est que déceptions et duperies.

Exemple :

Que ceux qui se sont laissé tenter par cette annonce nous pardonnent, mais nous sommes amenés à dire qu'il faut être bien crédule pour admettre comme vérité pure l'affirmation qu'un capital quelconque peut rapporter 365 °/° par an, quelle que soit l'habileté, que disons-nous? le génie financier de celui qui fait une telle promesse, et nous ne parvenons pas à les plaindre. Nous nous contentons de regretter que des annonces aussi mensongères puissent exister et encombrer la dernière page des journaux, où leur présence a pour résultat de discréditer la publicité en général, et la publicité honnête et sincère en particulier.

La pusillanimité.

Autrement dit, la crainte. Crainte d'être menacé d'une maladie grave, crainte de la mort, crainte de perdre une situation ou un emploi, etc.

Cette dernière crainte sera le sentiment auquel feront appel les Compagnies d'assurances sur la vie, pour déterminer les gens à souscrire une police. Ici c'est le plus anodin et le plus sage à la fois des sentiments pusillanimes. Mais la publicité sollicitera à chaque instant les sentiments profonds, aigus, de la pusillanimité, qui sont la peur de souffrir et la peur de mourir, pour tous les produits pharmaceutiques et tous les traitements médicaux qui s'offrent si abondamment à procurer la santé à ceux qui sont malades, l'usage de leurs membres à ceux qui sont infirmes et la prolongation de leur vie à ceux qui se croient condamnés.

C'est un des sentiments les plus prompts à faire éclore et à provoquer des déterminations, tant il est vrai que l'homme est un perpétuel craintif, malgré toutes les vertus d'être supérieur qu'il s'octroie. Ce sentiment participe, pour beaucoup, de la crédulité, qui s'éveille volontiers par la pusillanimité, pour déterminer l'acte d'achat. La publicité qui fait appel à ces deux sentiments complémentaires n'exige, de la part de celui qui la fait, qu'une sincérité relative, car, s'il promet la guérison d'une maladie, d'une infirmité, en termes plus ou moins catégoriques, cette promesse entraîne chez lui l'exercice constant de la restriction mentale, ne serait-ce que pour justifier ses assurances, à ses propres yeux, et pour trouver des excuses à ce qui n'en comporte que très relativement.

La pusillanimité n'en est pas moins un des sentiments les plus puissants à évoquer, c'est ce qui explique que la moitié peut-être de la publicité qu'on fait en France de nos jours concerne la pharmacie et la médecine.

Exemple : *Un monsieur offre gratuitement, etc.*

UN MONSIEUR offre gratuitement de faire connaître à tous ceux qui sont atteints d'une maladie de la peau, dartres, eczémas, boutons, démangeaisons, bronchites chroniques, maladies de la poitrine, de l'estomac et de la vessie, de rhumatismes, neurasthénie, un moyen infaillible de se guérir promptement, ainsi qu'il l'a été radicalement lui-même, après avoir souffert et essayé en vain tous les remèdes préconisés. Cette offre, dont on appréciera le but humanitaire, est la conséquence d'un vœu.

Ecrire par lettre ou carte postale à **M. Vincent**, 8, place Victor-Hugo, à Grenoble, qui répondra gratis et franco par courrier et enverra les indications demandées.

La cupidité.

Sauf de rares exceptions, la cupidité est le sentiment de tout le monde ; mais elle a des degrés, selon la mentalité, l'éducation, la situation des individus. On peut conclure, par là, que nul n'est exempt d'en ressentir la morsure. Une publicité faisant appel à la cupidité du lecteur n'agira pas sur tous de la même manière. On n'intéressera pas l'homme qui a cinquante mille francs de rentes avec l'offre d'une situation de six mille francs par an, alors que cette même offre passionnera quelqu'un habitué à ne gagner, avec beaucoup de peine, que dix francs par jour. L'éveil de ce sentiment se produira donc selon les conditions limitant le champ d'influence de la publicité, en raison de la somme d'intérêt que la chose annoncée peut présenter pour chaque couche sociale.

La cupidité est encore un sentiment dépendant de la crédulité pour de nombreux cas ; du moins, la cupidité sera le sentiment *conducteur*, et la crédulité le sentiment *déterminant*.

Souvent encore, la vanité n'est pas sans peser dans la balance, car elle vient alors à la rescousse de la crédulité, si ce dernier sentiment n'est pas suffisamment puissant pour diriger la volonté.

Exemple : *La Cote.*

La cupidité des pauvres, des gens sans emploi, sera violemment surexcitée par la publicité suivante :

On demande ancien militaire, etc...

Pour les riches, il faut parler de plus grosses sommes et ne mettre en évidence que des nombres de cinq ou six chiffres, pour donner au lecteur la soif de l'or, en même temps que lui est offerte l'ambroisie qui le désaltérera...

Exemple :

SITUATION, convenant spécialement à homme du monde, sans connaissances spéciales, mais ayant relations, dans société financière de premier ordre, 30.000 francs par an. Garanties exigées. Affaire de tout repos. Sylvain Rougier, 2, r. de Rennes, Paris.

Voilà donc, en quelques lignes, définis, les mobiles variés dont la publicité est capable de faire jouer les ressorts; et c'est, en somme, l'essentiel de la psychologie qu'un Annonceur devra savoir mettre en pratique pour faire de la publicité lucrative et raisonnée. Qu'on n'aille pas s'imaginer que, pour avoir ramené à quelques sentiments élémentaires les points de la conscience accessibles à la publicité, nous soyons demeurés incomplets. Ce cadre restreint n'en contient pas moins, en raccourci, toutes les passions, toutes les ardeurs de l'âme, et c'est bien quelque chose tout de même. Mais le difficile, ce sera de savoir, opportunément, faire jouer le clavier de tous ces sentiments moteurs. Pour cela, les dons du plus avisé des psychologues ne seront jamais de trop.

QU'EST-CE QU'UN ANNONCEUR ?

Le mot « Annonceur » est venu pour la première fois sous notre plume, et il nous semble nécessaire d'en fournir une définition exacte, car nous aurons, à l'avenir, de fréquentes occasions de l'employer.

Le premier, en France, nous avons, presque au début du siècle, donné un sens à ce néologisme, et ce ne fut pas sans contestations qu'on l'adopta. L'usage, en effet, voulait jusqu'alors que le commerçant, l'industriel, le marchand qui a recours à la publicité pour développer ses affaires, fût appelé un « annoncier ».

Or, il est admis, dans le monde de la presse particulièrement, que le typographe chargé dans une imprimerie de composer les annonces porte ce nom d'*annoncier*; on dit aussi l'*annoncier*, par extension, de l'employé qui, dans l'administration d'un journal, a pour tâche de recevoir du public, à son guichet, les annonces qui doivent y être insérées.

Il nous a paru qu'en un temps où la publicité est appelée à acquérir son plus grand développement, et où toute une littérature se fonde pour en vulgariser les principes, il n'était pas logique qu'on désignât indistinctement sous le nom d'annoncier le typographe qui compose l'annonce, l'employé qui en reçoit le prix et le commerçant qui la paie et qui en bénéficie.

La langue anglaise, du reste, désigne sous le nom d'*Advertiser* celui qui fait de la publicité, du verbe *to advertise* (annoncer). N'était-il pas logique d'appeler, en français, Annonceur, celui qui, de même, *annonce*? Et puis, il nous a semblé qu'il existe une raison plus solide encore pour adopter ce vocable dans cette acception; c'est qu'ainsi, le mot annoncier conservant son sens pour désigner celui qui manutentionne, en quelque sorte, l'annonce, et celui qui la vend, aucune confusion ne pourra subsister désormais entre ces deux termes, d'autant que le besoin du premier, pour désigner celui qui annonce, se faisait vraiment sentir pour être clair dans des écrits ayant la publicité pour objet.

L'éminent critique et professeur Émile Faguet, consulté sur ce point de linguistique, a bien voulu nous donner entièrement raison.

Nous appellerons donc Annonceur tout commerçant, tout industriel qui use de la publicité pour le bien de son commerce, de son industrie, quelle que soit la forme qu'il choisisse pour cette publicité.

Aujourd'hui, du reste, le terme d'Annonceur est le terme adopté par tous ceux qui sont au courant de la question.

Cette digression terminée, et maintenant que nous avons montré le caractère scientifique de la publicité, dans sa conception, et ses affinités nombreuses avec la psychologie, dont elle n'est, dans ses premières modalités, qu'une branche, il nous reste à dire en quoi la publicité est aussi un art.

La publicité=art.

Si, en fait, la publicité est une science dans sa conception, c'est également un art, mais seulement dans son exécution, dans sa pratique. Certains esprits, qui sauront parfaitement concevoir un plan de publicité, se montreront inférieurs pour en réaliser l'exécution. Esprits trop positifs, il leur manque la somme de sentiment artistique indispensable pour mener ce plan à son aboutissement naturel : le succès.

La science psychologique, en publicité, fera percevoir la mentalité des individus à laquelle elle doit s'adresser ; elle révélera leurs défauts, leurs qualités, leurs faiblesses ; mais elle sera impuissante à trouver les images, les formules par lesquelles ces individus pourront être persuadés et conquis. C'est *l'art* de la publicité qui supplée à cette lacune de la publicité-*science*.

Cela revient à dire que la pratique de la publicité ne possède en elle-même rien qui soit mathématique. C'est le résultat d'observations plus ou moins nombreuses desquelles on peut tirer des déductions plus ou moins stables, plus ou moins fixes ; et il faut qu'on le sache bien, ces déductions n'auront de fermeté et de solidité que dans le cercle particulier où l'on sera à même de les obtenir. La publicité est donc une voie semée d'ornières et de culs-de-sac, où l'on ne doit s'engager qu'avec réflexion et prudence, et non sans avoir soigneusement repéré le chemin derrière soi.

A chaque sorte d'affaires, sa publicité propre. Savoir ne rien emprunter à personne est une des premières conditions de la réussite. D'abord, parce que chaque affaire exige un mode et des moyens de publicité en quelque sorte personnels ; ensuite parce que l'une des conditions primordiales auxquelles elle est soumise est *l'originalité*. Nous ne disons pas *l'excentricité*.

Pour cela, l'Annonceur avisé doit se rappeler, à chaque minute, qu'il n'est pas seul à faire de la publicité, qu'il a ses concurrents déjà nés ou à venir, et il lui faut, constamment, avoir les yeux fixés sur les divers points de son horizon commercial, afin d'être toujours informé de ce qui se fait, de ce qui se fera et de tout ce qui peut lui venir d'heureux ou de malheureux par le fait d'autrui.

Constamment instruit des conditions du monde extérieur, il

puise dans cette connaissance les ressources voulues pour donner à sa publicité l'extension dont elle est susceptible, sans la faire sortir du cadre exact qui lui convient, et pour lui assurer ce caractère de nouveauté, d'originalité — et aussi de PERSUASION — qui fait toute sa force.

Connaître avant d'*agir*, est le seul garant de la réussite, en matière de publicité comme ailleurs.

CHAPITRE II

Théorie de la Publicité

◇ ◇ ◇

La publicité écrite, celle qui s'imprime et qu'on destine à être lue, ne comportant aucune part de suggestion directe, puisque celui qui la fait, l'Annonceur, ne voit pas, ne connaît pas personnellement celui ou ceux qu'il vise, il ne s'ensuit pas qu'il n'existe aucune pierre de touche capable d'en faire éprouver la valeur. La meilleure est incontestablement l'observation, indépendamment des dons de l'intelligence et de l'esprit.

Par observation, nous entendons cette faculté qu'ont les hommes, à des degrés différents, de sentir, de deviner les aspirations et les besoins d'autrui. Cela se rapporte à la publicité-science, c'est-à-dire à l'organisation du plan directeur.

L'observation, telle que nous la voudrions voir s'affiner chez tous les Annonceurs, doit commencer par l'observation de soi-même. « Connais-toi toi-même », dit le sage. Car la connaissance de soi-même conduit tout naturellement, par comparaison, à la connaissance d'autrui, et c'est celle-là qui, dans l'occurrence, est la plus précieuse. Un Annonceur qui se sera lui-même analysé et étudié sous toutes ses faces, saura bien plus aisément analyser et étudier les autres, ceux à qui il veut vendre la chose annoncée, et il parviendra à identifier sa pensée, sa mentalité, à la pensée, à la mentalité du plus grand nombre. Il se pénétrera ainsi des besoins et des goûts des majorités et pourra, dès lors, s'attacher avec plus d'adresse à les satisfaire, en faisant abstraction complète de sa propre personnalité. Molière, qui lisait ses comédies à sa servante, avant de les faire représenter, ne faisait pas autre chose que de l'observation. Il s'en rapportait à l'impression qu'elles produisaient sur l'âme fruste de sa domestique, parce qu'il jugeait que les sentiments de celle-ci correspondaient à ceux de la majorité de ses futurs spectateurs. Si sa servante riait, c'est que son public serait désarmé.

On a remarqué, cependant, que certains Annonceurs étaient souvent fort malhabiles à pénétrer la psychologie des majorités auxquelles leur publicité s'adresse, et il est arrivé que des personnes, qui n'étaient pas mêlées directement aux affaires d'un Annonceur, savaient mieux que lui apprécier les points faibles et les points forts de ces majorités et les faire servir à la cause de l'Annonceur. C'est pour cela qu'un spécialiste qualifié, un technicien de publicité compétent, peut rendre d'énormes services aux Annonceurs (1). En Amérique, notamment, le concours d'un professionnel de ce genre est fort apprécié et largement rétribué.

C'est qu'on ne voit pas toujours soi-même de la même manière que le public, et c'est cependant une des qualités qu'un Annonceur doit posséder. Pour remédier à ce défaut, nous conseillons à l'Annonceur indécis de ne rien commencer sans avoir, comme Molière le faisait, consulté son entourage, ses amis, afin de recueillir les impressions que ses projets de publicité feront sur des personnes de condition, de mentalité et d'âge différents, et d'en tenir compte, si l'intérêt qu'ils lui portent est le gage certain de leur sincérité. Il ne faudrait pas, toutefois, demander avis et conseils à des intellectuels manquant de sens positif, ou à des esprits aigris ou simplement chagrins, chez qui le sens critique est développé à l'extrême ; mieux vaut choisir, au contraire, des personnes d'une mentalité moyenne, de jugement sain et d'intelligence normale, sans métaphysique exagérée, c'est-à-dire des individus représentant, dans leur ensemble, en raccourci, les majorités auxquelles on fera appel par la publicité.

Quand nous parlons des majorités susceptibles d'être touchées par la publicité, qu'on entende bien que nous ne voulons dire que les majorités relatives, très relatives même.

1. Le *Bureau Technique* de la revue *La Publicité*, 6, rue Grange-Batelière, Paris (9ᵉ), a été institué à cet effet.

Les majorités relatives.

Un Annonceur, débutant dans la carrière, doit se garder soigneusement, dans le calcul du nombre d'individus du même pays, de la même langue, capables de devenir ses acheteurs, de comprendre dans le total tous ceux qui pourraient l'être. Il serait presque plus sage de supputer d'abord le nombre de ceux qui ne le seront pas, qui ne le seront peut-être jamais. Bien des déboires seraient évités par ce moyen.

Supposons que la masse des acheteurs théoriques soit évaluée à cent mille. Il faut déduire de ce chiffre :

1° Ceux qui n'achèteront pas, parce qu'ils possèdent déjà un objet, un produit équivalent ou concurrent ;

2° Ceux qui ne lisent pas la publicité et qu'on n'atteindra pas ;

3° Ceux qui lisent la publicité, mais qui font profession de n'y ajouter aucune foi ;

4° Ceux qui ne savent pas lire ;

5° Ceux qui, quoique sachant lire, ne verront jamais la publicité qui s'adresse à eux, soit qu'ils ne lisent pas, précisément, le journal dans lequel cette publicité aura été insérée, ou qu'ils ne passent jamais devant le mur où on aura fait placer une affiche, ou bien encore, ceux dont le nom et l'adresse, ne figurant sur aucun Bottin, sur aucun annuaire, sur aucun répertoire, ne pourront jamais être touchés par un imprimé.

Que reste-t-il, après cela, d'acheteurs certains? On tremble à l'idée de l'infinité de leur nombre, comparé à celui des acheteurs théoriques recensés auparavant.

C'est cependant sur la base de ce résidu, constituant le nombre éventuel d'acheteurs, que l'Annonceur doit établir tout son plan de publicité, s'il ne veut pas tomber dans des exagérations à tous points de vue décevantes, ne serait-ce qu'à propos de la fixation du prix de vente de la chose annoncée, lequel doit varier dans la mesure exacte où la publicité en modifie le prix de revient; ou bien il faudrait augmenter les prévisions de frais généraux afférents à l'affaire.

Ces précautions prises, l'Annonceur étudiera et adoptera la formule de publicité convenable pour la chose annoncée, selon sa nature, son prix, ses moyens de diffusion et de vente.

L'action de la publicité présente, en effet, deux périodes,

deux stades, parfaitement distincts, et qui s'excluent mutuelle-
ment. Ce n'est pas sans de mûres réflexions et sans avoir expérimenté, éprouvé sa justesse que nous avançons cette théorie,
et nous sommes convaincus que, les Annonceurs s'en étant
pénétrés, ils auront en mains le fil d'Ariane qui les guidera
sûrement dans le dédale des combinaisons auxquelles la publicité donne naissance.

On pourra opposer une période à l'autre, on ne pourra
jamais les confondre, car ce sont deux routes parallèles qui
ne se rencontrent jamais. L'une de ces routes est d'ailleurs bien
plus courte que l'autre, en ce sens qu'elle mène moins loin.

Voyons un peu plus en détail ce que sont ces deux périodes.

Les deux périodes de la Publicité

o o o

PREMIÈRE PÉRIODE

C'est la forme de la publicité qui suggère instantanément. Elle agit, dans ce cas, directement sur l'acheteur, et directement de l'acheteur au vendeur, autrement dit, à l'Annonceur, sans relais, sans intermédiaires et son action est immédiate.

Nous l'appellerons : *Publicité suggestive et directe à effet immédiat.*

Dans ce cas, l'acte déterminatif et terminatif, l'acte d'achat par conséquent, se produit dès la publicité vue et lue. C'est le propre de la publicité écrite, lorsqu'elle est conçue en vue de déterminer l'acte d'achat à distance, par correspondance. C'est la base même de toutes les entreprises qui se livrent à la vente par la poste, ce que les Américains nomment « Selling by Mail », ou bien encore « Mail order Business », et que nous pouvons appeler vente par correspondance (1).

C'est aussi la route la plus courte, mais par laquelle on ne franchira qu'une distance restreinte, car elle se perd, à un certain endroit, après s'être rétrécie au point de ne plus être qu'un sentier.

Expliquons-nous : l'Annonceur qui se livrera à la vente par correspondance et qui utilisera, pour ce but, la publicité, doit provoquer, à chacune des manifestations qu'il en fera, un sentiment de curiosité, d'abord, d'intérêt ensuite, pour obliger l'acheteur possible à se révéler. Non pas qu'il ait oblitéré chez celui-ci les facultés d'appréciation ou que son libre arbitre soit suspendu, mais simplement parce qu'au moment où la chose

1. Voir l'étude détaillée de la vente par correspondance, vol. II, ch. x.

sera annoncée, une quantité x de personnes seront en disposition de s'y intéresser. C'est par la force des expressions, la précision des descriptions et l'allure éminemment persuasive de la publicité qu'un tel résultat pourra être atteint.

Cette forme de publicité — suggestive et directe — offre l'énorme avantage d'une action très rapide, et c'est pourquoi nous l'appelons « à effet immédiat ».

C'est, malheureusement, celle dont le rayonnement est le plus faible. Il faut, sous cette forme et dans cette période, que les effets soient véritablement instantanés, car elle ne s'accommode pas de plans longuement concertés et dont le résultat sera attendu pendant des temps indéterminés. Il faut qu'elle se suffise à elle-même, en ce qui concerne les dépenses comparées avec les recettes, dans un délai très rapide. C'est, en quelque sorte, une publicité à éclipse, et qui n'a pas à compter avec le temps. Nous comparerons volontiers cette publicité à un feu d'artifice. Quand on tire le feu d'artifice, on est sûr de le faire admirer par un public plus ou moins nombreux, mais qui est, essentiellement, le public de ce jour-là, ou, plutôt, de ce soir-là. Il ne saurait venir à l'idée du pyrotechnicien d'en tirer un semblable tous les huit jours, pour les mêmes habitants d'une même ville. Ils y viendraient en nombre moins grand à chaque exhibition, et ils finiraient par n'y plus venir du tout, si bien que le feu d'artifice finirait par ne se tirer que pour les étoiles.

Mais il est certain que le même feu d'artifice, tiré aujourd'hui dans une localité, avec une grande affluence de populaire, se tirerait avec un succès pareil, dans une autre ville, où l'on n'en aurait pas vu depuis quelque temps.

La publicité suggestive, directe et à effet immédiat, est ce feu d'artifice. C'est à l'Annonceur — le pyrotechnicien dans l'espèce — à le rendre si brillant, à le composer de pièces si rutilantes, si éclatantes, si originales, qu'il plaise à tous les yeux et qu'on en revienne ébloui, c'est-à-dire décidé à l'achat.

La répétition.

Aux premiers âges de la publicité, en France, on a donné corps à un principe qui passa, pendant de longues années, pour un axiome. Nous voulons parler du principe de la répétition régulière de la publicité et, plus particulièrement, des annonces.

Sans doute, à l'époque où on le formula, la publicité n'avait pas encore pris place parmi les sciences commerciales et, comme l'on faisait alors fort peu de publicité, l'application de ce principe ne présentait pas les dangers qu'on doit lui reconnaître aujourd'hui. En ce temps-là, il suffisait de placer deux lignes hebdomadairement dans un quotidien répandu, pour en tirer de notables profits. On faisait donc de la publicité un peu comme un aveugle disserterait des couleurs, sans y rien connaître. Et, par conséquent, le rendement proportionnel de la publicité étant beaucoup plus élevé qu'aujourd'hui, les Annonceurs de ce temps-là trouvaient encore, dans une fréquente répétition, des bénéfices suffisants pour la justifier. Ils avaient peut-être raison pour leur temps ; ils auraient complètement tort aujourd'hui : la culture d'un terrain épuisé doit s'écarter de la routine pratiquée dans l'exploitation d'un terrain neuf.

Mais le principe est demeuré vivace, par la force de l'habitude probablement, et voici ce que nous avons lu dans un journal français (*Is fecit cui prodest*) :

Première annonce : le lecteur ne la voit pas.

Deuxième insertion de l'annonce : il la voit, mais il ne la lit pas.

Troisième insertion : il la lit.

Quatrième insertion : le lecteur regarde le prix de l'article.

Cinquième insertion : il prend l'adresse.

Sixième insertion : il en parle à sa femme.

Septième insertion : il se décide à l'achat.

Huitième insertion : il achète.

Neuvième insertion : il signale l'article et l'annonce à ses amis.

Dixième insertion : les amis en parlent à leurs femmes.

Onzième insertion : ..... etc., etc.

Tout cela, pour soutenir et démontrer qu'il faut qu'une annonce ait paru au moins dix fois pour donner ses pleins effets.

De même que dix mille Anglais se sont jetés dans la Tamise pour n'avoir pas joué atout au bridge, d'innombrables Annonceurs se sont littéralement mis sur la paille pour avoir cru à cette MALFAISANTE MÉTHODE DE PUBLICITÉ. Il suffit d'en décomposer les termes pour en reconnaître la parfaite absurdité.

1° Pourquoi le lecteur ne voit-il pas l'annonce la première fois qu'elle paraît ? Parce qu'il n'a pas l'habitude de la voir ? Mais, au contraire, la moindre psychologie nous apprend qu'il la verra d'autant mieux qu'il ne l'a pas encore vue, qu'il ne la *connaît* pas ;

2° Si le lecteur n'a pas vu la première annonce, quelles raisons peut-on trouver pour qu'il la voie la seconde fois ? Sait-il que c'est la seconde fois qu'elle paraît, puisqu'il ne l'a pas aperçue à sa première insertion ?

3° Pourquoi, le lecteur ayant enfin vu l'annonce, ne la lit-il pas ? Sans doute parce qu'elle ne l'intéresse pas, car on lit — on parcourt au moins — toute chose susceptible d'un intérêt quelconque ;

4° Mais pourquoi le lecteur, à la troisième apparition de l'annonce, la lit-il, si elle ne l'intéresse pas ? Il ne devrait pas la lire, au contraire, puisqu'il l'a déjà vue et qu'elle n'a éveillé en lui aucun sentiment, ni de curiosité, ni d'intérêt ;

5° Et alors, si, enfin, le lecteur indolent a consenti à lire l'annonce la troisième fois, ce qui tend à démontrer que son attention est attirée sur elle, pourquoi attend-il la quatrième insertion pour savoir quelle est la dépense qu'il devra faire pour acquérir la chose annoncée ?

Nous pourrions poursuivre la tâche facile de rétorquer, les uns après les autres, ces PRINCIPES DÉRAISONNABLES, et demander pourquoi, quand le lecteur s'est décidé à acheter, il attend l'apparition suivante de l'annonce pour faire l'emplette. Il se peut encore que ce lecteur ne soit pas marié ou qu'il soit veuf, auquel cas tout le travail de la publicité devient stérile, puisqu'il ne peut en parler à sa femme. Et si ce lecteur c'est, précisément, une femme, en parlera-t-elle à son mari ? Ce n'est pas la même chose. Et si cette femme n'est pas mariée ? A qui en parlera-t-elle ? A son amant ? Et si elle n'en a pas, pis encore, si elle en a plusieurs ?

Nous voici en plein chaos. Mais il suffit de nous rappeler ce que nous enseigne l'étude psychologique des phénomènes de l'attention, pour nous ressaisir et pour nous trouver en état de nier l'exactitude, même approximative, de ce principe suranné. *La publicité, dans ses effets, a horreur du déjà vu, qu'il s'agisse d'annonces, d'affiches, ou de tous autres produits de l'imprimerie.*

Prenons un exemple simple : un étranger, un provincial, amené pour la première fois à Paris, par ses occupations ou ses plaisirs, et qui passerait chaque jour sur le parvis de Notre-Dame, ne manquera pas la première fois que l'édifice lui apparaîtra, dans la majesté de ses tours, de le remarquer. Il s'arrêtera, il s'imprégnera des beautés du monument, qu'il visitera même, puis il poursuivra son chemin. Lorsqu'il repassera devant la basilique, son intérêt, émoussé par son premier émoi, sera certainement moins vif. Et lorsqu'il sera passé dix fois devant l'édifice, il n'y portera plus aucune attention. Il ne verra même pas les tours, parce qu'il ne les regardera plus.

Supposons maintenant qu'une nuit, un mauvais plaisant, de la famille des héros de Rabelais, ait dérobé les tours de Notre-Dame, le même passant, traversant le lendemain le parvis, sera de nouveau intéressé. Non pas par les tours, puisqu'elles seront absentes, mais bien par leur absence même, alors que leur présence ne le frappait plus.

Il en est de même d'une annonce. Quand elle paraît, *on doit absolument la voir ;* à condition qu'elle soit conçue, établie pour être vue, elle doit être lue, sinon par tous les lecteurs d'un journal, ou tous les lecteurs d'un journal qu'elle intéresse, du moins, par la majorité de ces derniers, majorité toujours relative, d'ailleurs. S'il en était autrement, et s'il fallait faire se succéder huit ou dix fois la même annonce dans la même feuille, au prix que coûte la publicité en général, surtout en France, la tâche d'un Annonceur serait plus inutile que celle de Sisyphe avec son éternel rocher, et mieux vaudrait pour lui qu'il allât simplement planter ses choux, au lieu de se ruiner.

La théorie qui n'accorde de crédit à la publicité que lorsqu'elle est incessante et périodique, est donc entièrement fausse, sur tous ses points, et dans tous les cas. Du reste, en ce qui concerne la publicité de la première période, celle dont nous exposons les lois en ce moment, ce serait la négation même de l'action suggestive que l'on doit lui reconnaître, sous sa forme directe, puisqu'elle perdrait la principale de ses qualités, qui *est d'avoir des effets immédiats.*

Cette théorie est aussi inexacte pour la publicité de la deuxième période, et nous fournirons les raisons de cette inexactitude dans la seconde partie de notre présent sujet (1). On nous excusera d'y avoir insisté un peu longuement peut-être ; mais

1. Voir p. 31-32.

nous avons estimé que cette erreur devait être pour toujours détruite dans l'esprit des Annonceurs qui subissent encore trop souvent sa détestable influence.

DEUXIÈME PÉRIODE

La deuxième période de la publicité est celle qui ne suggère qu'à la longue par un travail de pénétration de l'esprit public incessant, et qui n'agit qu'indirectement, de l'acheteur conquis à l'Annonceur. Elle s'exerce bien, si l'on veut, directement, comme la première, de l'Annonceur à l'acheteur, mais ses effets ne se réalisent que par intermédiaires, après de longs et nombreux relais. Aussi les résultats n'en peuvent-ils être tangibles qu'après un temps plus ou moins long, durant lequel l'Annonceur sera dans l'impossibilité relative de savoir si sa publicité opère ou n'opère pas.

Nous l'appellerons : *Publicité obsédante et indirecte, à effet différé*. Nous disons « obsédante » par opposition avec « suggestive », ce qui est la qualité de la publicité de la première période, quoique au fond, sous les deux aspects, elles soient aussi suggestives l'une que l'autre.

Dans sa deuxième période, la publicité vue et lue ne peut agir avec la rapidité qu'elle a dans la première. L'acte déterminatif et terminatif ne se produit pas dès la publicité révélée, parce qu'elle n'agit pas seule, et en proportion de ses seuls efforts. C'est en raison de ce régime particulier que nous la nommons : *à effet différé*.

C'est essentiellement la forme de publicité à adopter pour le lancement des marques de consommation, des produits d'entretien mis en vente sous cachets, des spécialités pharmaceutiques à dénominations arbitraires, qui ne sont, au reste, que des produits de marque.

Mais elle n'agit pas seule, nous venons de le dire, et voici pourquoi :

La vente et la Publicité.

Les marques de consommation et d'entretien ne se vendent généralement pas directement de celui qui les fabrique à celui qui les consomme. Elles se vendent, au contraire, de celui qui les fabrique ou qui les entrepose et les débite en gros, à des grossistes, d'abord, lesquels les revendent ensuite à des détaillants.

C'est chez le détaillant que le public va chercher le produit annoncé, et il ne peut s'en rendre acquéreur qu'autant que ce détaillant en est pourvu. De sorte qu'aux opérations de publicité proprement dite s'ajoutent les opérations inhérentes à l'organisation de la vente et qui doivent s'harmoniser très étroitement avec les premières. On pourrait faire une publicité très attrayante, très vigoureuse pendant plusieurs années, pour un produit de marque, qu'on n'en vendrait que de très faibles quantités, si la vente n'était pas organisée parallèlement et conjointement.

Tout le monde se rappelle la fable de l'aveugle et du paralytique. Eh bien ! la publicité, c'est l'aveugle ; la vente, c'est le paralytique. L'un ne peut se déplacer, se mouvoir, sans le concours de l'autre. La publicité seconde, soutient, pousse l'agent chargé de la vente ; l'agent vendeur — voyageur, placier, représentant — fournit à l'Annonceur les éléments indispensables pour grossir, étendre, généraliser sa publicité.

Mais ici, encore, existent des *impedimenta* nombreux qui contribuent à rendre l'action de la publicité plus lente. Ils sont de plusieurs ordres.

Si l'on suppose un Annonceur au moment où il se dispose à lancer dans la consommation un produit nouveau, susceptible d'être acheté par toute la population du pays, un cirage, par exemple, il aura à compter, avant d'arriver au maximum de sa vente, avec les acheteurs de cirage qui ont déjà l'habitude d'une autre marque dont ils se trouvent bien, puis avec ceux qui, désireux de faire l'essai du nouveau produit, auront cherché à se le procurer, mais ne l'auront trouvé en vente nulle part. Il y a encore ceux qui, au moment où la publicité les aura impressionnés, porteront des chaussures jaunes ou des bottines en chevreau et n'useront pas momentanément de cirage.

C'est ainsi que s'explique le terme « obsédante » que nous appliquons à la publicité des marques de consommation et des produits d'entretien. C'est encore pour ces raisons que nous la disons indirecte, et le lecteur comprendra certainement que les effets d'une semblable publicité ne peuvent être que différés.

Mais, si c'est particulièrement par l'obsession que la publicité dans sa deuxième période manifeste son influence, elle n'en doit pas moins avoir *toutes les qualités nécessaires* pour suggérer la possibilité, puis l'envie de l'achat.

Enfin, pour être obsédante, dans ses manifestations répétées, il n'en résulte nullement que, comme on l'a prétendu, ce soit la dixième ou la vingtième manifestation qui décide. Chaque annonce, chaque affiche considérée en elle-même, possède toute sa force de pénétration et doit conduire à l'acte terminatif : l'achat. Mais chaque annonce, chaque affiche ayant bien produit son effet, c'est son résultat qui fait souvent défaut. Elles ont bien, l'une et l'autre, rempli leur fonction, qui est de susciter le désir et de déterminer à l'acquisition ; c'est la satisfaction de ce désir, sa réalisation effective qui ne peuvent pas toujours s'accomplir — surtout au début d'un lancement — lorsque la chose annoncée n'est pas en vente chez le détaillant qualifié pour en tenir un approvisionnement.

L'action cumulative.

On a beaucoup parlé de l'action cumulative de la publicité. Il est possible que cette action existe, mais c'est loin d'être démontré. L'admission de ce principe conduirait un Annonceur à poursuivre une campagne de publicité pendant un temps souvent fort long, même en dépit de l'insuccès des commencements, en escomptant que l'effort accompli constitue une sorte de force motrice susceptible de s'accumuler, comme s'accumule l'énergie électrique empruntée à un torrent, et capable, à un moment donné, d'actionner la machine-publicité, pour lui faire produire des achats.

Nous devons avouer que nous n'avons pas d'exemples de cette action cumulative.

Il est indéniable qu'un produit, après une période de lancement d'un, deux ou trois ans, a des chances sérieuses d'être plus connu qu'à ses débuts, parce que, forcément, la publicité faite pour lui pendant ce temps n'a pu se manifester sans laisser dans les cerveaux des traces de souvenirs. Le consommateur, sous les yeux duquel le nom d'une marque a passé de nombreuses fois, n'est pas sans se dire, à la centième fois : J'ai déjà vu le nom de cette marque quelque part. Mais si ces cent annonces n'ont pas conduit ce consommateur à l'acte déterminatif, il faut que l'action de la publicité ait été bien faible, bien vague, pour ne l'avoir pas plus vivement impressionné, ou que, vraiment, il n'ait jamais eu un vrai désir de la marchandise annoncée.

Si l'action cumulative existe, et si elle constitue un des éléments du succès d'une marque, nous estimons qu'il ne faut la considérer que comme une sorte de sous-produit de la publicité et qu'il vaut mieux, pour vérifier le rendement de la publicité, s'en tenir à des éléments d'appréciation plus positifs.

Aussi peut-on affirmer que la conquête d'un marché pour une marque nouvelle n'offre pas ses plus grandes difficultés dans la vulgarisation du nom de cette marque et dans la pénétration des consommateurs. C'est bien plutôt dans l'acquisition du concours intéressé des intermédiaires de la vente que l'Annonceur rencontrera les plus nombreux obstacles.

Le temps, facteur du succès.

C'est donc le temps qui est le facteur primordial de la publicité, dans sa deuxième période (*obsédante, indirecte et à effet différé*), à l'inverse de ce qui se produit pour la publicité dans sa première période (*suggestive, directe et à effet immédiat*). Or, on ne violente pas le temps, on ne précipite pas les résultats. Un marché, si restreint soit-il, n'est pas une serre chaude où il serait possible de faire pousser des acheteurs à son gré. Ce point capital est trop souvent ignoré ou oublié par beaucoup d'Annonceurs ou de chefs de publicité.

C'est ici que la théorie de la répétition de l'annonce pourrait trouver sa place logique, mais à la condition de ne pas la concevoir d'après la formule empirique que nous avons rapportée plus haut (1).

Un produit de marque, de consommation courante, doit évidemment répéter ses insertions, — sans oublier d'en changer constamment l'aspect, — puisqu'il est bien entendu que chaque annonce prise isolément possède son pouvoir suggestif et qu'elle est capable, à elle seule, de déterminer l'achat. Mais si le marchand doit répéter, renouveler, faire constamment revivre sa publicité, c'est, tout bonnement, parce que la première annonce a pu entraîner à l'acte terminatif une quantité x d'individus,

1. Voir p. 25.

alors que, parmi les lecteurs d'un même journal, il s'en trouve encore une très grosse majorité que l'annonce, même vue, n'a pas fait bouger d'un pas.

Ce sont ceux qui, au moment où l'annonce paraît, ont l'habitude d'un produit différent, plus ancien que celui qu'on lance; ceux qui n'en éprouvent pas alors le besoin, mais qui sont susceptibles de l'éprouver plus tard; ceux qui, réellement, quoique disposés à s'intéresser au nouveau produit, n'ont pas vu la première insertion et ne l'ont par conséquent pas lue. *Chaque annonce est un coup d'épervier dans une rivière.* Chaque annonce procure, par ses propres moyens, ses clients, ses acheteurs; mais, comme dans une rivière, les poissons ne sont pas toujours au même endroit, qu'ils circulent, qu'ils évoluent, on peut toujours jeter son épervier au même point avec la certitude d'attraper des poissons qui, tout naturellement, ne seront pas les mêmes que ceux qu'on aura pris la veille ou la semaine précédente. Tout le monde ne prend pas l'autobus « Madeleine-Bastille » aux mêmes heures, sans cela il n'y aurait pas assez de voitures. Certaines personnes le prennent à neuf heures, d'autres à dix heures, à midi, etc. C'est pour cela qu'il y a des départs toutes les cinq minutes, pour des voyageurs toujours changeants. C'est ainsi qu'il doit y avoir des annonces répétées, dans les journaux, pour des lecteurs dont L'ÉTAT D'ESPRIT ET DE RÉCEPTIVITÉ EST CONSTAMMENT DIFFÉRENT.

On parviendra au succès d'une marque de consommation dans un minimum de temps, grâce à des sacrifices d'argent poussés au maximum de leur puissance, pourvu que ces sacrifices soient logiques et judicieux; mais il est un terme en deçà duquel il n'y faut pas compter, un délai minimum qu'on peut reculer, mais qu'on ne peut rapprocher.

Voilà pourquoi nous avons dit que la publicité obsédante, indirecte et à effet différé était la route la plus longue pour toucher le but.

Nous ajouterons, pour être complet, que certains Annonceurs ont essayé, avec plus ou moins de succès, d'user simultanément de la publicité sous ses deux formes, malgré leur différence profonde d'action. Cette manière n'est pas forcément mauvaise, en ce sens que, ainsi que nous l'avons déjà dit, ces deux routes ne pouvant pas se rencontrer, il n'est pas interdit de les parcourir toutes deux. Cependant, si l'on n'est pas particulièrement habile, on s'expose à nuire aux résultats de la publicité obsédante en pratiquant, en même temps qu'elle, la publicité suggestive et directe. On sait, par exemple, combien les détaillants sont ombrageux pour toutes les affaires qui recourent à eux, tout en vendant aussi elles-mêmes directement au public.

La combinaison des deux périodes de publicité ne peut rendre de services *que si la publicité suggestive est un appui pour la publicité obsédante.* Dans ce cas, la première route peut être comme une sorte de traverse qui raccourcit la distance à parcourir sur la seconde. Il y faut beaucoup de doigté, et c'est particulièrement au début d'une campagne que cette dualité d'action est capable de rendre de réels services.

CHAPITRE III

Le Besoin

Besoin latent --- Besoin existant

◇ ◇ ◇

LA PUBLICITÉ CRÉE-T-ELLE LE BESOIN ?

Ce point, très controversé, mérite un examen attentif.

Si l'on ne considère que les besoins inexistants la veille, et qu'on se demande si la publicité suffirait à les faire naître spontanément, la réponse n'est pas douteuse : la publicité, à proprement parler, ne crée pas le besoin.

Est-ce à dire qu'elle est théoriquement incapable de créer ce besoin ? Nullement. Mais tout porte à croire que l'Annonceur qui tenterait, par les seules forces dont la publicité dispose, de créer de toutes pièces un besoin nouveau, y épuiserait toute son énergie et aussi tous ses capitaux.

Car créer un besoin, c'est simplement faire naître, chez un certain nombre d'individus, formant une majorité relative, l'envie d'une chose dont ils n'avaient pas ressenti la nécessité jusqu'au moment où le besoin leur est, pour ainsi dire, imposé par la publicité.

Prenons un exemple : admettons qu'un industriel ait eu l'idée de se livrer à l'élevage et à la multiplication de ces hirondelles d'une espèce particulière dont les nids, recueillis sur les rivages d'Extrême-Orient, font, paraît-il, les délices des Chinois, et qu'il se propose d'entreprendre une campagne de publicité pour rendre courante, habituelle, en France, la consommation de ces nids comestibles. Voilà bien le besoin nouveau à créer, car on ne prétendra pas que les nids d'hirondelles fassent partie actuellement de l'alimentation de nos compatriotes. Or, s'imagine-t-on les efforts que cet industriel devrait faire, les dépenses qu'il lui faudrait assumer, avant d'arriver à son but? Il aurait à vaincre toutes nos coutumes, toutes les forces passives de notre civilisation, avant que d'avoir vendu un stock appréciable de sa marchandise. Nous sommes persuadés qu'il mourrait à la peine. Et non seulement il aurait dû engager des sommes considérables, sans en recueillir de fruits, tout en choquant les idées présentes des Français sur la nature et l'origine des choses qui se mangent, mais encore, il aurait vu sa production, quelle que soit son importance, s'altérer, se décomposer, et se stériliser, en raison même de sa mévente.

Peut-être aurait-il semé pour une superbe moisson future, mais ni lui, ni ses héritiers ou ses successeurs immédiats, n'en verraient jamais les épis.

Autre exemple, vécu, celui-là : une société anglaise voulut introduire en France un produit alimentaire dont la consommation est courante en Angleterre, c'est-à-dire dans un pays bien plus près de nous que la Chine et ses nids d'hirondelles. Ce produit végétal consistait en légères paillettes de farine cuite et grillée, croyons-nous, et on devait l'employer à table comme un condiment, un assaisonnement, pour tous les mets. On en devait répandre sur les viandes grillées, sur les rôts, dans le café au lait et le chocolat du matin ; bref ses applications étaient, pour ainsi dire, générales dans l'alimentation.

Une publicité considérable fut organisée, tant dans la presse que par affiches, et on avait l'impression nette que la société avait les reins solides et pouvait maintenir son effort longtemps. Un budget très important fut englouti dans cette entreprise mort-née. Jamais on ne parvint à faire admettre à nos populations la nécessité de saupoudrer leur bifteck avec les petites paillettes en question ; les Français leur préférèrent, et leur préfèrent encore, je suppose, les pommes de terre frites.

C'était bien là encore un essai de création du besoin par la publicité, rien dans les usages gastronomiques de notre pays ne ressemblant à cette conception alimentaire. L'essai a échoué.

Par conséquent, si, théoriquement, on convient que la publicité puisse, par sa seule puissance, faire naître, créer entièrement le besoin, il est logique d'admettre que l'effort nécessaire est disproportionné aux résultats pécuniaires d'une entreprise aussi lourde. Dès lors, ce n'est là qu'une opération anti-commerciale.

La conclusion qui s'impose, c'est qu'il ne faut pas chercher, par la publicité, à créer, dans la masse d'une population, des besoins absolument nouveaux et inhabituels, et qu'il faut savoir, plutôt, *pressentir les besoins naissants*, existant déjà virtuellement, afin de les canaliser à son profit, d'en capter, en quelque sorte, le bénéfice. Sur ce terrain-là, la publicité est maîtresse, — une maîtresse qui, si on est habile à la diriger, ne sera jamais infidèle. C'est ce qu'on peut appeler le besoin latent.

Le besoin latent.

Il y a quelque trente-cinq ans, on ne faisait, en France, qu'une très faible consommation de ces biscuits secs qui, aujourd'hui, figurent sur toutes les tables, depuis celle du pauvre jusqu'à celle du riche. Deux marques anglaises, deux marques françaises, faisant du reste peu d'affaires, se disputaient notre marché. Mais le besoin préexistait, il était latent, et il n'attendait qu'une occasion de se satisfaire pour grandir et s'imposer.

C'est alors que des industriels français conçurent le projet de fabriquer des biscuits secs, de les mettre en vente et de les annoncer. Le champ qu'ils se proposaient de cultiver était à peu près vierge, mais il était préparé à faire fleurir leurs marques. Aussi, grâce à la publicité qu'ils ont faite, ces industriels ont pleinement réussi, et Dijon, ainsi que Nantes, comptent une industrie florissante de plus.

La publicité avait satisfait un besoin latent.

C'est dans ces conditions que la publicité possède les plus grandes chances de réussir. Toute la question, pour l'Annonceur, est, précisément, de pressentir ce besoin, de le deviner, d'en évaluer l'étendue, pour s'efforcer alors d'y répondre. Il s'exonère ainsi de l'opposition des concurrents, puisque ces concurrents n'existent pour ainsi dire pas.

Une autre industrie, dont on ne peut nier l'énorme développement depuis ces dernières années, l'industrie automobile, a su aussi tirer parti d'un besoin latent qui ne demandait qu'une chose : être satisfait.

On entretenait le public, depuis longtemps, des recherches des ingénieurs qui s'étaient rendu compte de la possibilité de construire des véhicules devant être, pour leurs heureux possesseurs, comme le wagon qu'ils pouvaient occuper, dans un rapide, avec cette différence que le wagon attelé au rapide ne s'arrêtait qu'à des points prévus d'avance, qu'il ne parcourait toujours que la même voie, tandis que le « wagon qu'on aurait à soi » permettrait les itinéraires les plus variés, dans les rues des villes comme sur les routes des campagnes, et, de plus, on l'arrêterait quand il plairait, et il ne repartirait qu'au gré de son propriétaire ou de son conducteur...

L'annonce de la première voiture automobile fit frissonner d'aise une foule de gens qui n'attendaient que cela, les uns par snobisme, les autres dans le ferme dessein de voyager à leur fantaisie, quelques-uns, les moins contents, par simple envie, attendu qu'ils n'avaient pas le premier sou pour acheter une de ces « voitures qui marchent-toutes seules ».

Le besoin latent existait déjà quand la première voiture vint.

Les Annonceurs n'ont pas toujours le bonheur — ou le génie — de répondre ainsi, à point nommé, à ce besoin-là. C'est quand le besoin latent préexiste que la publicité peut remporter ses plus belles victoires.

Le besoin existant.

La difficulté se fait jour lorsqu'il s'agit, le besoin existant déjà et se trouvant déjà satisfait par d'autres, de vulgariser, de faire adopter, de lancer, en un mot, une nouvelle marque concernant un produit qui a de nombreux équivalents, auxquels le public est déjà accoutumé.

Il faut alors suggérer au consommateur l'idée d'acheter une chose dont l'usage lui est déjà connu, qu'il emploie, et surtout lui faire préférer la marque nouvelle qu'on lui présente.

Ce sera, par exemple, une marque de chocolat. Les marques de chocolat sont nombreuses en France, et toutes celles qui existent ont leur clientèle, qu'elles savent, du reste, plus ou moins bien s'attacher et retenir. L'Annonceur qui interviendrait sur le marché pour offrir une nouvelle sorte de chocolat, revêtue d'une nouvelle marque, la sienne, ne peut songer à satisfaire un besoin latent. Ici le besoin est créé, et il est satisfait depuis longtemps par de multiples fabricants. Pour arriver à trouver sa place au soleil, le nouvel Annonceur n'aura que deux ressources : en premier lieu, faire ce qu'ont fait les chocolatiers suisses : imaginer un chocolat qui se distingue de ceux qu'on a vendus jusqu'à ce jour et qui n'étaient simplement que du chocolat, c'est-à-dire un mélange de cacao et de sucre, parfumé ou non. Les chocolatiers suisses, eux, ont inventé le chocolat au lait, et le public, sachant que l'industrie principale de la Suisse est l'industrie laitière, a trouvé cela tout naturel. Une clientèle nouvelle, pour du chocolat au lait, s'est ainsi constituée. Mais, par ce moyen, on n'a fait, en somme, que satisfaire un besoin latent de chocolat au lait. On n'a pas répondu au besoin général, et déjà existant, du simple chocolat.

La seconde ressource d'un nouveau chocolatier sera donc, tout simplement, de chercher, en utilisant la publicité toujours, à introduire sa marque dans la consommation par les moyens classiques, en comptant d'abord sur le temps pour favoriser son dessein, et, surtout, en ne négligeant pas l'organisation de sa vente : c'est encore l'histoire de l'aveugle et du paralytique.

Cela est très faisable, à la condition de fabriquer avec soin, de faciliter les transactions avec les détaillants par des conditions spéciales, par le crédit, etc.

Le cas du fabricant de chocolat sera celui de toutes sortes d'industries, dès que la marque à lancer n'est pas destinée à satisfaire un besoin naissant ou latent, et qu'on veut seulement lui fournir les éléments nécessaires pour répondre à un besoin que beaucoup d'autres ont satisfait, avant le jour où la marque nouvelle affronte la concurrence. C'est alors qu'il faut, comme disent les Américains, « faire entrer sa vrille dans du bois dur ».

Nous devons ajouter que la tâche n'est nullement au-dessus des forces humaines. Chaque jour nous en fournit des exemples qui font autorité.

Nous parlions tout à l'heure de chocolat. Quelle est donc cette très importante marque de chocolat, précisément, qui, il y a déjà un certain nombre d'années, jugeant que sa notoriété était suffisamment établie, sa réputation assez solidement assise, prit la décision de réduire, dans de fortes proportions, ses frais de publicité, et qui les réduisit, en effet, pendant deux ou trois ans ?

La concurrence.

Or, pendant ce même temps, deux ou trois autres fabricants de chocolat, ayant constaté que la grande marque avait déserté les murs d'affichage et les dernières pages des journaux, et se sentant assez puissants en argent et en souffle pour tenter l'aventure, descendirent dans l'arène. Ils prirent les emplacements d'affichage qu'avait abandonnés leur gros concurrent, ils occupèrent les pages d'annonces que la firme concurrente avait délaissées, et, après deux ou trois ans d'efforts soutenus, ces nouveaux venus avaient pris une place aux dépens de la grande marque. Cette dernière, alors, essaya bien de reprendre les positions perdues, mais il était trop tard. Les nouvelles marques ont résisté, et elles ont gardé leur clientèle.

Cela prouve que, même à défaut de génie créateur, un Annonceur peut se tailler encore un fief en sachant, utilement et à propos, mettre les circonstances à son service.

Il n'y a pas que cela, d'ailleurs. D'autres facteurs concourent à soutenir les nouvelles marques, car elles amènent à elles une certaine catégorie d'acheteurs chez lesquels le besoin existe, bien entendu, mais qui n'ont pu le satisfaire suivant leurs goûts. Il y a d'abord ceux qui, pour mille raisons, inutiles à dénombrer ici, ne sont pas contents de la marque qu'ils avaient l'habitude d'employer. Il y a ceux qui cherchent le meilleur marché, et qui adopteront une marque nouvelle, si *elle leur offre quelques avantages de prix ou autres.*

Il y a encore ceux qui, dans des circonstances imprévues, se sont trouvés dans l'impossibilité de se procurer la marque à laquelle ils sont accoutumés, et à qui le détaillant saura proposer la nouvelle. Ce moyen est à cultiver, par l'intermédiaire des commerçants de détail qu'on peut mettre très utilement dans son jeu, et qui, alors... Ainsi ces clients accidentels peuvent être amenés à préférer le produit nouveau et à l'adopter ensuite. On peut encore compter sur les acheteurs amoureux du changement et qui vont de la brune à la blonde uniquement « pour voir ». Cette clientèle, si c'en est une, n'a, d'ailleurs, qu'une valeur relative, puisqu'elle est essentiellement changeante et instable.

Enfin, si le besoin, lui, ne se crée pas, il y a des clientèles qui, elles, se créent au jour le jour. Ce sont les consommateurs qui deviennent soudain des acheteurs, ou qui, n'ayant jamais consommé d'un produit donné, naissent à la consommation : un enfant naît dans une famille, il est sevré, et l'on songe à corser son alimentation. On lui donnera du chocolat, mais lequel ? Un jeune ménage s'installe ; le mari avait coutume de prendre du chocolat X et la femme du chocolat Y. On se mettra d'accord sur le chocolat Z, le nouveau, dont l'épicier a dit le plus grand bien. Ah ! si l'on pouvait savoir quel collaborateur, et en même temps quel ennemi parfois, peut être le plus modeste des détaillants ! Le concours du détaillant est aussi précieux à l'Annonceur que le concours de la publicité peut être utile au détaillant.

C'est à créer cette ambiance sympathique autour d'une marque que la publicité doit s'attacher, *pour la satisfaction, à point nommé, des besoins épars dans la moindre agglomération.*

Mais, de toute manière, que les Annonceurs ne s'épuisent pas à vouloir créer véritablement un besoin, cela leur coûterait trop cher. Savoir le prévoir, le découvrir et se préparer à le satisfaire, voilà qui vaut infiniment mieux.

La réceptivité.

Nous abordons ici une des questions les plus complexes qui se posent, dans la pratique de la publicité, et nous nous efforcerons de la résoudre avec clarté.

L'intérêt suscité par la publicité, considérée dans l'ensemble de ses manifestations, est extrêmement variable. Certaines publicités offrent au lecteur un intérêt très ardent, d'autres n'en offrent qu'un très faible. Cela dépend surtout de la nature de la chose annoncée. Il découle de là que l'importance, l'étendue, la puissance de la publicité doivent être toujours inversement proportionnelles à la somme d'intérêt qu'elle est capable de faire naître.

Cette loi peut être aussi présentée d'une autre manière, et voici comment : — Il y a des publicités que le public cherche, qu'il souhaite de trouver dans son journal, sur les murailles de sa localité et qui sont sûrement lues. Il y en a d'autres que le lecteur ne cherche pas, parce qu'elles ne répondent pas, immédiatement, au besoin qu'il éprouve et qu'elles ne correspondent à aucune nécessité positive; celles-là ne sont vues et lues que grâce à l'appoint d'originalité, d'attraction suggestive que leur procure l'application de la science et de l'art publicitaires.

Dans le groupe de publicités dont la lecture est assurée, parce qu'on les recherchera, on doit faire entrer, d'abord, toutes les catégories de « Petites Annonces ». On sait ce que sont ces Petites Annonces, publiées aujourd'hui par presque tous les journaux. Rien, dans leur disposition typographique, ne les signale particulièrement à l'attention; elles s'offrent aux yeux, au contraire, sous un aspect monotone qui semblerait plutôt devoir en éloigner le regard. Mais ces sortes d'annonces : offres d'emplois, d'occasions, de capitaux, petite correspondance, etc., suscitent une très grande somme d'intérêt de la part d'un certain nombre des lecteurs d'une feuille publique, en raison même du besoin éprouvé par ces lecteurs. Évidemment, tous les lecteurs d'un journal ne lisent pas les Petites Annonces, mais tous ceux qu'elles intéressent, au moment précis où elles paraissent, les liront certainement. Elles ne visent, du reste, pas d'autre but.

Dans le même groupe on doit ranger aussi les « Petites Affiches », c'est à-dire cette multitude de papiers multicolores dont se décorent — ou plutôt s'enlaidissent — les murs de certains monuments et de certains emplacements. Ce sont, généralement aussi, des offres d'emplois, de capitaux, d'occasions; elles n'ont trait ordinairement qu'à de très menues affaires, mais le public les recherche et, par conséquent, les lit.

On nous dira peut-être que les Petites Annonces et les Petites Affiches ne sont pas, à proprement parler, de la publicité. Nous demanderons alors qu'on veuille bien nous dire ce qu'elles sont. Pour nous, qui estimons que *tout ce qui se publie, tout ce qui s'imprime moyennant paiement pour la publication et l'impression* est de la publicité, nous affirmons que les Petites Annonces et les Petites Affiches doivent être considérées comme de la publicité. C'est sans doute de *la publicité primitive*, de la publicité *à l'état naissant*, mais c'est de la publicité tout de même.

Nous allons élargir le cadre, pour donner toute sa rigueur à notre opinion. Ne remarque-t-on pas, dans la presse en général, un grand nombre d'annonces qui frappent, à l'examen, par la

PRET sur Signature, Titres, Hypothèq., Usufr., Avances à fils familles, Gros Capitaux, CAISSE MUTUELLE. 58, quai Valmy. Paris.

PRET de suite sur sign. argent en 5 jours, 4 %, Nue-propr., rembours. en 7 ans par acompte. Paris-Province. Rien d'avance. ALEXANDRE, 17, F⁶ Montmartre, Paris.

PRET 3 % à tous a. signature, Aide à s'établir, Rien d'avance, Remb. 10 ans. Vve LAERCH, 9, r. Rochechouart. Paris

ARGENT à prêter sur signature à pers. gênées, remb. 1 à 10 ans. Ecrire en confiance à l'AIDE POPULAIRE, 9ᵗᵉʳ, rue Albouy. Paris

PRETS d'Argent sur Signature (Discrétion) 3ᵉ année. CREDIT NATIONAL, 18, Rue Turbigo, Paris. Seule Maison réalisant les prêts en ESPÈCES

PRET de suite sur signature et toutes garanties, remb. 1 à 10 ans. HERMANT. 158. Faub⁶ St-Martin. Paris.

ARGENT à prêter sur signa. à pers. gênées, Paris ou prov. facilité de remb⁵. Rien d'av. Discrétion. Ecrire avec détails. Fraternité, à Noisy-le-Sec (Seine)

VIN Mâcon garanti naturel. Echantillon gratis. Bouvier, propriétaire, Crêches, pr. Mâcon.

VIN FIN de crus, tout 216 lit. Fⁱ vol. Gare (Ech. Gratis) FROMONT. Villefranche—BEAUJOLAIS (Rhône). **108ᶠ**

VIN TOURTEL 10 degrés, la pièce, tout payé. 12, R. 4-Septembre. Paris. **105ᶠ**

MARIAGE et hygiène ou le **Véritable Guide des Epoux** Ouvrage complet curieux et instructif, indispensable à tous. Envoi franco contre 0.50. Etranger 0.75 (Catalogue général Gratis sur demande). Ecr. INSTITUT HYGIEN. 9, r. Lacharrière, Paris.

SAGE-FEM. J. SALMON, 55, F⁶ St-Martin. Diplômée Fac. Méd. Paris. Elève Maternité Beaujon. Reçoit pens. 1ʳᵉ époq. Paris et camp. Place enf. Consult. à tᵗᵉ hᵉ. Correspond. Man spricht Deutsch. English spoken. Tél. 413-79.

SAGE-FEM 1ʳᵉ cl. CONSULTᵉ de 9 h. à 5 h. **5, B⁴ SEBASTOPOL** près Châtelet

SAGE-FEMME 1ʳᵉ Classe, ttes heures. Reç. pens. **6. PLACE CLICHY** (Pl. de la Mairie)

SAGE-FEMME 1ʳᵉ cl. Mᵐᵉ BREY, ex-int. des Hôpitaux. 34, RUE MONTHOLON (entresol). Tél. Consult. t. les J., anc² 23. R. de Maubeuge. Hygiène. Soins. etc.

SAGE-Femme, 1ʳᵉ cl. de la Faculté de Médecine, 18ᵉ an. **7, R. Petits-Hôtels** Pension. 1ʳᵉ époque. 1ᵉʳ étage, à gauche, consult. tᵗᵉ heure, même Dimanche. Corresp. Coin B⁴ Magenta Gares Nord et Est

SAGE-FEMME 1ʳᵉ cl. Mᵐᵉ HERAULT. cons. 9 h. à 7 h. (Gares Lyon-Orléans) près Rue de Lyon. 56, Avenue Ledru-Rollin. **56**

SAGE-FEM. 1ʳᵉ CL. CONSULT. Tₛ LES JOURS ttes heures prend pension. english spoken. 19, rue TRONCHET

SAGE-FEMME Consult. t. les jours, t. heure. Corresp. 1ʳᵉ classe. Reçoit Pens. Paris, Camp. Place sur. Elèv. Maternité. 35, b⁴ Strasbourg, 2ᵉ étag. Mᵐᵉ SALMON mère.

SAGE-FEMME 1ʳᵉ cl. consulation tᵗᵉ heure. Pension. Mᵐᵉ TREMOULIERES **9. R. Sᵀ-LAZARE**

SAGE-FEMME 1ʳᵉ Cl. **58** cons. t. l. jours. tte heure. pension Lauréat Maternité r. Cherche Midi (pr. Bon Marché)

137, R. LAFAYETTE LAFON, SAGE-FEM. 1ʳᵉ CLAS. PAIEMENT APRES RETABLISSᵗ.

SAGE-FEMME 1ʳᵉ cl. consulte 9 à 7 Pr. Pension. Tᵗᵉ époque **65** rue du (N.-S.) **BAC**

SAGE-FEMME 1ʳᵉ cl. Pens. Consultations. **5,** Rue de (N.-S.) **SEVRES** près Bon Marché

SAGE-FEMME 1ʳᵉ classe, consult. toutes heures et dimanches. **17. A**venue de **CLICHY** près Place

RIOU, 3, RUE BAYEN, 3. METRO **TERNES** SAGE-FEMME, 1ʳᵉ CL. CONSULTAT. T. LES JOURS, PENS. TOUTE ÉPOQUE.

SAGE-FEM. 1ʳᵉ cl. tₛ l. jours ttes heures, prend pension. **100, R. Sᵀ-LAZARE** près gare

SAGE-FEMME CORRESP. CONSULT. tᵗᵉ heure dimanche pensionnaires **51. Boulev. St-Martin**

SAGE-FEM. tᵗᵉ heure et dimane. pension **19. R. des MATHURINS** Opéra St-Lazare

CONSULTATIONS SAGE-FME 1ʳᵉ cl., ttᵉ heure et Dim. Hygiène, Soins, etc. 31, avenue Rapp (face jardins Champ de Mars). 2ᵐᵉ à Gauche. Anc⁶ 104. av. Ledru-Rollin.

Sentiments : crédulité, pusillanimité.
Potentiel d'intérêt : élevé.
Majorité relative : faible.
Période : suggestive et directe.

modestie de leurs dimensions, par l'exiguïté de l'espace qu'elles occupent ? Ce sont ces annonces de *Prêts d'argent*, de *Sages-femmes*, de *Capitaux à placer*, et aussi celles des négociateurs de fonds de commerce qui pullulent dans toutes les dernières pages, sans omettre les propositions de vins du Gard ou du Beaujolais. L'espace occupé par ces annonces est souvent une simple ligne, quelquefois deux, rarement davantage. Il semble qu'elles soient écrasées, étouffées par les annonces de forte taille qui s'étalent, massives, à côté ou au-dessus d'elles. Cependant — sans nous attacher à la qualité morale de ces annonces, qui laisse parfois fort à désirer — il est incontestable qu'elles sont lues. C'est que ces annonces, comme les Petites Annonces proprement dites, répondent, au moment où elles sont publiées, à un besoin impérieux ressenti par un nombre x de lecteurs.

A l'encontre de cette publicité primitive, nous voyons les grands journaux s'encombrer de placards énormes, qui vont jusqu'à occuper la totalité d'une page. Choisissons, comme terme de comparaison, telle annonce d'une demi-page consacrée entièrement à l'offre d'un phonographe, payable à tempérament. Voilà bien l'objet dont le besoin n'a rien de pressant, puisqu'il est tout à fait possible de se passer d'un phonographe. Aussi, l'auteur de cette annonce sent-il la nécessité d'en développer le besoin chez les lecteurs, de leur en faire éprouver l'envie, afin de les déterminer à l'acte d'achat. Pour cela, il ne saurait se borner à formuler son offre en deux lignes; il faut qu'il persuade, qu'il convainque, qu'il emporte la décision. Il lui faut donc accumuler les arguments, forcer la louange de son appareil, par le texte et par l'image, jusqu'à ce que la convoitise de l'acheteur possible ait été suffisamment excitée pour que l'acte terminatif, la commande, s'accomplisse. Il n'a souvent pas trop d'une demi-page pour y réussir.

Il faut dire encore, à ce propos, que, dans ce cas, le besoin n'étant encore que latent chez le lecteur, la publicité agit autant par la vigueur, la couleur de l'argumentation que par la masse de l'annonce elle-même, qui prend, par sa dimension, un caractère de force qui en impose. Les Américains ont concrété cette théorie en disant : *Mieux vaut une annonce de mille lignes que mille annonces d'une ligne.* En quoi nous sommes absolument d'accord avec eux.

Ainsi se justifie l'obligation de faire une publicité d'autant plus puissante que la chose annoncée répond moins à un besoin immédiat; ainsi l'on conçoit que cette obligation existe d'autant moins que le besoin est davantage ressenti au moment où la publicité s'offre à le satisfaire.

Le succès de la publicité est directement proportionnel à l'intensité du besoin qu'éprouve le public pour l'article qu'on lui offre, et l'effort de publicité à déployer sera inversement proportionnel à l'intensité de ce besoin.

LE POTENTIEL D'INTÉRÊT
OU POTENTIEL DE RÉCEPTIVITÉ

L'Annonceur débutant aura donc pour premier soin de fixer dans quelles mesures la chose qu'il s'appréte à annoncer suscitera l'intérêt des acheteurs qu'il veut atteindre, et quelle est l'urgence du besoin de cette chose qu'ils peuvent ressentir. Il établira ainsi ce que nous appellerons *le potentiel d'intérêt* ou *de réceptivité*, de sa publicité, par rapport à la *majorité relative* de lecteurs qui seront touchés par elle. Les méthodes d'observation et de déduction dont nous avons déjà parlé lui seront, dans cette occurrence, d'un très utile secours.

Voilà donc la question dégagée de ses obscurités. Nous apercevons maintenant tous les phénomènes de la publicité régis par deux influences qui participent, pour une somme égale, à leurs diverses modalités : d'une part, *l'intensité de l'intérêt* offert par la chose annoncée ; d'autre part, *l'importance de la majorité relative d'individus* susceptibles d'un intérêt plus ou moins grand pour cette même chose.

Donnons des exemples :

Supposons un industriel propriétaire d'une marque de cirage d'une qualité incontestable. Le potentiel d'intérêt que possédera sa publicité sera faible, car il n'est pas seul à vendre du cirage de bonne qualité, et à faire de la publicité pour une marque de cette nature. Par contre, la majorité relative d'individus susceptibles d'intérêt est considérable, puisque le cirage est un produit d'entretien d'un usage presque général. Cet industriel organisera donc sa publicité par fortes masses, au moyen de l'annonce, de l'affiche, mais sans négliger d'organiser en même temps la vente de son produit. Il fera alors de la publicité obsédante, indirecte, à effet différé.

Prenons maintenant un pharmacien préparateur d'une spécialité pharmaceutique destinée à guérir les nez rouges. Étant donné qu'il sera sans doute presque seul à préconiser un médicament de ce genre, le potentiel d'intérêt contenu dans sa publicité sera élevé. Mais comme le nombre des individus ayant le nez rouge et désirant en modifier la couleur est peu considérable, la majorité relative de gens disposés à porter intérêt à son remède sera faible. Ce pharmacien devra organiser sa publicité par petits espaces, en pratiquant seulement le système de publicité de la première période (suggestive, directe et à effet immédiat).

Un troisième cas-type est fréquent, c'est celui où l'Annonceur peut balancer entre les deux périodes à adopter. Supposons un médecin qui a découvert un merveilleux produit pour la guérison de la tuberculose. Celui-là peut, à son gré, faire sa publicité sous la forme suggestive, directe et à effet immédiat, ou sous la forme de la publicité obsédante, indirecte et à effet différé.

Sous la première forme, sa publicité devra avoir pour but de le mettre en relations *directes* avec des malades, qu'il traitera à son cabinet et par correspondance, au moyen du remède qu'il aura découvert et qu'il prescrira. Ce sera le procédé à suivre si l'on ne dispose pas de capitaux importants.

Pour ce médecin, s'il choisit la forme de publicité spéciale à la première période, le potentiel d'intérêt sera élevé, car les communications qu'il fera au public frapperont celui-ci très vivement, à cause de la qualité, de la nouveauté du médicament et de la tournure évidemment très persuasive qu'il devra donner à sa publicité. Par contre, la majorité relative des individus qui se révéleront, à la lecture de ses annonces ou de ses articles, ne sera pas très considérable, car il faudra lui écrire, correspondre régulièrement avec lui, et beaucoup de ceux qui seraient allés chez leur pharmacien pour se procurer le remède ne consentiront pas à mettre la main à la plume, soit qu'ils redoutent de s'adresser à un charlatan, soit qu'au moment où la publicité se manifestera ils reçoivent déjà les soins d'un autre médecin, soit encore qu'ils craignent d'avoir à supporter des dépenses impossibles pour leurs ressources.

Mais si ce médecin a à sa disposition des capitaux importants et qu'il veuille généraliser la vente de son médicament en faisant une spécialité pharmaceutique, il aura recours à la forme de publicité de la deuxième période et il l'organisera de manière à mettre son produit en vente dans toutes les pharmacies — ou, du moins, dans les principales — et il aura recours à la publicité obsédante, indirecte et à effet différé.

La première manière lui aurait permis de récupérer très rapidement ses débours et lui aurait donné très rapidement aussi

Fig. 1

Ne prenez pas un marteau-pilon pour écraser une mouche.

des bénéfices ; la seconde manière exigera de lui plus de patience et d'argent, car le résultat se fera attendre un an, deux ans et même plus, selon l'intensité et, surtout, selon la valeur suggestive et obsédante de sa publicité.

En tout cas, avec la seconde manière, le potentiel d'intérêt sera moyen, car il entrera en lutte avec d'autres produits ayant ou s'attribuant les mêmes vertus que le sien, ce qui neutralisera l'action exercée sur un certain nombre de lecteurs ; par contre la majorité relative d'individus qu'il touchera sera élevée puisqu'il s'adressera à tous les tuberculeux ou, du moins, à tous les tuberculeux qui seront à même de lire ses annonces. Mais, s'il choisit la seconde période, l'Annonceur devra, parallèlement à son action publicité, organiser son action vente, tout comme pour un cirage ou un chocolat. Toute la différence, c'est que le cirage et le chocolat sont vendus par l'épicier, tandis

Fig. 2

On ne tue pas un éléphant avec un pistolet à bouchon.

que les produits pharmaceutiques sont vendus par les pharmaciens.

Cette question du potentiel d'intérêt et des majorités relatives n'a pas été sans frapper les Américains, dont nous avons
certainement beaucoup à apprendre, en ces matières. Ils l'ont
résolue par deux formules concrètes que voici :

1º Ne prenez pas un marteau-pilon pour écraser une mouche.
(Potentiel d'intérêt élevé, mais majorité relative faible.) (Fig. 1.)

2º On ne tue pas un éléphant avec un pistolet à bouchon.
(Potentiel d'intérêt faible, mais majorité relative élevée.) (Fig. 2.)

Et pour rendre plus saisissantes ces deux formules, qui sont
à la base de toute la publicité, ils les ont synthétisées par l'image.
Nous reproduisons ici, d'après les dessins américains, ces deux
illustrations, éminemment suggestives dans leur simplicité.

CHAPITRE IV

Vers
la pratique de la Publicité

o o o

Le plus grand des écueils que rencontre de nos jours l'utilisation normale et habituelle de la publicité pour favoriser l'essor du commerce et de l'industrie, n'est devenu sensible que depuis qu'elle a commencé à être pratiquée en France avec quelque ampleur.

La logique simpliste de nos aïeux voulait qu'à bon vin il ne fût pas besoin d'enseigne, et, se retranchant derrière ce dicton d'autrefois, le commerce, l'industrie honnêtes de notre pays ont boudé la publicité pendant cinquante ans au moins.

Aussi, lorsque la presse sortit des limbes et tendit à devenir la puissance colossale qu'elle est aujourd'hui ; dès que l'affiche cessa d'être soumise au contrôle des autorités, aussitôt que l'imprimerie obtint la liberté qu'elle a à présent, la publicité apparut, aux yeux de quelques audacieux, comme un pays vierge dont la prospection promettait les plus larges richesses. Ce fut une fièvre, comparable à la fièvre de l'or qui s'empara de tous les déchets sociaux lors de la découverte des placers de la Californie. Et c'était bien vraiment la fièvre de l'or, avec cette différence qu'il ne s'agissait plus d'aller chercher le prestigieux métal aux profondeurs de la terre et des roches, mais de le faire affluer sans bouger de chez soi, en usant de cet outil nouveau qu'était la publicité, — maniée un peu, à la vérité, comme une escopette.

Quand les colonnes des journaux s'ouvrirent toutes larges à la publicité, les commerçants et les industriels recommandables par leur passé, par leur production, n'en voulurent point user et ils laissèrent exploiter cette glèbe si fertile par les rebuts de tous les peuples, qui se sont également rués sur les terrains aurifères de l'Amérique à peu près à la même époque.

Les exploitations les plus éhontées, les opérations les plus louches envahirent la publicité, comme un pays conquis, et firent de ce merveilleux levier d'activité commerciale quelque chose comme un miroir à circonvenir les alouettes, — qui affluaient, du reste, toutes rôties ! Le plus honnête des moyens de prospérité économique fut faussé à son origine, pour devenir simplement l'instrument des plus détestables causes.

Si l'élite de nos commerçants, de nos industriels, s'en était saisie dès qu'il fut créé, *cet avatar lui aurait été épargné*. La réputation de la publicité serait restée indemne. Car, que demandaient les journaux, lorsque, sous le flot montant de la démocratie, les exigences de l'information, de la vulgarisation des faits et des idées les obligèrent à abaisser le prix de leurs abonnements et de leurs exemplaires? Des ressources capables de compenser, dans une mesure utile, les sacrifices qu'ils consentaient au public et à l'information politique, intellectuelle et sociale des masses. Si ces ressources s'étaient présentées à eux probes et nettes, ils les auraient acceptées de préférence aux subsides malpropres qu'ils durent accepter, faute de mieux.

La publicité pâtit encore aujourd'hui de ces débuts malheureux, car, pendant longtemps, les affaires correctes se tinrent éloignées d'elle, pour éviter, à la dernière page des journaux, et même aux pages précédentes, des promiscuités qu'on pouvait estimer compromettantes. La situation s'est toutefois heureusement modifiée, depuis quelques années, et nous ne désespérons pas de voir un jour ces écuries d'Augias complètement nettoyées.

Ce sera lorsque les journaux ou les Annonceurs honnêtes sauront mieux apprécier le rôle commercial de la publicité.

L'atmosphère de la publicité commençant à être un peu plus respirable, il est admissible d'en parler maintenant comme d'une branche normale des connaissances générales indispensables à qui veut faire du négoce, traiter des affaires et, surtout, AMPLIFIER SON CHAMP D'ACTION.

Mais de ce que, à son origine, la publicité fut exploitée par des hommes d'une moralité douteuse, il est encore resté, contre elle, dans la pensée de quelques-uns, une prévention qu'il convient de dissiper. Il faut cependant reconnaître que le mauvais usage qui en fut fait trop souvent, a eu un retentissement fâcheux sur le coût de la publicité. Ceux qui la véhiculaient dans ses différents modes ont été tentés, jusqu'ici, de la considérer comme un jeu et les Annonceurs comme des joueurs, des spéculateurs, et ils l'ont traitée comme le gouvernement traite les paris aux courses et la cagnotte des grands cercles, en la frappant de dîmes lourdes qui en ont haussé le prix à un taux malheureusement inaccessible pour certaines entreprises, dont le tantième bénéficiaire est trop faible pour assumer les dépenses qu'elle entraîne actuellement.

Voilà pourquoi, la bonne, la solide, la probe publicité s'étant trop souvent tenue à l'écart des colonnes des journaux, ceux-ci n'avaient plus le choix, et c'est bien pourquoi ils n'ont jamais hésité à rançonner — le mot n'est pas trop dur — ceux qui voulaient profiter du pavillon qu'ils leur prêtaient. Cependant, cette clientèle tarée n'était pas encore suffisante pour alimenter les journaux d'annonces productives, — productives pour les journaux. Devant l'apathie, le dédain que montraient les commerçants français pour la publicité, les journaux, surtout avant la la guerre de 1914-1918, ont cherché à l'étranger des Annonceurs; on les leur a signalés, et c'est ainsi que la presse française a compté parfois plus d'annonces de pays exotiques que d'annonces vantant des produits nationaux.

Veut-on savoir pourquoi et comment ? C'est bien simple. Pour accroître leurs recettes du produit de la publicité que feraient chez nous des entreprises, des marques étrangères, les journaux n'ont pas craint de consentir, aux Annonceurs de tous les pays du monde, à l'exception des Annonceurs français, des prix, des tarifs spéciaux. Si bien qu'avant la guerre la publicité, dans les journaux français, coûtait moins cher à un Annonceur belge, anglais, allemand, canadien, américain qu'à un Annonceur français !

Voilà où nous a conduits l'indifférence des Annonceurs français à l'égard de la publicité. A présent, ils se plaignent de l'envahissement du marché national par toutes sortes d'affaires exotiques, faisant de la publicité, et qui, par ce moyen, viennent ruiner nos propres entreprises. On a le droit de se demander comment nos industriels, nos commerçants peuvent avoir le front de récriminer. N'est-ce pas eux qui ont laissé, à tous les étrangers qui couvrent notre pays de leurs produits, de leurs marques, le champ de la publicité absolument libre, EN N'EN FAISANT PAS EUX-MÊMES ?

Ces constatations sont peut-être inutiles. Nous ne pouvions pas, cependant, *dans un livre écrit pour des Français*, les passer sous silence.

La prudence, dans les conditions de cherté qui sont celles de la publicité française, s'impose à l'Annonceur débutant, et nous ne lui conseillerons jamais d'entrer de plain-pied, à l'aveuglette, dans la voie de la publicité et de lui vouer, du premier coup, la totalité de ses capacités financières. Que ce soit la publicité suggestive, ou bien la publicité obsédante qu'il pratique, c'est par des essais circonspects, des coups de sonde lancés à propos, qu'il découvrira la meilleure formule, et qu'il prendra, dès ce moment, confiance dans l'instrument mis entre ses mains.

Lorsqu'un cultivateur croit avoir trouvé une espèce de pommes de terre d'une fécondité supérieure à celle de l'espèce qu'il plante ordinairement, que fera-t-il ?

Il continuera la culture des sortes dont il avait de bons résultats jusqu'alors, mais il réservera, pour expérimenter sa nouvelle espèce, une partie restreinte de son champ en la choisissant de manière qu'elle remplisse les conditions d'exposition, de terrain, d'irrigation qui sont celles de l'ensemble de sa culture. Il y fera germer sa nouvelle espèce de tubercules et il attendra la récolte, en en observant le développement, — ses anciens plants lui servant de témoins, de points de comparaison. Après la maturité des deux sortes, il pourra former son jugement et décider s'il substituera, dans son exploitation, la nouvelle espèce à l'ancienne.

Ce principe d'agriculture est applicable à la publicité pour fixer, précisément, ce potentiel d'intérêt qui est, pour l'Annonceur, ce que le manomètre est pour le mécanicien, et aussi pour connaître l'importance exacte de la majorité relative sur laquelle il pourra tabler.

Pour l'Annonceur qui opère par le procédé de la première période (suggestive, directe, à effet immédiat), le calcul est simple à faire. Les résultats de sa première publicité lui feront connaître, en quelques jours, si sa manière est la bonne, si le mode qu'il a adopté convient au genre d'affaires qu'il traite. Le problème est plus difficile et plus long à résoudre pour l'Annonceur qui pratiquera le procédé de la deuxième période (obsédante, indirecte et à effet différé). Le témoin, le point de comparaison, sera, pour lui, le chiffre d'affaires qu'il faisait avant l'emploi de la publicité. Il se peut encore que l'entreprise pour laquelle la publicité est requise soit une entreprise toute nouvelle. Dans ce cas, le point de comparaison manque absolument.

La rapidité des résultats qu'on est en droit d'attendre de l'emploi de la publicité dépend essentiellement de l'article dont il s'agit et de l'habileté avec laquelle la publicité est pratiquée. Mais, d'une manière générale, un Annonceur doit ne pas être trop impatient de récolter, sachant qu'il faut auparavant un temps suffisant pour préparer le terrain, pour semer et pour que la maturité se produise, et qu'une marque de consommation, une fois qu'elle s'est attaché une clientèle, vaut souvent mieux qu'une ferme en Beauce.

Il est cependant logique d'espérer pouvoir, par la publicité, satisfaire un besoin soudain et presque général. Nous n'en saurions donner de meilleur exemple que celui-ci. Supposons que le gouvernement, par une loi ou un décret, décide, un beau jour, que tous les propriétaires de chiens devront faire porter à ces animaux un collier de forme spéciale, portant un numéro inscrit sur le registre matricule des chiens, ainsi que cela se fait en Belgique.

Aussitôt, un ingénieux fabricant de bourrellerie a l'idée de créer un collier conforme au modèle prescrit et emploie la publicité pour lancer cet article. La loi est formelle, elle est impérieuse, il faut que, dans un délai assez court, chaque propriétaire de chiens réponde à son ordre. Ce fabricant vendra très rapidement un grand nombre de ses colliers officiels. Mais le jour viendra où sa vente baissera, en dépit de la publicité soutenue qu'il fera. Il s'en alarmera et se creusera la tête pour deviner la cause de cette diminution de son chiffre d'affaires.

S'il n'est point sot, il comprendra qu'il a vendu, à ce moment, un nombre si grand de ses colliers, que tous les acheteurs possibles en ont fait l'acquisition ; que, d'autre part, des concurrents lui sont venus sur le tard et lui ont enlevé une partie de sa clientèle, étant donné qu'on ne renouvelle pas le collier de son chien comme on change soi-même de faux-col ; et, alors, sagement, il cessera d'annoncer, car il n'a plus rien à attendre de son article.

Mais s'il est d'esprit borné, s'il est entêté, il voudra persister, et, pour cela, il « forcera » la publicité : à ses annonces modestes il substituera de grandes annonces ; il amplifiera son affichage en dimension et en fréquence. Mais rien n'y fera. Le règne de son collier sera terminé, et il en arrivera à dépenser en publicité inutile et inefficace le capital qu'il aura constitué au début de son entreprise. Le potentiel d'intérêt qu'il avait trouvé tout d'abord se sera affaibli au point qu'il n'existera plus qu'une minorité infime de gens pour acheter son article.

Ce sont là des cas fortuits et assez rares. Ce sont même des exceptions, — exceptions sans doute heureuses, mais dont seuls quelques Annonceurs peuvent profiter.

Pour reprendre l'examen des conditions dans lesquelles on doit organiser une publicité quelconque, nous compléterons par quelques indications utiles l'exposé des principes généraux qui guident un Annonceur dans la pratique de la publicité.

Les budgets de la publicité.

Et d'abord, de quels capitaux faut-il disposer pour faire avec fruit de la publicité ?

Les premiers prospecteurs de la publicité ont été, à ce point de vue, exceptionnellement favorisés. Quand ils naquirent, on pouvait presque, théoriquement, faire les premiers pas avec très peu de fonds ; une petite surface et un peu de crédit suffisaient. Des fortunes, encore inexistantes, se sont édifiées alors, avec, comme point de départ, de très modestes mises de fonds. Il suffisait, il y a encore trente-cinq ans, de quelques annonces dans quelques journaux choisis pour réussir. Il convient de remarquer, à ce propos, que les premiers Annonceurs ont été principalement ceux qui pratiquaient la publicité de la première période, c'est-à-dire ceux qui surent, par une sorte de prescience, utiliser les ressources de la forme suggestive, immédiate et directe pour la vente par correspondance de toutes sortes de marchandises et de produits, dont les plus nombreux étaient les spécialités pharmaceutiques. La fameuse annonce : « Un monsieur offre gratuitement... » est de cette époque, et elle n'a jamais varié depuis.

Le lancement d'une marque par la publicité obsédante est

une conception plus moderne. Elle exige de l'Annonceur une confiance, une foi dans ses effets qui, au point où nous sommes, témoignent déjà de la transformation des idées générales en France, au regard de la publicité, publicité en laquelle autrefois on ne croyait guère.

De ce que nous savons de quelques budgets consacrés à la publicité, nous pouvons tirer quelques chiffres qui feraient un peu peur, si on les appréciait superficiellement. Des prévisions de dépenses annuelles de plusieurs millions de francs, par exemple, ne sont pas isolées, et les budgets de cent mille, de deux cent mille francs sont de plus en plus fréquents.

Il est évident que la tâche de l'Annonceur qui se sent les moyens de consacrer de pareilles sommes à la vulgarisation de sa marque et de soutenir ce train pendant un, deux, trois et même cinq ans, avant d'atteindre l'échelon des bénéfices, est singulièrement facilitée, en ce sens qu'il lui est plus aisément permis de commettre des erreurs d'appréciation et d'exécuter des fausses manœuvres.

En y regardant d'un peu plus près, on conçoit qu'il existe des possibilités encore favorables, sans être contraint de supporter des charges aussi écrasantes, quoique, surtout pour les entreprises qui s'appuient sur le système de la publicité obsédante et indirecte, la publicité soit essentiellement une affaire d'argent. Là, la publicité agit par sa masse, par la démonstration de puissance et de durée qu'elle fournit. Dès lors, une grosse partie du public ne songe même pas à discuter, à douter, et se laisse prendre sans défense grâce au pouvoir absolu de l'or, tant il est vrai que l'eau va toujours à la rivière. Mais alors, faire de la publicité devient une chose vraiment trop facile : il suffit de paraître pour vaincre, c'est-à-dire d'avoir des millions à sa disposition. Cela ne comporte aucune méthode et aucune habileté, et le présent livre perdrait ainsi de son utilité pour celui qui pourrait triompher uniquement par la force irréductible d'un capital inépuisable. Encore apprendra-t-il à ce fastueux Annonceur l'art de maximiser le rendement de sa publicité. Et, du reste, des privilégiés de ce genre seront toujours assez rares.

L'Annonceur acquis à la publicité a une âme de conquistador. C'est dire qu'il est entreprenant. Mais il voit le plus souvent trop grand. Il rêve d'inonder son pays tout entier d'une marque amoureusement mise au monde, et cela, avec juste le capital suffisant pour la faire pénétrer et admettre dans deux ou trois départements. Il a la foi dans une étoile qui ne luit, en réalité, que dans le ciel de ses rêves, et il s'embarque pour un long voyage dans une simple coquille de noix. C'est un défaut inhérent au tempérament des Français, chez qui le sens pratique est souvent l'esclave de l'imagination. Il nous faut donc, avant toutes choses, couper les ailes à la chimère ; il restera le sens pratique, et ce sens est excellent chez nous, quoi qu'on en dise, et quoi que nous en disions nous-mêmes.

Quand un Annonceur ne se sentira pas suffisamment lesté d'argent pour entreprendre une publicité nationale, c'est-à-dire une publicité s'adressant à toute la nation, il se rappellera l'ancienne division de la France en provinces, et, comme César, il saura se résoudre à être le premier dans son village — ou sa province — plutôt que le sixième dans la grande ville — ou le pays tout entier.

Lancements locaux ou régionaux.

Il existe, en France, un bon nombre de produits de toute sorte qui n'ont qu'une réputation locale ou régionale, et il en est même qui ont acquis une notoriété si grande, régionalement, ou localement, que leurs fabricants, quoique comblés des dons de la fortune, et parfaitement capables, grâce aux réserves de capitaux constituées par eux, de tenter la chance au delà des limites qu'ils s'étaient primitivement assignées, préfèrent se borner à la simple exploitation de leur champ d'action originel, parce qu'il leur suffit.

Tous les industriels possesseurs de marques se trouveront bien de suivre leur exemple. Et nous sommes heureux d'avoir indiqué déjà la méthode d'essai, celle du cultivateur de pommes de terre, pour tout lancement de marque, que ce soit une marque de consommation immédiate ou d'entretien permanent. L'application de cette méthode, en permettant à tout Annonceur débutant de se rendre compte des effets de sa publicité, lui fera comprendre combien ses efforts seraient vains s'il entreprenait, du premier coup, une publicité trop générale, en ne disposant pas des gros capitaux que cette publicité nécessite. Il touchera du doigt les difficultés, les embûches, les oppositions existantes, et saura s'en tenir au plus facile, en réservant le difficile pour le temps où ses disponibilités, et l'encouragement qui lui viendront de ses premiers succès, lui rendront abordables les problèmes complexes du lancement généralisé.

Donc, si les capitaux dont on dispose sont faibles, on choisira une région, sur laquelle on fera *en petit* ce qu'on aurait fait en grand sur toute la superficie du territoire. On la choisira, de préférence, parmi celles qui sont abondamment desservies par une presse régionale ou locale bien répandue, et on ne s'occupera absolument que de la clientèle de cette région, toujours pour tâcher de trouver une pierre de touche sûre, quant à la valeur, à la force de pénétration de sa publicité. On y organisera sa vente — point essentiel — et, les premiers essais ayant donné des résultats satisfaisants, on entreprendra la vulgarisation de sa marque dans le ou les départements compris dans la région choisie. Il est important, avant de faire le choix d'une région, de s'assurer que le régime des chemins de fer est bien organisé, d'un commode accès, et que, par conséquent, les transports y sont faciles et rapides.

Si l'Annonceur est lui-même en province, il est évident que la région qu'il choisira devra être la sienne. On a beau dire que nul n'est prophète en son pays, on y trouve toujours plus d'appuis, puisqu'on y peut jouir d'une considération personnelle dont le secours est pour beaucoup dans la réussite. Innombrables sont les spécialités locales pour toutes espèces d'articles, et qui sont uniquement répandues dans le cercle d'influence que commande la ville où le produit se fabrique ; l'Annonceur est connu, on sait qui il est, et son nom, à défaut de sa marque, constitue une sorte de publicité avant la lettre qui aide puissamment au succès de son lancement.

La province offre, incontestablement, des ressources plus certaines que la capitale. Paris, avec son agglomération de près de 4 millions d'habitants, est presque imprenable, du moins dans son unanimité. D'abord, parce que le potentiel d'intérêt d'une publicité quelconque y est le plus souvent partagé, ensuite parce que la concurrence y est si grande que les marques se trouvent noyées dans le flot toujours montant des contrefaçons et des contremarques. Puis, à Paris et environs, la clientèle est particulièrement flottante. Elle se déplace et, dans ses fluctuations, elle en arrive à ne plus connaître la marque qui l'aura contentée ; à plus forte raison ne connaît-elle pas le fabricant d'une marque, ni sa personnalité. Il n'y existe pas cette atmosphère de sympathie locale qu'on rencontre en province et qui tient, certainement, à ce sentiment obscur de décentralisation qui est à l'état latent, chez un grand nombre de provinciaux, et qui les incite à préférer souvent les choses de « chez eux » aux produits d'importation, même si leur origine est nationale et s'ils sont supérieurs aux produits du cru.

L'action progressive.

C'est, du reste, ce que les Annonceurs étrangers, si nombreux en France, depuis déjà longtemps, ont parfaitement compris. Ils se gardent, même s'ils disposent de capitaux considérables, comme c'est généralement le cas, de faire débuter leurs campagnes de publicité par l'agglomération parisienne. Ils commencent par couvrir successivement les départements les uns après les autres et n'entament la clientèle parisienne que la dernière, quand le produit est lancé partout ailleurs, sur le territoire français. Cette méthode leur a donné de trop bons résultats, à en juger par la prospérité de plusieurs affaires anglaises, américaines, voire belges, qui ont ainsi conquis le marché français, pour que nous ne profitions pas de cette excellente leçon de choses.

Cette méthode est d'autant plus sage, lorsqu'on ne peut rien risquer impunément, qu'elle ne ferme nullement la porte à de plus larges entreprises. Une région ayant été convenablement travaillée, le point de saturation atteint, il est toujours loisible d'entamer la région la plus immédiatement voisine et de s'y livrer au même travail que celui dont on a obtenu de bons résultats dans la région précédente. On peut, ainsi, arriver à faire graduellement tache d'huile ; et, l'affaire ayant grandi par ses propres moyens, elle est en situation, par la position déjà acquise, de s'étendre et d'arriver à la plénitude d'action la plus complète, par une sorte d'envahissement progressif, sans doute lent, mais plus sûr que si l'on tentait d'un seul coup la conquête totale du marché. *Chi va piano va lontano,* disent les maîtres de la diplomatie publicitaire.

Mieux encore : il n'y a pas que des provinces, des États à conquérir, et les proportions à donner à une campagne de publicité peuvent être plus modestes encore. On peut très raisonnablement n'ambitionner que la clientèle d'une ville, d'un arrondissement, et cela, pour toutes sortes de marchandises et d'affaires. Nons connaissons des centaines de produits spécialisés dont la renommée ne s'étend pas au delà des portes d'une ville ou des limites d'un canton et qui sont parvenus à ce résultat, qui n'en est pas moins rémunérateur, par une publicité modeste, où la dépense, au lieu de se calculer par centaines de mille francs, s'évalue simplement avec des nombres de quatre chiffres, tout au plus.

Et nous n'en voulons pour preuve, dans un autre ordre d'idées, que les quelques milliers de magasins de détail, marchands de nouveautés, de cordonnerie, d'horlogerie, de bijouterie, de chapellerie, de modes ou d'articles de Paris, qui prospèrent dans toutes les villes de province en France et dont le rayon d'action ne dépasse pas les habitants d'une seule ville et de ses environs immédiats. Et pourtant, tous ces détaillants pratiquent la publicité dans une mesure profitable pour eux.

Qu'est=ce qu'un budget de publicité ?

Dans toutes les affaires où la publicité intervient, on parle constamment de budgets : on « fixe » le chiffre du budget annuel, on « distribue » le budget de publicité ; on a « épuisé » son budget, etc... Cette conception des dépenses de publicité n'est pas toujours exacte. On peut avoir un budget fixe de publicité, dans une affaire ayant atteint sa stabilité définitive, après plusieurs années d'exploitation. Mais il serait souvent dangereux d'avoir un budget trop fixe, lorsqu'on commence le lancement d'une marque de consommation ou d'entretien. Dans ces entreprises, il est indispensable de posséder des ressources assez abondantes pour ne pas être limité, au moment où, justement, un effort pécuniaire spécial permettrait d'introduire promptement cette marque sur le marché. Il y a des circonstances dans la vie d'une affaire dont il faut savoir et pouvoir profiter; et comme l'occasion n'a, dit-on, qu'un cheveu, il faut être à même de le saisir, lorsqu'on n'a pour cela qu'à tendre la main et à augmenter, dans un but déterminé, la somme de dépense qu'on a prévue. Si le budget a été établi avec trop de fixité, on risque de voir échapper cette occasion unique.

Mais la question d'un budget n'a même pas à être envisagée dans certaines entreprises, par exemple, dans les affaires de vente par correspondance. Là, point de budget : on dépense selon ce qu'on récolte ; on dépense tant que la publicité donne des résultats bénéficiaires, et la seule limite qu'on doive assigner aux dépenses de publicité est celle qui coïncide avec l'insuffisance des résultats.

L'application des procédés de la publicité suggestive, à action immédiate, ne demande pas, en effet, de si longs calculs. Sous cette forme, la publicité *paie* ou elle ne *paie pas*. Et l'Annonceur est fixé très rapidement sur les effets de sa publicité. Il ne s'agit pas là de dominer un marché restreint ou étendu. L'objectif à atteindre est simplement de s'assurer une quantité d'acheteurs suffisante pour réaliser des profits. On ne vise pas à l'ensemble des consommateurs possibles pour la chose annoncée, mais seulement à la partie de cette clientèle qui, si on la touche, suffit à procurer finalement un bénéfice, déduction faite des frais que comportent la recherche et la conquête de cette minorité positive. Aussi, on ne lance pas, à proprement parler, une marque par ce procédé, on ne crée pas positivement un fonds, un mouvement d'affaires régulier, continu. Nous n'en parlerons pas plus longuement ici, nous réservant de traiter la question dans un chapitre spécial, sous le titre : « La vente par correspondance (1). »

Que peut-on vendre par la publicité ?

Cette question se pose souvent à beaucoup de commerçants et d'industriels qui se sentent entraînés vers la publicité pour développer leurs affaires et qui se demandent si l'article, le produit, la marchandise qu'ils auraient à offrir entre bien dans le cadre des transactions que la publicité est à même de favoriser. A cette question, nous répondons hardiment : PAR LA PUBLICITÉ, ON PEUT VENDRE DE TOUT.

Les adaptations de la publicité sont si multiples, elle se prête

1. Voir l'étude détaillée de la vente par correspondance, vol. II, ch. x.

avec tant de souplesse aux nécessités de toutes les entreprises, qu'il n'est pas une branche de l'activité commerciale qui puisse en vain faire appel à son aide ; on pourrait dire même qu'il n'en est pas QUI PUISSE, SANS DOMMAGE, S'EN PASSER. L'esprit de concurrence outrancier qui anime aujourd'hui le monde des affaires, la rapidité, la commodité des communications gagnent à la publicité les individus les moins bien disposés, sous peine de se voir distancés, dans la course à la fortune, par ceux qui, imbus d'idées plus modernes, plus adéquates au but à atteindre, s'attachent à mettre dans leur jeu la puissance formidable que la publicité comporte.

On peut vendre de tout, à la condition d'employer pour cela les modes et les moyens qui s'adaptent à la nature de l'entreprise et qui s'harmonisent avec les possibilités financières de l'Annonceur. C'est de ces divers modes et de ces divers moyens que nous parlerons dans les chapitres qui vont suivre, en montrant comment on doit s'en servir.

LIVRE II

La Publicité en action

◇ ◇ ◇

CHAPITRE V

LE ROLE
DE LA TYPOGRAPHIE DANS LA PUBLICITÉ

L'art typographique concourt à la présentation avantageuse et sympathique de la publicité dans tous ses modes, pour tous ses moyens.

Une annonce, pour être bien lisible; une brochure, pour être d'aspect engageant et d'harmonieuse disposition; une simple lettre circulaire, un simple prospectus, pour s'éviter le sort commun à la plupart : la corbeille à papier, doivent, typographiquement, être exécutés et tirés avec des caractères possédant toutes les conditions de lisibilité, qui ici sont primordiales plus que partout ailleurs.

Certains caractères sont confus, leurs formes sont bizarres et recherchées; on doit les écarter de toute composition typographique destinée à la publicité.

Il y a aussi une question de mode dans l'utilisation des caractères d'imprimerie, et l'emploi de certaines *familles* (1) assigne à un imprimé, à une annonce, une date plus ou moins reculée, aussi exactement qu'un pantalon à sous-pieds ou un gilet de casimir dans le costume masculin. On doit donc éviter de donner à une composition typographique l'apparence d'avoir été établie

---

1. La *famille* de caractères désigne l'ensemble des catégories de lettres se rattachant à un même type, à une même forme typographique.

sous Louis-Philippe; il faut qu'elle soit de son temps, de son époque, et qu'on n'éprouve pas, en la voyant, la sensation qu'on aurait en regardant passer par les rues une mascarade.

Nous indiquons ici toute une série de caractères modernes, dont nous devons, pour le plus grand nombre, le choix et les types à la fonderie Caslon, qui a créé, depuis le début du siècle, de nombreuses familles de caractères, dont l'emploi s'est aussitôt imposé dans toutes les bonnes imprimeries.

Cependant, dans la quantité de caractères de toute forme et de tous corps (1), qui peuvent se trouver dans les casses (2) d'une imprimerie, tous ne sont pas propres à entrer dans la composition d'un imprimé de publicité, d'une brochure, d'un prospectus. Il s'en trouve qui ne possèdent pas à un assez haut degré ces qualités de lisibilité qu'on doit exiger de tout caractère incorporé dans une composition typographique.

Aussi avons-nous fait, dans les différents types que nous reproduisons ici, un départ aussi judicieux que possible entre ceux qui conviennent et ceux qui ne répondent pas aux nécessités de la publicité. Nous indiquons à la fin (p. 87) ceux dont il est bon de ne pas faire usage, soit qu'ils manquent de netteté, soit qu'ils soient trop compliqués, soit qu'ils soient d'une utilisation pratique difficile.

Cependant tous ces caractères ne doivent pas être systématiquement proscrits, car, avec du goût, de la logique et de l'originalité, un typographe est toujours capable de faire des compositions intéressantes avec le matériel le plus simple et même le plus désuet. Mais c'est alors de l'art véritable, et cela n'est que l'apanage de quelques-uns de le posséder. Et puis, un typographe qui saura faire bien avec un matériel pauvre et vieillot, fera encore mieux avec un matériel moderne et abondant. De sorte qu'il est toujours préférable de n'adopter, pour la composition des imprimés de toute nature que comporte la publicité dans ses diverses manifestations, que des caractères clairs, élégants et faciles à lire.

Tous les caractères reproduits ci-dessous sont, au contraire, ceux qui par leur forme, la vigueur de leurs traits, la clarté de leurs lignes doivent toujours être préférés. Nous les citons avec

1. Le corps est le terme technique qui désigne la dimension de la lettre d'imprimerie.
2. La casse est la boîte qui contient les lettres servant à imprimer.

leur nom et nous indiquons également le corps dans lequel ils sont fondus, c'est-à-dire leur grandeur typographique.

Dans ces séries de caractères, on trouve des majuscules et des minuscules (celles-ci sont appelées, dans le langage typographique, bas de casse).

Il va sans dire que les minuscules sont plutôt indiquées pour la composition du texte des annonces. Les majuscules conviennent mieux pour les titres. Néanmoins, on peut utiliser les minuscules pour les titres lorsqu'elles sont d'un corps (c'est-à-dire d'une grandeur) suffisant pour être parfaitement lisibles.

LES CARACTÈRES A EMPLOYER DANS LA COMPOSITION DES ANNONCES DOIVENT ÊTRE AVANT TOUT LISIBLES. LES CARACTÈRES A EMPLOYER DANS
Des caractères de formes compliquées se lisent difficilement et doivent être écartés des compositions d'annonces. Des caractères de formes compliquées se lisent difficilement

Cheltenham Gras. cops 6

LES CARACTÈRES A EMPLOYER DANS LA COMPOSITION DES ANNONCES DOIVENT ÊTRE AVANT
Des caractères de formes compliquées se lisent difficilement et doivent être écartés des compositions d'annonces.

Cheltenham Gras corps 10.

LES CARACTÈRES A EMPLOY
Des caractères de formes compliq

Cheltenham Gras corps 18

CARACTERES CASLON
Des caractères de formes

Cheltenham Gras corps 24

LE CARACTÈRE
Des caractères de

Cheltenham Gras corps 36

FONDERIES
Les caractères

Cheltenham Gras corps 48

DÉMON
La peine

Cheltenham Gras corps 72

Voici le même caractère, mais plus étroit :

LES CARACTÈRES A EMPLOYER DANS LA COMPOSITION DES ANNONCES DOIVENT
Des caractères de formes compliquées se lisent difficilement et doivent être écartés des com-

Cheltenham Gras Étroit, corps 8

LES CARACTÈRES A EMPLOYER DANS LES COMPOSITIONS
Des caractères de formes compliquées se lisent difficilement et

Cheltenham Gras Étroit, corps 12

LES CARACTÈRES A EMPLOYER DANS
Des caractères de formes compliquées se

Cheltenham Gras Étroit, corps 18

LES CARACTÈRES A EMPLOYER
Des caractères de formes compli-

Cheltenham Gras Étroit, corps 24

DES CARACTÈRES NE
Des caractères de forme

Cheltenham Gras Étroit, corps 36

LES CHANTS SE
Les caractères de

Cheltenham Gras Étroit, corps 48

FONDERIE
Graphiques

Cheltenham Gras Étroit, corps 72

LES CARACTÈRES A EMPLOYER DANS LA CO
Des caractères de formes compliquées se lisent diffi-
Cheltenham Gras Étroit Italique, corps 14

LES CARACTÈRES A
Des caractères de forme
Cheltenham Gras Étroit Italique, corps 36

MA SACOCHE
bon, cheval, demi
Cheltenham Gras Étroit Italique, corps 48

PLANÈTE
Le plus joli
Cheltenham Gras Étroit Italique, corps 72

La série qui précède (depuis le corps 14) et celle qui suit (jusqu'au corps 72) sont de l'italique.

LES CARACTÈRES A EMPLOYER DANS LA COMPOSITION DES ANNONCES DOIVENT ÊTRE AVANT TOUT LISIBLES. LES CARACTÈRES A EMPLOYER
Des caractères de formes compliquées se lisent difficilement et doivent être écartés des compositions d'annonces. Des caractères de formes compliqués se lisent difficilement

Cheltenham Gras Italique corps 6

LES CARACTÈRES A EMPLOYER DANS LA COMPOSITION DES ANNONCES DOIVENT ÊTRE AVAN
Des caractères de formes compliquées se lisent difficilement et doivent être écartés des compositions d'annonces

Cheltenham Gras Italique corps 10

LES CARACTÈRES A EMPLO
Des caractères de formes compli

Cheltenham Gras Italique. corps 18

LE CARACTÈRE POUR
Des caractères de formes

Cheltenham Gras Italique corps 24

GRAND CARAC
Des caractères de

Cheltenham Gras Italique corps 36

LES MURA
Joli caractère

Che'tenham Gras Italique. corps 48

MODES
Les actes

Cheltenham Gras Italique corps 72

LES CARACTÈRES A EMPLOYER DANS LA COMPOSITION DES ANNONCES
DOIVENT ÊTRE AVANT TOUT LISIBLES. LES CARACTÈRES A EMPLOYER
Des caractères de formes compliquées se lisent difficilement et doivent être écartés des compositions d'an-
nonces. Des caractères de formes compliquées se lisent difficilement et doivent être écartés des compo-

Cheltenham Romain corps 6

LES CARACTÈRES A EMPLOYER DANS LA COMPO-
SITION DES ANNONCES DOIVENT ÊTRE AVANT TO
Des caractères de formes compliquées se lisent difficilement et doivent
être écartés des compositions d'annonces. Des caractères de formes com-

Cheltenham Romain corps 10

DES CARACTÈRES A EMPLOY
Des caractères de formes compliquées se li

Cheltenham Romain corps 18

DES CARACTÈRES A EM
Des caractères de formes compliq

Cheltenham Romain corps 24

LES CARACTER
Des caractères de forme

Cheltenham Romain corps 36

LES CARAC

Des caractères de

Cheltenham Romain corps 48.

LE MOIS

Des plaisirs

Cheltenham Romain corps 72

LES CARACTÈRES A EMPLOYER DANS LA COMPOSITION DES ANNONCES
DOIVENT ÊTRE AVANT TOUT LISIBLES LES CARACTÈRES A EMPLOYER DANS
*Des caractères de formes compliquées se lisent difficilement et doivent être écartés des compositions
d'annonces. Des caractères de formes compliquées se lisent difficilement et doivent être écartés des*
Cheltenham Italique corps 6

LES CARACTÈRES A EMPLOYER DANS LA COMPO-
SITION DES ANNONCES DOIVENT ÊTRE AVANT TOU
*Des caractères de formes compliquées se lisent difficilement et doivent
être écartés des compositions d'annonces. Des caractères de formes com-*
Cheltenham Italique corps 10

LES CARACTÈRES DE FORME

Des caractères de formes compliquées

Cheltenham Italique corps 18

LA COMPOSITION DOIT
Des caractères de formes compli-

Cheltenham Italique corps 24

DE CARACTÈRE
Des caractères de for

Cheltenham Italique corps 36

FONDERIES
Les caractères de

Cheltenham Italique corps 48

LE MOIS
Les actions

Cheltenham Italique corps 72

Les caractères Cheltenham qui suivent conviennent surtout pour des compositions discrètes :

LES CARACTÈRES A EMPLOYER DANS LA COMPOS
Des caractères de formes compliquée se lisent difficilement et
Cheltenham Romain Large, corps 10

LES CARACTÈRES A EMPLOYER DAN
Des caractères de formes compliquées se lisent
Cheltenham Romain Large, corps 14

LES CARACTÈRES A EMPLOY
Des caractères de formes compliquées
Cheltenham Romain Large, corps 18

LES CARACTÈRES A EMPLOYER DANS
Des caractères de formes compliquées se
Cheltenham Gras Large corps 10

LA FONDERIE CASLON
Des caractères de formes
Cheltenham Gras Large corps 18

LE CUIRASSIER
Les caractères de
Cheltenham Gras Large corps 28

ACTIVER
Nouvelles
Cheltenham Gras Large corps 48

CALM
Louise

Cheltenham Gras Large corps 72

LES CARACTÈRES A EMPLOYER DANS LA COMPOSITION DES
ANNONCES DOIVENT ÊTRE AVANT TOUT LISIBLES. LES CARA
Des caractères de formes compliquées se lisent difficilement et doivent
être écartés des compositions d'annonces. Des caractères de formes com-

Morland, corps 6

LES CARACTÈRES A EMPLOYER DANS
LA COMPOSITION DES ANNONCES DOIV
Des caractères de formes compliquées se lisent
difficilement et doivent être écartés des com-

Morland, corps 10

LES CARACTÈRES NE
Des caractères de formes

Morland, corps 18

LES CARACTÈRE
Des caractères de fo

Morland, corps 24

LES CARAC
Des caractère

Morland, corps 36

SOLDES
Voiturier

Morland, corps 48

SONT
Séries

Morland, corps 72

LES CARACTÈRES A EMPLOYER DANS LA COMPOSITION DES ANNON
DOIVENT ÊTRE AVANT TOUT VISIBLES. LES CARACTÈRES A EMPLO
Des caractères de formes compliquées se lisent difficilement et doivent être écartés
des compositions d'annonces. Des caractères de formes compliquées se lisent diffici•

Morland Italique, corps 6

LES CARACTÈRES A EMPLOYER DANS LA
COMPOSITION DES ANNONCES DOIVENT
Des caractères de formes compliquées se lisent diffi-
cilement et doivent être écartés des compositions de

Morland Italique, corps 10

LES CARACTÈRES A EM
Des caractères de formes co

Morland Italique, corps 18

LES CARACTÈRES
Des caractères de form

Morland Italique, corps 24

LES SUISSE
Les caractères

Morland Italique, corps 36

CASLON
Marchand

Morland Italique, corps 48

MARE
Fautes

Morland Italique, corps 72

MERVEILLEUX
Le Cheltenham de

Cheltenham Éclairé, corps 36

DES BOUTS
Bon, Mauvais

Cheltenham Éclairé, corps 48

Les caractères à employer dans la composition des annonces doivent être avant tout lisibles. Des caractères de formes compliquées se lisent difficilement et doivent être écartés des com
LES CARACTÈRES A EMPLOYER DANS LA COMPOSITION

Robur large, corps 9 (Peignot)

Les caractères à employer dans la composition des annonces doivent être avant tout
LES CARACTÈRES A EMPLOYER DANS LA

Robur large, corps 12

Les caractères à employer dans
LES CARACTÈRES A EMPLO

Robur large, corps 18

Les caractères à employ
LES CARACTÈRES A

Robur large, corps 24

Les caractères à
CARACTÈRES

Robur large, corps 36

Les Caractères à employer dans la composition des annonces doivent être avant tout lisibles. Des caractères de formes compliquées se lisent difficilement et doivent être écartée des compositions d'annonces.
LES CARACTÈRES A EMPLOYER DANS LA COMPOSITION DES ANNONCES

Robur allongé, corps 9 (Peignot)

Les caractères à employer dans la composition des annonces doivent être avant tout lisibles. Des caractères de formes compliquées
LES CARACTÈRES A EMPLOYER DANS LA COMPOSITION LES

Robur allongé, corps 12

Les caractères à employer dans la composition
LES CARACTÈRES A EMPLOYER DANS LA

Robur allongé, corps 18

Les caractères à employer dans la
LES CARACTÈRES A EMPLOYER

Robur allongé, corps 24

Caractères à employer
LES CARACTÈRES A

Robur allongé, corps 36

Les caractères à
CARACTÈRES A

Robur allongé, corps 48

Les caractères
CARACTÈRE

Robur allongé, corps 6)

LES CARACTÈRES A EMPLOYER DANS LA
Les caractères à employer dans la composition des

Robur italique, corps 18

LES CARACTÈRES A EMPLOYER LE
Les caractères à employer dans la com

Robur italique, corps 24

DE FORMES COMPLIQU
Les caractères à employer

Robur italique, corps 36

Tous les caractères reproduits ci-dessus sont essentiellement indiqués pour les annonces. On peut néanmoins employer aussi les suivants :

LES CARACTÈRES A EMPLOYER LA
Des caractères de formes compliquées se lis

Caslon Elzévir 1, corps 16

LES CARACTÈRES A
Des caractères de formes

Caslon Elzévir 1, corps 28

LES CARACTÈRES A EMPLOYER DANS LA COMPOSITION DES ANNONCES DOIVENT ÊTR
Des caractères de formes compliquées se lisent difficilement et doivent être écartés des

Dorique Italique 2, corpo 6

LES CARACTÈRES A EMPLOYER DANS LA COMPOSITION
Des caractères de formes compliquées se lisent difficilement

Dorique Italique 2, corps 10

LES CARACTÈRES MEME DEMANDE A
Des caractères de formes compliquées

Dorique Italique 2, corps 18

LES CARACTÈRES A EMPLOVER DANS LA COMPOSITION DES ANNONCES
Des caractères de formes compliquées se lisent rarement et se

Serrées, corps 12

LES CARACTERES A EMPLOYER SONT DU
Des caractères de formes compliquées se

Serrées, corps 20

LES CARACTÈRES A EMPLOYER DANS LA COMPOSITION DES ANNONCES DOIVENT ÊTRE ÉTANT
Des caractères de formes compliquées se lisent difficilement et doivent être écartés des compo-
Jonhsonniennes, corps 8

LES CARACTÈRES A EMPLOYER DANS LA COMPOSITION DES
Des caractères de formes compliquées se lisent difficilement et
Jonhsonniennes, corps 12

LES CARACTÈRES A EMPLOYER DANS LA COMPOSITION DES ANNONCES DOIVE
Des caractères de formes compliquées se lisent difficilement et doivent être écartés
Osbornes, corps 6

LE CARACTÉRE A EMPLOYER DANS UNE COMPO-
Des caractères de formes compliquées se lisent diffici-
Osbornes, corps 10

LES CARACTÈRES A EMPLOY
Des caractères de formes com-
Osbornes corps 18

LES CARACTÈRES DES
Des caractères de forme
Osbornes, corps 24

LES CARACTÈRES A EMPLOYER A
Des caractères de formes compliquée
Osbornes Larges, corps 10

LES CARACTÈRES
Des caractères de for
Osbornes Larges, corps 18

LES CARACTÈR
Des caractères à
Osbornes Larges, corps 24

LES CARACTÈRES A EMPLOYER DANS LA COMPOSITION DES AN
Des caractères de formes compliquées se lisent difficilement et

Dorique Italique 1, corps 6

LES CARACTÈRES A EMPLOYER DANS LA
Des caractères de formes compliquées se

Dorique Italique 1, corps 10

LES CARACTÈRES A EMP
Des caractères de formes

Dorique Italique 1, corps 16

LES CARACTÈRES A EMPLOYER
Des caractères de formes compliquées se lise

Caslon Elzévir Italique, corps 16

LES CARACTÈRES A EMPLOYER DANS LA COMPOSITION DES ANNONCES
Des caractères de formes compliquées se lisent difficilemeut et doivent être

De Vinne, corps 8

LES CARACTÈRES A EMPLOYER DANS LA CO
Des caractères de formes compliquées se lisent

De Vinnes, corps 12

LES CARACTÈRES A EMPLO
Des caractères de formes com

De Vinnes, corps 20

LE CARACTERE
Des caractères de

De Vinne, corps 40

LES CARACTÈRES A EMPLOYER DANS LA COMPOSITION DES ANNONCES DOIVENT ÊTRE
Les caractères à employer dans la composition des annonces doivent être avant tout

Antiques grasses serrées, corps 8

LES CARACTÈRES A EMPLOYER DANS LES ANNONCES
Les caractères à employer dans les annonces doivent être

Antiques grasses serrées, corps 12

COMPLIQUÉES SE LISENT DIFFICILEMENT ET
Des caractères de formes compliquées se lis

Antiques grasses serrées, corps 16

LES CARACTÈRES A EMPLOY
Des caractères de formes compl

Antiques grasses serrées, corps 28

LES CARACTÈRES A EMPLOYER DANS LA COMPOSITION DES ANNONCES DOIVENT ÊTRE
Antiques litho (petit œil), corps 6

LES CARACTÈRES A EMPLOYER DANS LA COMPOSITION DES
Antiques litho (gros œil), corps 6

LES CARACTÈRES A EMPLOYER DANS LA COMP
Antiques litho (petit œil), corps 12

LES CARACTÈRES A EMPLOYER
Antiques litho (gros œil), corps 12

LES CARACTÈRES A
Antiques larges noires, corps 18

EMPLOYER LE
Antiques larges noires, corps 24

Voici encore quelques caractères plus spécialement employés
dans la publicité des revues et magazines de luxe :

LES CARACTÈRES A EMPL

Fournier Jeune, corps 18.

DES CARACTÈRES DE FORMES COM-

Les caractères à employer dans la composition des

Cochin romain, corps 12

DES CARACTÈRES DE FORMES A

Les caractères à employer dans la composition de

Cochin romain, [corps 16

L'ANNONCE LA MIEUX CO

Les caractères à employer dans la compo

Cochin romain, corps 18

LISIBLES ONT SI

Des caractères de formes

[Nicolas Cochin, corps 24

DOIVENT ETRE TOUJOURS BIEN AVAN

Les caractères à employer dans la composition des

Moreau le Jeune, corps 12

LES CARACTÈRES SU

Dans la composition des anno

Moreau le Jeune, corps 24

Le Caractère

Vieux Romain, corps 48

TOUT SIMPLE

est le plus lisible

Vieux Romain, corps 36

VIEUX ROMAIN

ne fatigue pas l'œil

Vieux Romain, corps 28

UNE ANNONCE EST

mieux en caractère simple

Vieux Romain, corps 24

POUR FAIRE VITE ET BIEN

prenez les caractères de même série

Vieux Romain, corps 18

LES CARACTÈRES FONDUS EN
Alliage Cuivré sont les plus résistants

Vieux Romain, corps 16

LES GRANDES FIRMES DEMANDENT
les caractères Caslon pour tous leurs travaux

Vieux Romain, corps 14

SIMPLE, D'UNE LISIBILITÉ INCONTESTABLE
le Vieux Romain est employé dans les éditions de luxe

Vieux Romain, corps 11

CARACTÈRES CASLON

Un Italique
Vieux Romain Italique, corps 48

EST LISIBLE
dans l'annonce
Vieux Romain Italique, corps 36

ON L'EMPLOIE
aussi couramment
Vieux Romain Italique, corps 28

EN PUBLICITÉ, LE
Vieux Romain italique
Vieux Romain Italique, corps 24

REND TOUT COMME LES
autres caractères de réels services
Vieux Romain Italique, corps 18

CE QUI LUI DONNE UNE TELLE
renommée, c'est son emploi très facile
Vieux Romain Italique, corps 16

IL EST FONDU SOIGNEUSEMENT
en Alliage Cuivré de la Fonderie Caslon
Vieux Romain Italique, corps 14

ON PEUT UTILISER LES MINUSCULES ET
les majuscules pour faire tous genres de travaux
Vieux Romain Italique, corps 11

CARACTÈRES CASLON

Si ces divers caractères sont propres à entrer dans la composition des annonces, à cause de leur lisibililé, de la rectitude de leurs formes, il n'en est pas de même des sortes ci-après :

LES CARACTERES A EMPLOYER DANS LA COMPOSITION DES ANNONCES DOIVENT ETR
Des caractères de formes compliquées se lisent difficilement et doivent etre écartés des compo-

Saint-John, corps 7

LES CARACTERES A EMPLOYER DANS LA COMPOSITION
Des caractères de formes compliquées se lisent difficilement et

Saint-John, corps 12

LES CARACTÈRES A EMPLOYER DANS
Des caractères de formes compliquées se

Saint-John, corps 18

Les caractères à employer dans la composition des annonces doivent être avant tout lisibles. Des caractères de formes compliquées se lisent difficilement et doive

Gothiques, corps 8

Les caractères à employer dans les compositions d'annonces doivent être avant tout lisibles. Des caractères de formes compliquées se lisent difficile-

Gothiques, corps 10

Les caractères [à] employer dans les compositions d'annonces doivent être avant tout lisibles. Des caractères de forme com-

Gothiques, corps 12

Les caractères à employer dans la composition des annonces doivent être avant

Gothiques, corps 20

Les caractères à employer
dans la composition des

Gothiques, corps 36

DES CARACTÈRES DE FORMES COMPLIQUÉE

Fantaisies, corps 16

VIEUX CARACTÈRES

Egyptiennes encadrées, corps 16

CARACTÉRES ANNONCES

Antiques ombrées, corps 20

COMPOSITION ILLISIBLE

Egyptiennes blanches, corps 20

CARACTÈRE ANCIEN

Vénitiennes, corps 40

Caractères sans visibilité

Bâtardes, corps 40

DES CARACTÈRES DE FORME
la composition des annonces doi

Babyloniennes, corps 18

NOMBREUX EXEMPLES
DE COMPOSITIONS D'ANNONCES

A titre complémentaire, nous reproduisons ci-dessous quelques compositions typographiques qui ont fait l'objet d'un des concours organisés avant la guerre par le journal technique *La Typologie*. Nous voulons montrer ici comment une même rédaction, un même texte, peut être présenté sous les aspects les plus divers selon la conception particulière à chaque typographe, et, par suite, également, selon les idées personnelles qu'un Annonceur peut avoir pour disposer lui-même ses annonces.

On remarquera, en effet, que pour chacune des compositions qui figurent dans ces exemples, le texte ne varie pas. Il a été fourni semblable pour tous les concurrents, qui l'ont composé suivant leur goût et avec le matériel d'imprimerie dont ils disposaient. Seule, la dimension de l'annonce leur a été imposée. Il a donc fallu qu'ils fassent entrer dans un espace déterminé la rédaction qui leur était fournie. C'est exactement dans des conditions pareilles qu'un Annonceur se trouve, lorsqu'il s'agit, pour lui, de concevoir la disposition de ses annonces, de ses clichés. Toutes ces compositions ont été primitivement disposées sur un espace plus grand. Nous avons dû les faire réduire photographiquement à des dimensions plus modestes, afin de ménager la place et aussi, parce que la largeur, la justification, de la page de ce livre ne nous aurait pas permis de présenter ces modèles dans un ordre harmonieux. La réduction qu'il ont subie est d'un tiers environ; nous avons tenu à en avertir le lecteur.

Voici, par exemple, une composition relative à des produits pharmaceutiques « Corda ». Le texte en est extrêmement compact, ce qui est un défaut indéniable. Aussi, les typographes ont-ils eu des difficultés nombreuses pour trouver des dispositions originales, en raison de l'espace restreint dont ils disposaient.

Les trois premières compositions sont assez banales et sont d'une assez faible lisibilité. La quatrième commence à sortir de

Fig. 3.

MALADIES DES VOIES RESPIRATOIRES
Bronchites chroniques, Toux, Catarrhe, Tuberculose, Asthme, Emphysème

Traitement scientifique et raisonné. Il comprend 2 parties :
1° Le traitement externe ou préventif ;
2° Le traitement interne ou curatif.

Le traitement externe par l'emploi de l'Essence CORDA
Cette Essence merveilleuse est composée de
Gaïacol, Menthol, Eucalyptol, Myrtol. On en imbibe un tampon d'ouate que l'on passe sous les fosses nasales en aspirant fortement. Les vapeurs se dégagent, elles inondent la cavité thoracique poursuivant les bacilles et cicatrisant les muqueuses ulcérées. *Essence CORDA* **2 fr. 50 le Flacon**

Le traitement interne par l'Elixir CORDA.
L'Elixir Corda est un reconstituant très puissant. Il ramène l'appétit et facilite la digestion. Il soulage rapidement le malade. Par lui, les accès de toux s'espacent et leur intensité diminue ; l'expectoration devient plus facile et l'état général s'améliore rapidement. *Elixir CORDA* **4 fr. 50 le Flacon.**

Pour recevoir franco un flacon d'Essence Corda et un flacon d'Elixir Corda, adressez 7 f. 50 au dépositaire général et, pour 1 flacon d'Essence et 2 flacons d'Elixir, envoyer 11 f. 50.
Dépôt général : F. Bernamont,
Pharmacien, 18 rue Carnot, à Tourcoing (Nord)

Fig. 4.

MALADIES DES VOIES RESPIRATOIRES
Bronchite chronique, Toux, Catarrhe, Tuberculose, Asthme, Emphysème, etc.

TRAITEMENT SCIENTIFIQUE & RAISONNÉ
LE TRAITEMENT COMPREND DEUX PARTIES :

1° Traitement externe ou Préventif
Le traitement externe par l'emploi de
L'ESSENCE CORDA
Cette essence merveilleuse est composée de Gaïacol, Menthol, Eucalyptol, Myrtol. On en imbibe un tampon d'ouate que l'on passe sous les fosses nasales en aspirant fortement. Les vapeurs se dégagent, elles inondent la cavité thoracique poursuivant les bacilles et cicatrisant les muqueuses ulcérées.
PRIX : l'Essence Corda, 2 fr. 50

2° Traitement interne ou Curatif
Le traitement interne par l'emploi de
L'ELIXIR CORDA
L'Elixir Corda est un reconstituant très puissant. Il ramène l'appétit et facilite la digestion. Il soulage rapidement le malade.
Par lui, les accès de toux s'espacent et leur intensité diminue : l'expectoration devient plus facile et l'état général s'améliore rapidement.
PRIX : l'Elixir Corda, 4 fr. 50

Pour recevoir franco un flacon d'*Essence Corda* et un flacon d'*Elixir Corda*, adresser 7 fr. 50 au dépositaire général et, pour 1 flacon d'Essence et 2 flacons d'Elixir, envoyer 11 fr. 50.

♦ ♦ DÉPÔT GÉNÉRAL : **F. BERNAMONT** ♦ ♦
Pharmacien, 18, rue Carnot, à Tourcoing (Nord)

Fig. 5.

MALADIES DES VOIES RESPIRATOIRES

Bronchites chroniques, Toux, Catarrhe, Tuberculose, Asthme, Emphysème, etc. — Traitement scientifique et raisonné. Le traitement comprend deux parties. 1° Le traitement externe ou préventif. 2° Le traitement interne ou curatif — 1° Le traitement externe par l'emploi de l'Essence Corda. Cette essence merveilleuse est composée de Gaïacol, Menthol, Eucalyptol, Myrtol. On en imbibe un tampon d'ouate que l'on passe sous les fosses nasales en aspirant fortement. Les vapeurs se dégagent, elles inondent la cavité thoracique poursuivant les bacilles et cicatrisant les muqueuses ulcérées. — 2° Le traitement interne par l'Elixir Corda. L'Elixir Corda est un reconstituant très puissant. Il ramène l'appétit et facilite la digestion. Il soulage rapidement le malade. Par lui, les accès de toux s'espacent et leur intensité diminue ; l'expectoration devient plus facile et l'état général s'améliore rapidement. Prix : l'Essence Corda, 2 fr. 50, l'Elixir Corda, 4 fr. 50. Pour recevoir franco un flacon d'Essence Corda et un flacon d'Elixir Corda, adresser 7 fr. 50 au dépositaire général et, pour un flacon d'Essence et deux flacons d'Elixir, envoyer 11 fr. 50. Dépôt général : F. Bernamont, pharmacien, 18, rue Carnot, à Tourcoing (Nord).

Fig. 6.

MALADIES des voies respiratoires

1° Le traitement externe par l'emploi de l'Essence Corda
Cette essence merveilleuse est composée de Eucalyptol, Gaïacol, Menthol, Myrtol. On en imbibe un tampon d'ouate que l'on passe sous les fosses nasales en aspirant fortement. Les vapeurs se dégagent, elles inondent la cavité thoracique poursuivant les bacilles et cicatrisant les muqueuses ulcérées.

BRONCHITE CHRONIQUE, TOUX, CATARRHE, TUBERCULOSE, ASTHME, EMPHYSÈME, etc...
TRAITEMENT scientifique et raisonné
Le traitement comprend deux parties : 1° le traitement externe ou préventif — 2° le traitement interne ou curatif

PRIX :
l'Essence Corda, 2 f. 50
l'Elixir Corda, 4 f. 50

Pour recevoir franco un flacon d'ESSENCE CORDA et un flacon d'ELIXIR CORDA, adresser 7 fr. 50 au dépositaire général et pour un flacon d'ESSENCE et deux flacons d'ELIXIR, envoyer 11 fr. 50. — Dépôt général : F. BERNAMONT, pharmacien, 18, rue Carnot, à TOURCOING (Nord)

2° Le traitement interne par l'Elixir Corda
L'Elixir Corda est un reconstituant très puissant. Il ramène l'appétit et facilite la digestion. Il soulage rapidement le malade. Par lui, les accès de toux s'espacent et leur intensité diminue ; l'expectoration devient plus facile et l'état général s'améliore rapidement.

Fig. 7.

Maladies des Voies Respiratoires
BRONCHITE CHRONIQUE, CATARRHE, TOUX, ASTHME, TUBERCULOSE, EMPHYSÈME, etc.
TRAITEMENT SCIENTIFIQUE ET RAISONNÉ
Le traitement comprend deux parties : 1° le traitement externe ou préventif — 2° le traitement interne ou curatif. 1° Le traitement externe par l'emploi de

l'ESSENCE CORDA
Cette essence merveilleuse est composée de Gaïacol, Menthol, Eucalyptol, Myrtol. On en imbibe un tampon d'ouate que l'on passe sous les fosses nasales en aspirant fortement. Les vapeurs se dégagent, elles inondent la cavité thoracique, poursuivant les bacilles et cicatrisant les muqueuses ulcérées. 2° Le traitement interne par

l'ÉLIXIR CORDA
L'Elixir Corda est un reconstituant très puissant. Il ramène l'appétit et facilite la digestion. Il soulage rapidement le malade. Par lui, les accès de toux s'espacent et leur intensité diminue ; l'expectoration devient plus facile et l'état général du malade s'améliore rapidement.

PRIX : l'Essence Corda, 2.50 ; l'Elixir Corda, 4.50

Pour recevoir franco un flacon d'**Essence Corda** et un flacon d'**Elixir Corda**, adresser 7 fr. 50 au dépositaire général et, pour un flacon d'**Essence** et deux flacons d'**Elixir**, envoyer 11 fr. 50.

Dépôt général **F. BERNAMOND**, Pharmacien, 18, r. Carnot, **Tourcoing** (Nord)

Fig. 8.

Maladies des voies respiratoires

TRAITEMENT : scientifique et raisonné :
Le traitement comprend deux parties :
1° Le traitement externe ou préventif.
2° Le traitement interne ou curatif.

Bronchites chroniques, Asthme, Toux Catarrhe, Tuberculose, Emphysème etc

1° Le Traitement EXTERNE par l'emploi de l'Essence Corda
Cette essence merveilleuse est composée de Gaïacol, Menthol, Eucalyptol, Myrtol. On en imbibe un tampon d'ouate que l'on passe sous les fosses nasales en aspirant fortement. Les vapeurs se dégagent, elles inondent la cavité thoracique poursuivant les bacilles et cicatrisant les muqueuses ulcérées

2° Le Traitement INTERNE par l'Elixir Corda
L'Elixir Corda est un reconstituant très puissant. Il ramène l'appétit et facilite la digestion. Il soulage rapidement le malade. Par lui, les accès de toux s'espacent et leur intensité diminue ; l'expectoration devient plus facile et l'état général s'améliore rapidement.

Prix :
L'Essence Corda 2.50
L'Elixir Corda 4.50
DÉPOT Général :
F. BERNAMONT,
Pharmacien, rue Carnot, 18, à Tourcoing (Nord)

Pour recevoir franco un flacon d'*Essence Corda* et un flacon d'*Elixir Corda*, adresser 7 fr. 50 au dépositaire général et, pour 1 flacon d'Essence et 2 flacons d'Elixir, envoyer 11 fr. 50

Fig. 9.

Maladies des voies respiratoires

Bronchites chronique, Toux, Catarrhe, Asthme, Tuberculose, Emphysème, etc.

Traitement scientifique et raisonné

Le traitement comprend deux parties : 1° Le traitement externe ou préventif. 2° Le traitement interne ou curatif.

1° Le Traitement *Externe* par l'emploi de l' **ESSENCE CORDA**

Cette essence merveilleuse est composée de Gaïacol, Menthol, Eucalyptol, Myrtol. On en imbibe un tampon d'ouate qu'on passe sous les fosses nasales en aspirant fortement. Les vapeurs se dégagent, elles inondent la cavité thoracique poursuivant les bacilles et cicatrisant les muqueuses ulcérés. Prix : L'*Essence Corda* 2.50

2° Le Traitement *Interne* par l' **ELIXIR CORDA**

L'*Élixir Corda* est un reconstituant très puissant. Il ramène l'appétit et facilite la digestion. Il soulage rapidement le malade. Par lui, les accès de toux s'espacent et leur intensité diminue ; l'expectoration devient plus facile et l'état général s'améliore rapidement. Prix : L'*Élixir Corda* 4.50

Pour recevoir franco un flacon d'*Essence Corda* et un flacon d'*Élixir Corda*, adresser 7 fr. 50 au dépositaire général et, pour 1 flacon d'Essence et 2 flacons d'Elixir, envoyer 11 fr. 50. Dépôt Général : F. BERNAMONT, Pharmacien, 18, rue Carnot, à Tourcoing (Nord)

Fig. 10.

MALADIES DES VOIES RESPIRATOIRES

BRONCHITES CHRONIQUES, TOUX, CATARRHE, TUBERCULOSE, ASTHME, EMPHYSEME, etc.,

Traitement scientifique et raisonné. Le traitement comprend deux parties : 1° Le traitement externe ou préventif. 2° Le traitement interne ou curatif. — 1° Le traitement externe par l'emploi de l'**ESSENCE CORDA**

Cette essence merveilleuse est composée de Gaïacol, Menthol, Eucalypt., Myrtol. On en imbibe un tampon d'ouate que l'on passe sous les fosses nasales en aspirant fortement. Les vapeurs se dégagent, elles inondent la cavité thoracique poursuivant les bacilles et cicatrisant les muqueuses ulcérées.

2° Le traitement interne par l'**ELIXIR CORDA**

L'ELIXIR CORDA est un reconstituant très puissant. Il ramène l'appétit et facilite la digestion. Il soulage rapidement le malade. Par lui, les accès de toux s'espacent et leur intensité diminue ; l'expectoration devient plus facile et l'état général s'améliore rapidement.

PRIX : l'ESSENCE CORDA.. .. .. 2 fr. 50
— — l'ELIXIR CORDA.. .. .. .. 4 fr. 50

Pour recevoir franco un flacon d'ESSENCE CORDA et un flacon d'ELIXIR CORDA, adresser 7 fr. 50 au dépositaire général, et, pour un flacon d'ESSENCE et deux flacons d'ELIXIR, envoyer 11 fr. 50. — DÉPOT GÉNÉRAL : F. BERNAMONT, pharmacien = 18, Rue CARNOT, 18, à TOURCOING (Nord) =

l'ordinaire. Les quatre dernières (fig. 7, 8, 9 et 10), quoique très différentes l'une de l'autre, offrent chacune de solides qualités.

Vient ensuite une annonce de mareyeur, où l'ingéniosité des compositeurs ne disposait encore que d'un faible espace, et dont quelques-uns ont fait, cependant, des clichés intéressants. Les deux premières compositions sont assez fades et manquent d'originalité. Sans doute, les typographes qui les ont créées ne possédaient qu'un matériel typographique assez pauvre. Les trois suivantes sont sensiblement meilleures en ce sens qu'elles mettent convenablement en évidence les mots qui doivent accrocher le regard du lecteur. Quant aux trois dernières compositions (fig. 15, 16 et 17), elles offrent cette originalité, qui ne leur était pas demandée, d'être illustrées.

Dans cette série de compositions typographiques, la Crème Simon a donné lieu à de nombreuses dispositions particulièrement intéressantes. Mais il faut tenir compte de ce que, dans

Fig. 11.

POISSONS DE MER FINS
TOUJOURS FRAIS

Les **AMATEURS** qui s'adresseront à la Société des **VIVIERS** recevront rapidement le catalogue de cette importante entreprise, qui leur indiquera comment ils peuvent recevoir à leur gré tous les poissons et coquillages de leur goût aussitôt après la pêche, en quelques heures et quelle que soit la distance.

POUR DINERS, POUR GALAS, POUR CADEAUX

ÉCRIVEZ, NE SERAIT-CE QUE POUR VOUS RENDRE COMPTE

Fig. 12.

POUR DINERS, GALAS, CADEAUX

Poissons de mer fins, toujours frais

Les amateurs qui s'adresseront à la Société des Viviers, recevront rapidement le catalogue de cette importante entreprise qui leur indiquera comment ils peuvent recevoir à leur gré tous les poissons et coquillages de leur goût aussitôt après la pêche en quelques heures, et quelle que soit la distance.

ÉCRIVEZ ne serait-ce que pour vous rendre compte.

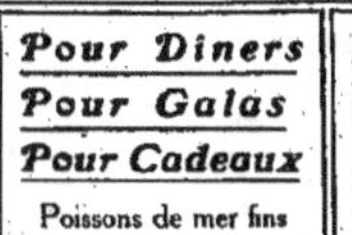

son texte, cette annonce ne comportait que peu de mots pour un espace assez étendu. L'imagination des compositeurs a pu se déployer sans contrainte avec ce texte court. Tous n'ont pas fait de bonnes annonces, mais un bon nombre d'entre celles-ci possèdent de sérieuses qualités de visibilité et de lisibilité. En voici trois (fig. 19, 20 et 21) dont nous ne saurions approuver la forme. Elles sont beaucoup trop compliquées, trop recherchées. On y remarquera combien les mots composés en dehors

Fig. 19.

Fig. 20.

des lois naturelles de la lecture, soit en oblique, soit de haut en bas, sont peu lisibles.

Les deux suivantes (fig. 22 et 23) manquent de nerf, de vigueur. Les caractères employés sont mal choisis, et n'offrent pas suffisamment de force pour provoquer l'attention.

Fig. 21.

Fig. 22

Viennent ensuite onze compositions (fig. 24 à 34) dont plusieurs sont tout à fait remarquables et qui, toutes, sont pourvues des qualités d'une bonne annonce.

Cette série de compositions constitue en même temps une intéressante étude de cadre et de filets assemblés.

Fig. 23.

Fig. 24.

Fig. 25.

Fig. 26.

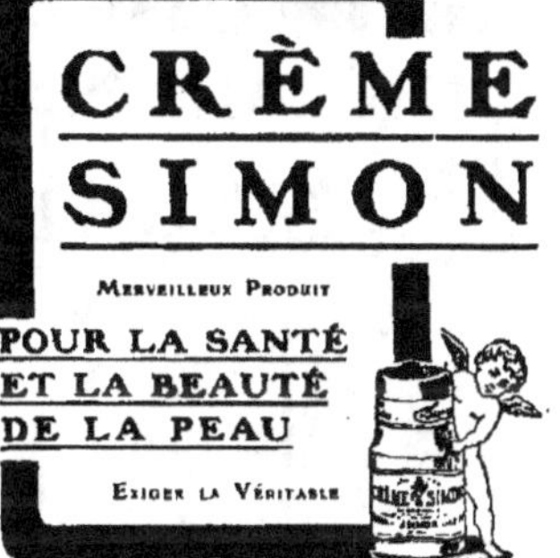

Fig. 27.

Fig. 28.

Fig. 29.
CRÈME SIMON
Merveilleux Produit
POUR LA SANTÉ
et la
Beauté
— de la —
PEAU
EXIGER LA VÉRITABLE
Fig. 30.
CRÈME SIMON
Merveilleux Produit
pour la Santé
et la Beauté
de la Peau
:: :: EXIGER :: ::
LA VÉRITABLE
Fig. 31
CRÈME SIMON
Merveilleux produit
pour la Santé
et la Beauté
de la Peau
Exiger la véritable
Fig. 32.
Exiger la véritable
CRÈME SIMON
Merveilleux Produit
pour la
BEAUTÉ et la Santé
DE LA PEAU
Fig. 33.
Crème Simon
Merveilleux Produit
POUR LA SANTÉ
et la
Beauté
de la Peau
Exigez la Véritable
Fig. 34.
Crème Simon
Merveilleux produit
pour la Santé
et la Beauté
de la Peau
Exiger la véritable

Fig. 35.

Fig. 36.

Fig. 37.

Fig. 38.

Nous présentons encore (fig. 35 à 38) une suite originale de clichés composés pour les Engrais Derome. Très différentes les unes
les autres, ces quatre compositions montrent bien quelles ressources l'art typographique met à la disposition des Annonceurs,
pour peu qu'ils aient quelque ingéniosité et une dose convenable
d'imagination. La troisième notamment (fig. 37) dénote de fortes
dispositions pour la mise en valeur de la publicité chez le typographe qui l'a composée et qui a su, avec le simple outillage d'un
atelier de composition typographique, illustrer curieusement
cette annonce.

Les Produits Sylflor qui avaient imposé un texte assez
chargé ont suscité, néanmoins, quelques compositions d'une
bonne venue, que nous reproduisons ici (fig. 39 à 42).

Fig. 39.

Fig. 40.

Fig. 41.

Fig. 42.

Il convient de faire remarquer, à ce propos, que le texte de
ces diverses compositions a été donné aux concurrents sans
qu'aucun des mots qui le forment ait été souligné ou mis en

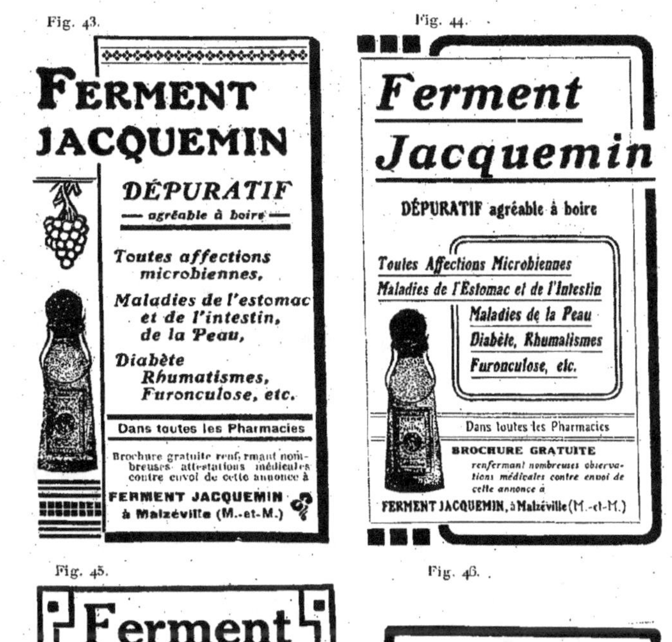

Fig. 43.

Fig. 44.

Fig. 45.

Fig. 46.

valeur d'une manière quelconque. Il a donc fallu que les typographes sachent distinguer les phrases ou les membres de phrases qui devaient frapper particulièrement les regards (1). C'est là un point essentiel dans la typographie de la publicité.

Obtenues toujours par le seul secours du matériel typographique, viennent ensuite les quatre compositions concernant le Ferment Jacquemin (fig. 43 à 46). Dans cette annonce, comme dans celle de la Crème Simon, il fallait faire entrer, et surtout faire figurer en bonne place, la marque, c'est-à-dire le flacon de forme spéciale qui caractérise ce produit. Ces quatre compositions répondent avec exactitude aux besoins d'une telle publicité, par leur clarté, leur netteté et leur disposition harmonieuse.

Le Régyl a inspiré différemment les typographes. L'un d'eux a reproduit la forme de la boîte qui contient le produit, les trois autres s'en sont tenus à des arrangements purement typographiques, et à des combinaisons de cadres. Ces quatre compositions ne manquent pas de qualités (fig. 47 à 50).

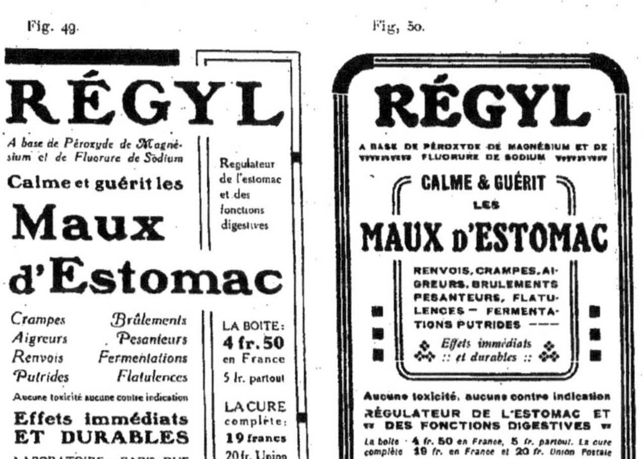

Nous reproduisons ensuite un certain nombre de compositions exécutées pour les Produits Lumière, les unes vraiment typiques et bien comprises, les autres dépourvues de l'énergie, de la force suggestive nécessaire à une bonne annonce. Les trois premières (fig. 51, 52 et 53) sont notoirement insuffisantes. Rien n'y est saillant, vivant, suggestif, et il était bien inutile de chercher à en rehausser l'attrait par des cadres ou des ornements, *puisque ces accessoires n'ajoutent rien à leur* VISIBILITÉ.

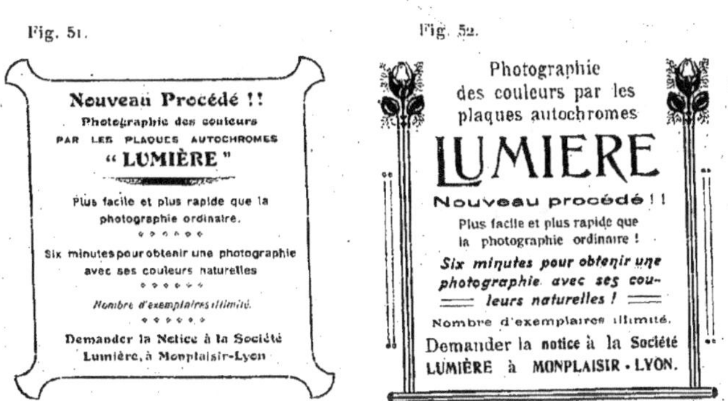

Par contre, les sept compositions qui suivent (fig. 54 à 60) dénotent, chez leurs auteurs, une compréhension exacte des conditions dans lesquelles doit se présenter un cliché pour être vu et lu. Certaines même s'illustrent très heureusement, qui d'un objectif, qui de rayons lumineux. Si l'on se rappelle que, pour toutes ces annonces, le texte est le même, on appréciera mieux combien il est possible de faire des compositions intéressantes, rien qu'avec les moyens offerts par le simple matériel typographique; le tout, c'est de savoir faire un judicieux effort d'imagination et de création.

Fig. 57.

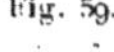

Fig. 58.

Fig. 59.

Fig. 60.

Enfin les compositions suivantes, « Zématone » et « Élixir Nyrdahl », fournissent encore une utile contribution à l'art souvent négligé de la composition des annonces par des dispositions frappantes et tranchantes, les unes encadrées, les autres sans cadre (1), et où la variété des caractères, de la présentation rompt heureusement avec la banalité de beaucoup des clichés typographiques que l'on voit tous les jours et qui sont privés de tout esprit inventif.

1. Il est préférable que l'annonce soit encadrée, le cadre lui assurant, pour peu qu'il soit bien compris, une plus grande visibilité et individualité.

Fig. 61.

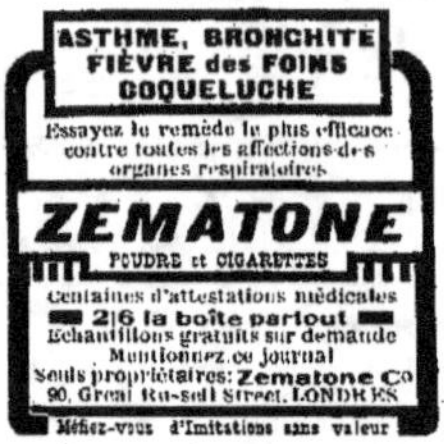

Fig. 62.

Fig. 63.

Fig. 64.

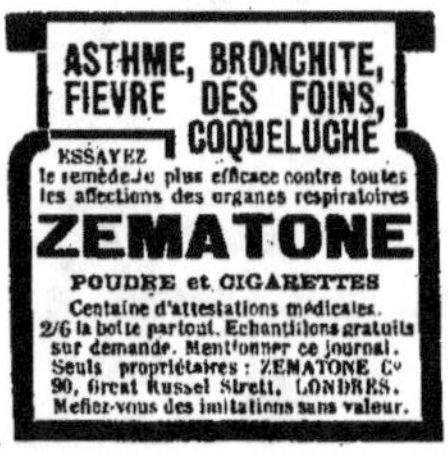

Fig. 65.

Fig. 66.

Fig. 67.

LE VÉRITABLE
Elixir de Virginie
PORTE TOUJOURS
la SIGNATURE de GARANTIE
Nyrdahl
Il est souverain contre :
HÉMORROÏDES
VARICES
PHLÉBITES
ACCIDENTS DU
RETOUR D'AGE
Échantillons Produits Nyrdahl
20, Rue de la Rochefoucauld :: Paris

Fig. 68.

LE VÉRITABLE
ÉLIXIR DE VIRGINIE
porte toujours la Signature de Garantie
NYRDAHL
IL EST SOUVERAIN
:: :: CONTRE :: ::
Hémorroïdes
Varices, Phlébite,
Accidents
du retour d'âge
:: ÉCHANTILLONS :: ::
PRODUITS NYRDAHL
20, Rue de la Rochefoucauld, 20,
à PARIS

Fig. 69.

LES
Sous-Vêtements
- du Docteur -
RASUREL
préservent des
Refroidissements
et des
Rhumatismes
Vve RICHARD, 31, r. St-Guillaume, SAINT-BRIEUX
DENIS, Chaussures, SAINT-BRIEUX
A LA FRILEUSE, 1, rue de l'Horloge, RENNES
BERTHELOT, Chaussures, RENNES
OMNÈS-HAMEL, 1, rue Broussais, SAINT-MALO
RIVIÈRE, 4, rue Montmartre, PARIS

Fig. 70.

Les
Sous - Vêtements
RENNES :
A la Frileuse, 1, rue
de l'Horloge .
Berthelot, chaussures.
SAINT-BRIEUC :
Veuve Richard, 31,
rue St-Guillaume :
Denis, Chaussures.
SAINT-MALO :
Omnès-Hamel, 1, rue
Broussais
PARIS : Rivière, 4,
rue Montmartre.
du Docteur
Rasurel
preservent des
Refroidissements
et des
Rhumatismes

Fig. 71.

Les Sous-Vêtements
du Docteur
Rasurel
PRÉSERVENT
des Refroidissements
et des Rhumatismes
A la Frileuse, 1, Rue de l'Horloge, Rennes ;
Berthelot, Chaussures, Rennes ;
Veuve Richard, 31, Rue Saint-Guillaume,
St-Brieux ; Denis, Chaussures, St-Brieux ;
Omnès-Hamel, 1, rue Broussais, Saint-Malo
Rivière, 4, rue Montmartre, Paris.

Fig. 72.

LES SOUS - VETEMENTS
du Docteur Rasurel
PRÉSERVENT
des Refroidissements
et des Rhumatismes
A LA FRILEUSE
1, rue de l'Horloge, Rennes
BERTHELOT
Chaussures, Rennes
VEUVE RICHARD
31, rue St-Guillaume, Saint-Brieuc
DENIS
Chaussures, Saint-Brieuc
OMNÈS-HAMEL
1, rue Broussais, Saint-Malo
RIVIÈRE
4, rue Montmartre, Paris

Nous en dirons autant des compositions « Sous-vêtements Rasurel » (fig. 69 à 72).

Beaucoup d'imprimeurs, malgré les progrès considérables réalisés à cet égard, ne possèdent pas encore de caractères convenables pour composer des annonces. Leur matériel est surtout choisi en vue de l'exécution des travaux de ville, des imprimés courants ; or, il est visible, à parcourir cette collection de types d'annonces, que l'établissement de ces dernières exige des caractères spécialement sélectionnés en vue de cet emploi. Dans ces sortes de compositions, il faut surtout des caractères gras, larges, clairs, des lettres pour ainsi dire aveuglantes, surtout pour les titres. Les imprimeries, aussi bien à Paris qu'en province, ne disposent pas toujours de ces familles de lettres. Aussi, pour obtenir une bonne composition, faite au moyen de caractères adéquats à l'usage qu'on veut en faire, il est préférable de s'adresser à un fabricant de clichés qui, lui, est parfaitement outillé pour créer des modèles originaux. Et c'est tout naturel : il ne fait que cela.

CHAPITRE VI

Les Circonstances
et les Époques en Publicité

❋ ❋ ❋

Si l'organisation d'une campagne de publicité quelconque exige de l'ingéniosité, de l'initiative, du goût et, avant tout, UNE FORTE DOCUMENTATION PSYCHOLOGIQUE ET COMMERCIALE, ces qualités ne suffisent pas toujours. Il faut encore en posséder une autre qui est tout à fait essentielle : le coup d'œil et l'intuition.

Il y a des moments, des époques, des circonstances où la meilleure publicité, celle qui, en temps normal, donne les meilleurs résultats, est improductive, ou presque. Il en est d'autres où la plus mauvaise publicité donnera, au contraire, plus que le maximum — comme disait un directeur de théâtre fallacieux. Ce sont des conditions, des cas qu'il faut savoir deviner, prévoir et auxquels on doit avoir l'habileté de se soumettre, d'autant plus qu'on n'y peut rien changer.

Tous les modes de publicité ne subissent pas, au même degré, l'influence de ces époques, de ces circonstances, mais toutes peuvent les impressionner plus ou moins. Ce sont : les saisons, les jours de la semaine, les événements publics, ou l'absence de ces événements, et, d'une manière générale, l'actualité.

🙙 🙙 🙙

LES SAISONS

Il est généralement reconnu que la somme de publicité faite en été est moins considérable que la somme de publicité faite en hiver, en dépit de la théorie anglo-américaine qui veut que le temps où l'on doit faire de la publicité, c'est... tout le temps. Nous estimons, pour notre part, qu'il est des époques où la publicité présente un intérêt moins vif qu'à d'autres, et que, si le chiffre de la publicité diminue pendant l'été, c'est qu'on a constaté de tout temps que son rendement diminuait également. Il convient donc d'examiner les raisons, certainement existantes, qui concourent à restreindre l'action de la publicité pendant l'été et à amoindrir son produit. S'il s'agit de publicité par affiches, le contrôle des résultats étant à peu près impossible, on peut, néanmoins, poser en principe que les affiches seront moins vues pendant les mois chauds que pendant le reste de l'année. Dans les villes, la population se déplaçant pour aller aux bains de mer, à la montagne, ou simplement à la campagne, le nombre des habitants diminue, incontestablement, dans une bonne proportion. A quoi bon, par conséquent, faire de l'affichage à ce moment, puisque personne, ou presque personne, ne le voit?

Cependant, s'il s'agit d'un article, d'un produit particulièrement utilisable en été, c'est une autre affaire. On pourra faire, alors, de l'affichage à ce moment-là. Mais, en fait, combien y a-t-il d'affaires qui soient tellement spéciales à cette saison qu'on ne puisse faire de publicité que pendant la canicule? Ce ne sont pas, certes, des affaires bien nombreuses ni bien grosses.

Si, en été, la population des villes est absente, la population des campagnes n'est pas plus accessible. Dans les mois chauds, les paysans, les gens de la glèbe ont bien autre chose à faire qu'à lire les affiches : ils rentrent leurs foins, leurs blés, ils soignent leurs vignes, et ils engrangent leurs récoltes.

Telles sont les raisons qui rendent ordinairement improductif un affichage d'été. Si l'on croit devoir faire de l'affichage à cette saison, c'est dans les villes d'eaux, les plages, les centres d'excursion qu'on le fera. Et encore, nous doutons qu'il soit véritablement efficace, car, dans ces lieux de plaisir ou de repos, les gens ont d'autres soucis que celui des achats qu'on cherche à leur faire faire.

Il faut faire exception pour tout ce qui se rapporte aux dépenses de la vie balnéaire, thermale ou touristique à cette saison (1).

Les imprimés, brochures, prospectus, organes privés et tous

1. Voir encore à ce sujet p. 110.

les imprimés de publicité en général, n'ont pas de raison valable de circuler en été, puisqu'il est bien entendu que les gens ne sont pas chez eux, et que, s'ils y sont, ils ont des préoccupations plus absorbantes que de lire des papiers, si jolis soient-ils.

Économiquement et philosophiquement, il semble qu'il y ait une contradiction entre ces deux termes : la publicité d'été ne produit pas parce que, d'une part, une partie de la population *se repose*, tandis que l'autre partie *travaille*. C'est, cependant, rigoureusement exact.

L'été période improductive.

Mais la nécessité, pour les affaires courantes qui s'appuient sur la publicité, de diminuer, de suspendre même toute publicité pendant les mois chauds est plus immédiate, plus pressante encore, lorsqu'il s'agit de la publicité par la presse.

La publicité étant une marchandise comme une autre, s'il y a une époque où, par suite des circonstances que nous avons dites, elle se trouve dépréciée, pourquoi l'utiliserait-on? On ne tond les moutons que lorsque leur laine est assez longue.

Or, il existe un rapport précis entre le prix de la publicité et le rendement qu'on doit logiquement en obtenir. Dès l'instant qu'elle coûte plus qu'elle ne vaut, elle devient onéreuse. C'est la condition de la publicité des journaux en été. On a constaté qu'en général, le tirage des journaux en été diminue, surtout celui des journaux lus ordinairement dans les campagnes. On connaît le cas d'un grand quotidien, publié à Paris, perdant trente pour cent de ses lecteurs pendant l'époque des moissons et des récoltes. Comme, pendant ce temps, le prix de sa ligne ne diminue pas, il arrive ceci que le rendement de sa publicité baisse sans que son prix soit modifié. Eu égard au rendement, il coûte donc plus cher en été que pendant le reste de l'année. Et cet exemple n'est pas isolé. Une bonne partie de la presse quotidienne de Paris et des départements est soumise aux mêmes fluctuations.

D'autres considérations viennent encore à l'appui de cette théorie :

Même les populations urbaines contribuent pour une partie à la diminution des tirages, car, en général, l'ouvrier d'usine, l'employé de commerce a des occupations moins nombreuses et moins régulières en été qu'en hiver. Le chômage est plus fréquent. Gagnant moins d'argent, le citadin restreint ses dépenses, il achète moins de journaux. Et même si l'on achète toujours son journal, on ne pourra, faute d'argent, se laisser tenter par les offres qu'il contient.

La publicité des journaux sera donc particulièrement profitable en octobre, novembre, décembre, janvier, février, mars, avril, mai et un peu juin ; elle sera moins efficace en juillet, en août et en septembre.

Les produits pour lesquels la publicité est bonne l'été.

Il y a, néanmoins, à cette règle des exceptions, car, en dépit de l'amoindrissement des tirages en été, il existe toute une clientèle qui ne pourra être sollicitée qu'à ce moment. On songera, par exemple, à vendre des articles de sport, de pêche, des glacières, des vêtements de plage et des costumes légers pendant les mois chauds. Voilà une des premières exceptions. C'est encore au commencement des mois chauds qu'on entreprendra de la publicité pour les stations thermales ou balnéaires, pour les voyages d'agrément, les excursions. C'est également à cette époque que l'on annoncera la mise en location des villas de plaisance et que les hôtels des plages et des villes d'eaux se rappelleront à l'attention du public.

Par contre, pendant les mois d'hiver, on admet qu'il existe aussi diverses périodes où la publicité, d'une manière générale, manque de productivité : ce sont celles qui correspondent aux veilles ou aux lendemains de fêtes ; à ce moment, les gens sont, généralement, enclins aux distractions, aux plaisirs, aux réceptions, aux promenades. En fait, on lit moins les journaux et, par conséquent, leur publicité décroît de valeur. C'est surtout immédiatement avant et immédiatement après le 1er janvier que le rendement de la publicité se raréfie le plus. A partir du 20 décembre, il est hasardeux de faire une publicité énergique et il est sage de ne la reprendre qu'à partir du 10 ou du 15 janvier : non seulement, à cette époque de l'année, les populations sont distraites du cours de leurs occupations ordinaires par les multiples exigences que leur imposent les fêtes de Noël et du Jour de l'An, mais encore l'obligation où elles sont de dépenser pour des cadeaux, pour des réceptions plus qu'en temps ordinaire, les éloigne de faire toute acquisition qui ne serait pas immédiatement nécessaire. On a, certainement, de l'argent à ce moment-là, mais on ne l'emploie qu'à des achats spéciaux et non pas à ceux qui résultent des exigences ordinaires de la vie. Mais, bien entendu, ce que nous venons de dire ne s'applique pas à la publicité des articles et objets pour étrennes et cadeaux.

Avant les fêtes.

Par contre, avant le 1er janvier, toutes les publicités qui ont pour but de proposer des cadeaux, des étrennes, par conséquent la publicité des marchands de jouets, des magasins de nouveautés, des confiseurs, bijoutiers, joailliers, marchands d'articles de luxe et de toutes les industries qui vivent spécialement des étrennes, ont intérêt à paraître alors d'une façon intensive. On peut même dire qu'elles n'ont guère d'intérêt à paraître qu'à ce moment-là et aussi encore aux approches de Pâques, cette fête étant généralement accompagnée de cadeaux de tous genres.

Toutes ces considérations s'appliquent plus spécialement à la publicité des journaux, laquelle ne peut être lue que pendant le court espace de temps où le journal jouit de ses qualités d'actualité et de nouveauté. Mais la distribution des imprimés et des brochures n'échappe pas aux lois d'intérêt que nous venons de développer; on devra donc se guider sur ces indications pour la mise à la poste ou la distribution à la main des imprimés de publicité.

LES JOURS DE LA SEMAINE

La question de savoir quels sont les jours de la semaine où la publicité est particulièrement favorable dans ses effets est très controversée. Certains Annonceurs affirment que le dimanche leur donne d'excellents résultats; d'autres ne voudraient jamais faire d'annonces le dimanche et n'en font que pendant les autres jours de la semaine. Il convient de remarquer que souvent l'Annonceur qui ne veut pas faire de publicité aux jours de semaine n'a jamais essayé de faire passer ses insertions hors du dimanche et que, par contre, l'Annonceur qui ne veut faire passer ses insertions que les jours de semaine n'a jamais tenté d'en faire le dimanche, de sorte que les points de comparaison manquent presque totalement.

A l'appui de la théorie de la publicité dominicale, il faut tenir compte d'un fait matériel : c'est que le tirage des journaux est généralement plus élevé le dimanche que les jours de semaine. L'ensemble des lecteurs d'un journal s'augmente donc le dimanche d'un certain nombre d'individus qui, sans doute, ont, ce jour-là, plus de loisirs pour lire le journal. Ce phénomène se constate aussi bien dans la grande presse de province que dans la grande presse parisienne. Mais ceux qui lisent le journal tous les jours le lisent-ils aussi complètement le dimanche que les autres jours? Nous ne le croyons pas.

L'homme d'affaires, le citadin lira tous les jours ouvrables son journal avec plus ou moins d'attention, mais, le dimanche étant un jour de repos, il sera tenté de le négliger. Cela ne l'empêchera pas, du reste, d'acheter son journal par habitude, ce qui explique que le tirage des feuilles quotidiennes soit plus important le dimanche qu'en semaine, puisqu'une clientèle spéciale existe le dimanche qui ne lit pas les autres jours.

C'est pour cette raison qu'une bonne partie des journaux de province, hebdomadaires généralement, paraissent le dimanche ou, plus exactement, le samedi soir pour être lus le lendemain.

Nous sommes d'avis que l'on peut faire de la publicité aussi bien le dimanche que la semaine, puisqu'il y a pour les différents jours une sorte de clientèle spéciale et différente, qui mérite qu'on la recherche. Cependant, de tous les jours de la semaine, il en est un qui jouit et qui jouira longtemps d'une mauvaise réputation. C'est le vendredi; et, comme un Annonceur a toujours le choix entre les six autres jours, nous estimons qu'il fera bien de s'abstenir ce jour-là. On lit aussi bien les journaux le vendredi que le jeudi ou que le samedi, mais de nombreux individus qui ont *encore la superstition du vendredi* seront privés alors des facultés de réceptivité qui leur sont dévolues les autres jours. Ils ne feront pas d'acquisition nouvelle, ils éviteront d'accomplir aucun acte important, et par conséquent, si même la publicité les a touchés, ils ne lui donneront pas, le vendredi, la sanction que tout Annonceur réclame; et, comme on oublie vite, il est naturel de penser que le lendemain, c'est-à-dire le samedi, l'impression qu'ils auront reçue la veille d'une publicité quelconque se sera déjà effacée.

Cette superstition du vendredi est un de ces faits qui montrent combien l'Annonceur a intérêt à connaître la réceptivité psychologique ou la mentalité ethnique, religieuse ou sociale des gens à qui il s'adresse.

Le dimanche.

Ces divers points de vue s'appliquent particulièrement à la publicité sous sa forme obsédante et indirecte. Mais, pour les Annonceurs qui pratiquent la publicité suggestive et directe, spécialement ceux qui se livrent à la vente par correspondance, il est un jour de la semaine où il ne faut pas qu'ils fassent de publicité, si cette publicité comporte l'offre immédiate d'un article, d'un objet qu'il suffit de commander en envoyant un bon de poste ou un mandat pour le recevoir : c'est le dimanche. En effet, beaucoup de bonnes volontés peuvent être annihilées ce jour-là du fait que, la plupart des bureaux de poste étant fermés, il n'est pas possible de prendre ce mandat ou ce bon de poste. Or, la principale propriété de la publicité suggestive étant de persuader et de décider *sur l'heure* le lecteur à l'acte d'achat qu'on sollicite de lui, la publicité faite pour obtenir cet acte d'achat un dimanche est exposée à ne recevoir aucune sanction, toujours parce que les résolutions prises un jour sont facilement oubliées, perdues de vue le lendemain. La publicité faite le dimanche subirait de ce chef un déchet considérable.

Il n'en est pas de même de la publicité suggestive qui ne sollicite pas l'achat immédiat et qui ne recherche que des noms et des adresses de personnes s'intéressant à son objet. Dans ce cas, la publicité faite le dimanche peut être aussi profitable qu'un autre jour et elle peut même l'être davantage eu égard à la clientèle particulière que les journaux recrutent les jours de repos dominical. S'il ne peut pas se procurer un mandat, il n'y a aucune difficulté pour le lecteur d'un journal à se procurer des timbres-poste. Il peut donc écrire, mettre sa lettre à la poste, sans que rien vienne entraver ses bonnes dispositions.

Toutefois il est des affaires pour lesquelles il n'est pas possible de choisir arbitrairement un jour pour la publicité à faire. Un magasin de nouveautés annonçant une exposition pour le lundi fera ses insertions le samedi ou le dimanche, il en sera de même pour toutes les opérations qui doivent aboutir et donner des résultats à une date fixe.

Pour les autres jours de la semaine, il est bien difficile de leur attribuer comparativement une valeur spéciale. Il y a, cependant, le lundi qui peut être préféré, pour la publicité qui n'a pas lieu de paraître à un jour déterminé, particulièrement dans les journaux quotidiens. La raison en est simple : les journaux ayant fermé leur bureau de réception d'annonces pendant toute la journée du dimanche, ils n'ont reçu que fort peu de publicité pour le numéro du lundi. Les pages d'annonces et les autres *positions*, c'est-à-dire les divers emplacements du journal, sont moins fournies de publicité que les autres jours, et les annonces qui paraissent ce jour-là ont ainsi plus de chances d'être bien vues, parce qu'elles sont un peu plus seules.

On remarque un homme, une femme sur une route, lorsqu'ils sont isolés; on ne les remarque pas dans une foule, à moins qu'ils ne se fassent remarquer — exprès ou non — par un accoutrement ou des attitudes qui les distingueront de la cohue moutonnière qui les entoure. C'est encore un argument en faveur de l'originalité, de l'individualité, de l'intérêt aussi personnel que possible que doit avoir une annonce ou une publicité quelconque, si l'on veut que, dans la foule des autres annonces, on la remarque mieux que les autres.

PÉRIODES MOUVEMENTÉES OU PÉRIODES DE CALME

La marche des événements, les incidents de tous les jours se précipitent avec plus ou moins d'intensité, avec une force émotive qui se dépense à des degrés divers. Certains de ces événements prennent *ipso facto* une importance si grande qu'ils suspendent, pour ainsi dire, l'existence d'un peuple. Cette émotion créée par un fait sera d'autant plus grande que l'événement se sera produit plus près de nous. Qu'on annonce la perte d'un vaisseau japonais portant huit cents hommes d'équipage, le cours de notre vie coutumière n'en sera guère modifié ; mais qu'on nous annonce qu'un de nos cuirassés vient de sombrer corps et biens, nous serons violemment émotionnés. L'événement nous frappera parce qu'il est de chez nous, que ce sont, non pas des Japonais qui ont péri, mais des compatriotes, des Français. Nous serons donc plus ou moins accessibles à des effets émotifs suivant que l'événement sera plus ou moins important et qu'il se sera passé plus ou moins près de nous.

L'assassinat du Président de la République, la destruction d'une colonne de trois mille hommes dans une de nos colonies, une explosion de grisou dans le bassin minier du Nord tuant ou ensevelissant quelques centaines de mineurs sont des événements qui suspendent véritablement la vie publique d'un pays et sur lesquels l'attention se concentre à un point tel que l'on ne veut plus, qu'on ne peut plus lire autre chose, dans les journaux, que les récits qu'ils en donnent ; on attend, on cherche des informations, des détails, les journaux s'emplissent de plusieurs pages de nouvelles ayant trait à l'événement, et les éditions se succèdent avec une telle rapidité que, dans ces cas-là, les feuilles publiques doublent, triplent leur tirage.

Il semblerait, à première vue, que cette augmentation fortuite et tout accidentelle du tirage des journaux soit, pour la publicité, une aubaine, dont un Annonceur habile devrait profiter pour corser ses annonces, les multiplier, puisque, dans ces circonstances, les journaux sont lus deux ou trois fois plus qu'en temps normal.

Et, cependant, ce serait une erreur déplorable que de croire qu'il en est ainsi, car, quelle que soit l'augmentation de circulation, de vente qu'enregistrent les journaux, l'intérêt du public est si impérieusement attaché aux récits de la catastrophe, de l'assassinat, du désastre, dont tous les détails le frappent et l'émeuvent, que *tout le reste* disparaît, cesse d'exister pour lui.

Par conséquent, la publicité l'intéressant moins encore que les autres matières contenues dans les journaux, le lecteur ne la lit pas ; à peine s'il la voit ! Dès lors, à quoi bon dépenser de l'argent pour publier une chose qui ne sera pas lue ?

Les lecteurs d'un journal ne sont capables de s'assimiler qu'une certaine somme de faits nouveaux, et cette somme varie suivant la force émotive que ces faits renferment ; il se fait, dans leur esprit, entre toutes les matières contenues dans le journal un travail de classement qui proportionne l'intérêt à l'importance des faits, des événements. L'attraction ne sera, certainement, pas la même pour toutes les matières, car les uns seront particulièrement frappés par les informations sportives, d'autres par des nouvelles politiques, d'autres encore par la littérature, etc. Mais toutes ces préoccupations disparaissent en présence de l'événement puissant, qui domine tous les faits du jour et qui absorbe exclusivement les facultés de curiosité, d'intérêt et de compréhension du public, au point que tout s'efface devant lui.

Le meilleur moment.

Aussi, sommes-nous persuadé que le meilleur moment pour faire de la publicité, en considérant les conditions de saison que nous avons indiquées plus haut, est encore celui où le journal ne présente aucun attrait particulier, celui où les diverses rubriques sont ternes, mornes, monotones. Car à ce moment-là, le lecteur réagissant cherchera dans sa feuille la moindre chose à laquelle il pourra porter intérêt, et alors, faute de mieux, il ira jusqu'à lire la publicité avec l'espoir d'y découvrir quelque chose qui le captive, qui le fasse penser et qui tranche, en un mot, avec la banalité ordinaire du texte même du journal. Le meilleur moment pour faire de la publicité, c'est donc le moment où il ne s'est rien passé, où les Chambres sont en vacances, où messieurs les assassins sont en grève, où aucune complication diplomatique ou autre n'a surgi et où les événements se déroulent sans relief et sans susciter d'émotion. Ces jours-là, les journaux ont peut-être moins de lecteurs, mais la publicité qu'ils contiennent en a, à coup sûr, davantage, et c'est là, pour l'Annonceur, le point important ; on ne devra donc pas faire de publicité quand les journaux sont trop intéressants, lorsque des événements importants, tragiques, angoissants, agitent les masses; on attendra *que le calme ait reparu* et que les cerveaux aient de nouveau acquis une porosité suffisante pour absorber la publicité.

L'ACTUALITÉ

Mais les passions et les mouvements d'opinion s'étant calmés, l'événement grave étant déjà vieux de quelques jours, cet événement n'en demeure pas moins au premier plan de l'actualité. On s'y intéresse toujours, mais on ne s'y intéresse plus uniquement. C'est alors que la publicité prend sa revanche, à condition, toutefois, de se rallier par un fil quelconque aux faits de l'actualité même. Un Annonceur habile devra toujours être à l'affût des faits, des incidents qui suscitent de l'intérêt dans le public et qui, c'est là l'essentiel, ont *un certain rapport* avec son affaire, son produit, son article. Une épidémie permettra, par exemple, à un fabricant d'antiseptiques de faire une publicité dont le rendement sera particulièrement favorable en raison des circonstances où elle se manifestera. Le coup de grisou dont nous parlions tout à l'heure favorisera également la publicité d'un inventeur qui aura découvert une lampe spéciale mettant les mineurs à l'abri des risques de leur profession. La découverte d'un nouveau microbe, cause d'une maladie répandue, permettra au créateur d'un produit pharmaceutique efficace contre cette affection, de pousser plus activement sa publicité, l'attention du public étant à ce moment-là spécialement attirée sur ce mal et sur les ravages qu'il peut causer.

De ces observations, il découle qu'un Annonceur doit subordonner la marche de sa publicité à celle des événements de tous les jours. Il est donc nécessaire qu'il se tienne constamment informé de ce qui se passe, de ce qui se dit, de ce qui se fait, pour modeler, diriger sa publicité d'après l'actualité. Nous ne voulons pas dire seulement la grosse actualité, mais aussi bien les faits même de peu d'importance qui se produisent d'heure en heure, presque, et qui peuvent *se rapporter* à son affaire, à son produit, de manière à profiter des mouvements de toute sorte que la lecture des journaux fait naître, des courants d'opinion qui se créent à chaque instant, pour n'importe quel sujet. « Faites bouillir votre eau », clamait autrefois un grand journal parisien ; c'était une excellente occasion pour un fabricant de filtres de lancer son article : *l'esprit public était déjà préparé à recevoir toutes les suggestions relatives à l'asepsie des eaux potables.* Nous pourrions multiplier ces exemples.

Ce n'est pas seulement la publicité des journaux qui peut se guider sur l'actualité ; l'affiche, le prospectus, le catalogue et surtout la brochure de publicité en peuvent tirer également avantage. Nous avons parlé des journaux d'abord, parce que c'est dans leurs colonnes qu'on peut le mieux, le plus rapidement, faire de l'improvisation, de l'actualité. C'est moins facile avec l'affiche et avec le prospectus, car l'actualité est essentiellement fugitive; elle est aujourd'hui, elle n'est plus demain, quelque autre sujet la fait oublier d'un jour à l'autre, de sorte que, quand l'affiche se montre, quand l'imprimé arrive à destination, leur intérêt risque de s'être plus ou moins évanoui. Il faudrait, pour faire parfaitement servir l'actualité aux desseins de la publicité par l'affiche et par le prospectus, en quelque sorte, la prévoir. Néanmoins, il est toujours possible d'utiliser dans sa publicité les faits intéressants qui rentrent dans l'actualité d'hier, sinon dans l'actualité immédiate.

CHAPITRE VII

La Publicité de Rappel et d'Entretien

❖ ❖ ❖

A côté de la publicité, qui a pour objet le lancement d'une affaire ou d'un produit, se place celle qu'il convient de faire lorsque, l'affaire étant mise en marche, le produit étant vulgarisé, il ne s'agit plus que de les soutenir, d'en entretenir le succès.

Il nous faut ici faire le départ entre les affaires qui usent de la publicité à sa première période et celles qui s'en servent à sa seconde période.

A la première période, — celle de la publicité suggestive, directe et à effets immédiats, — il est entendu que les résultats doivent être, pour ainsi dire, instantanés. On a, en quelque sorte, tiré un feu d'artifice et l'on a impressionné ainsi un certain nombre de personnes. Elles ont mis la main à la plume ; elles ont écrit pour demander le catalogue, la brochure, l'organe de publicité privé, et on leur a répondu.

Mais toutes celles qui ont été touchées par la publicité n'ont pas écrit. Il en est qui ont eu le vif désir d'écrire, et qui en ont été détournées par une chose quelconque, un rien, parfois. D'autres ont été imparfaitement impressionnées par la publicité ; leur désir de connaître l'objet à vendre n'a pas été assez fort ; on ne les a pas suffisamment intéressées. Puis, il y a celles qui n'auront pas lu l'article, l'annonce, etc.

Deux cas peuvent se présenter : le premier cas est celui où le rendement primitif de la publicité, envisagé huit jours après la parution de cette publicité, a été excellent, et alors on est en droit de penser que l'on n'a pas épuisé tout ce que l'on pouvait en obtenir. On fera donc, en cette circonstance, de la publicité de rappel.

L'exemple suivant nous fera mieux comprendre : un Annonceur se livrant à la publicité suggestive est exactement dans la même situation qu'un crémier devant un pot de lait. Après vingt-quatre heures, ce pot de lait présentera, à la surface, une couche de crème plus ou moins épaisse. Cette couche de crème, c'est le rendement de la publicité. Plus elle sera épaisse, dans le temps que nous venons d'indiquer, plus il sera permis à l'Annonceur de penser que le lait en question est particulièrement riche et il ne manquera pas, après avoir recueilli la crème des premières heures, de laisser reposer encore son lait, pour en obtenir le regain de crème qui ne manquera pas de se former. Si, au contraire, les vingt-quatre heures ne lui ont donné que peu de crème, il devra en conclure que le lait n'est pas d'une qualité fameuse, et il abandonnera la recherche de la crème dans un lait qui ne pourra plus lui en donner.

La publicité, sous sa forme suggestive et directe, peut donc comporter des rappels, *suivant la qualité,* l'abondance du résultat primitif. Si ce résultat est très satisfaisant, il convient de faire suivre la première annonce, le premier article, d'un rappel. Si le résultat de ce rappel est encore convenable, il sera sage d'en faire un second, et on devra ainsi continuer ces rappels jusqu'au jour où l'effet sera devenu insuffisant. On épuisera de la sorte la crème du pot de lait.

Tout dépend donc du résultat initial. C'est lui qui guidera l'Annonceur, et qui le décidera à poursuivre sa publicité ou à s'arrêter.

Cependant, des circonstances particulières peuvent modifier l'application de ce principe, et c'est alors le second cas. Qu'un Annonceur fasse paraître une annonce dans un journal le même jour que ce journal rendra compte d'un événement sensationnel, d'un de ces faits qui passionnent tout un pays, — comme l'assassinat du Président de la République, l'incendie de l'Opéra-Comique, la mort de Victor Hugo, — l'effet de sa publicité sera complètement annihilé par l'événement, et cela ne prouvera pas, cependant, que sa publicité était mal faite, ou que le journal dans lequel il l'aura faite était mauvais. Là, encore, la nécessité d'un rappel s'impose, et on y procédera aussitôt que le calme sera revenu dans les esprits, que, l'intérêt suscité par l'événement s'étant émoussé, les lecteurs auront repris intérêt à ce que leur dit leur journal, en dehors de ce qui a trait à cet événement.

La publicité de rappel n'exige pas, on le conçoit, les mêmes développements que la publicité initiale. Elle *rappelle*, c'est là tout son rôle. Pour en établir la rédaction, il suffira de se rendre compte des observations auxquelles aura donné lieu la première annonce, — et le rappel, alors, servira à compléter les indications fournies précédemment au public. La correspondance que recevra l'Annonceur lui dictera souvent le sens du rappel, ou des rappels, dont il fera suivre sa première publicité.

La publicité d'entretien a, elle, un autre but. Elle n'est utilisable, du reste, que pour les affaires qui procèdent par le moyen de la publicité obsédante et indirecte.

Après un temps indéterminé, lorsqu'une affaire atteint la période du succès, ce n'est pas là une raison pour cesser la publicité. Au contraire. Il serait dangereux de s'imaginer qu'elle peut devenir inutile, alors qu'elle a déjà conduit une marque, un produit à la notoriété. Ce que la publicité a fait pour une entreprise quelconque, la publicité peut également le faire contre elle. En arrêtant la diffusion des annonces, des affiches, des imprimés, simplement parce qu'on considérerait les résultats comme définitivement acquis, on laisserait simplement *la place au plus entreprenant de ses concurrents*. Qui va à la chasse, dit le proverbe, perd sa place.

Lorsque l'article est lancé, l'Annonceur a une situation privilégiée en ce sens qu'il sait combien il gagne annuellement, et qu'il connaît la proportion dans laquelle la publicité grève le prix de revient de son article, alors que, pendant la période de lancement, la publicité ne pouvait être qu'un sacrifice continuel. C'est alors qu'il lui deviendra possible de fixer le chiffre de son budget annuel de publicité, ce qu'il ne pouvait guère faire précédemment.

Ce chiffre établi, l'Annonceur ne fera plus que ce qu'on appelle de la publicité d'entretien. Hâtons-nous de dire que cette sorte de publicité n'est que la continuation de la publicité de lancement. Elle doit poursuivre l'effort publicitaire par les mêmes modes, occuper les mêmes emplacements, les [mêmes journaux, ou à peu près. Mais son rôle purement suggestif est terminé; elle n'a plus besoin que d'être obsédante. Son but n'est plus que de rappeler constamment la marque, le produit, de manière qu'on ne l'oublie pas.

La publicité de lancement comportera une activité, une énergie, une originalité et une variété continuelles et exigera de l'Annonceur beaucoup de peine, de temps et d'ingéniosité pour forcer l'attention du public. La publicité d'entretien peut se répéter plus que la publicité de lancement et gagne même souvent à l'unité, à l'immuabilité de la forme et de l'aspect. Au temps du lancement, l'Annonceur modifiera constamment ses affiches, ses annonces, afin de secouer, par des appels fréquents, l'apathie du consommateur, de l'acheteur. Plus tard, le type harmonieux de l'annonce, l'illustration adéquate de l'affiche seront réalisés, il ne s'agira plus que de les faire passer le plus souvent possible sous les yeux de la clientèle qu'on se sera créée.

Cependant, il serait imprudent de se reposer trop entièrement sur le succès. On a, à cette période que marque le succès, plus de loisirs pour mûrir de nouveaux plans et pour les exécuter; on compromettrait les résultats obtenus en cessant tout effort, toute initiative, et l'on doit avoir toujours prête à sortir du fourreau une arme nouvelle de publicité pour parer à toute attaque d'un concurrent audacieux. C'est un peu l'image de la guerre : la publicité d'entretien, c'est l'armée permanente; il n'en est pas moins prudent d'organiser de solides réserves qu'on mobilisera à la première alerte.

Ces considérations sont d'ordre très général, et nous n'y insisterons pas davantage. Nous avons voulu, en les développant, jeter, pour nos lecteurs, un regard sur l'avenir. L'Annonceur *arrivé* a démontré, par sa réussite même, qu'il était habile à manier la publicité, et il aura acquis, *par la pratique*, l'expérience grâce à laquelle il n'aura plus besoin de guide ni de conseils.

LIVRE III

L'Organisation de la Publicité

◇ ◇ ◇

CHAPITRE VIII

Le Contrôle du Rendement

◇ ◇ ◇

LE SYSTÈME DES " CLÉS "
LES ANNONCES MARQUÉES

« La publicité que je fais rend-elle ou ne rend-elle pas? » Telle est la question que se posent ou doivent se poser les Annonceurs sérieux. Mais lorsqu'ils se livrent aux opérations de la vente par la poste, une autre question, plus inquiétante encore, absorbe leur esprit :

« Quels sont les journaux qui me donnent des résultats? Quels sont ceux qui ne m'en donnent pas? »

La publicité à sa première période.

En effet, un commerçant faisant de la vente par correspondance doit, pour que sa publicité lui permette de récupérer ses débours d'abord, et pour réaliser des bénéfices ensuite, aboutir à ce que chaque annonce, dans les résultats immédiats qu'il en obtient, lui procure un certain nombre de demandes, de lettres émanant de gens que la publicité fait se révéler et qui doivent devenir des acheteurs.

Le nombre de ces lettres initiales est assez variable. Tout dépend de la nature et du prix de la chose annoncée, abstraction faite, bien entendu, de la valeur de la publicité ainsi effectuée. Admettons que, sur chaque objet vendu, l'Annonceur réalise un bénéfice de mille francs : il lui suffira qu'une annonce coûtant mille francs lui procure dix demandes de renseignements, pourvu que la proportion des acheteurs fermes qui se manifesteront par la suite soit de vingt pour cent, ce qui donnera deux ventes effectives, chacune laissant un gain de mille francs. L'Annonceur aura alors dépensé mille francs en publicité pour en gagner deux mille. Bénéfice net : mille francs.

Mais si, au lieu de valoir mille francs, l'article, l'objet annoncé n'en coûte que vingt, sur lesquels le bénéfice ne peut être, net, que de cinq francs, l'Annonceur ayant fait, également, une annonce de mille francs, il lui faudra vendre au moins deux cents unités de son article pour récupérer seulement ses frais de publicité. Pour réaliser un bénéfice honnête, il faudra qu'il en vende au moins cinq cents.

Le potentiel d'intérêt étant plus faible pour un article ne coûtant que vingt francs, mais en revanche la majorité relative d'individus susceptibles de s'y intéresser étant beaucoup plus élevée, il est certain que l'annonce de mille francs de ce commerçant lui procurera, si elle est bien faite, pour son article vendu vingt francs, un nombre beaucoup plus grand de demandes initiales, — nous ne disons pas de commandes, cela viendra plus tard, — par exemple deux ou trois mille.

Ici, nous n'avons envisagé que le cas où l'Annonceur ferait une seule annonce, coûtant mille francs, dans un seul quotidien très répandu. Suivant le résultat que cette annonce lui aura donné, il saura si le journal en question est capable de payer, par les bénéfices qu'il fera réaliser, les débours de publicité qu'il nécessite. C'est un calcul assez facile à faire.

Supposons, maintenant, que ce même Annonceur, au lieu de donner son annonce à un seul journal, l'ait donnée à dix journaux, quotidiens ou périodiques. Il recevra un certain nombre de demandes, de lettres initiales, qui lui feront peut-être couvrir ses frais, mais il ne saura pas exactement quels sont les journaux qui lui auront particulièrement procuré ces demandes. Or, sur un ensemble de dix journaux, à moins d'en avoir une expérience complète, de savoir parfaitement quels sont ceux qui ont un bon ou un mauvais rendement ou, comme on dit, ceux qui *paient* et ceux qui ne *paient pas*, il est probable que cinq seulement auront procuré un nombre de demandes capable de couvrir les frais de la publicité et de procurer ensuite un bénéfice. Deux auront fourni un coefficient de demandes tout au plus suffisant pour que l'Annonceur ne perde pas d'argent. Les trois autres n'auront rapporté que dans une mesure insuffisante, et ils ne pourront *payer* les frais de publicité qu'on aura engagés sur eux. Ces trois journaux-là peuvent absorber, par la perte qu'ils représenteront sur le coût de leur annonce, une bonne partie du bénéfice qu'on réalisera sur les cinq qui sont notoirement d'un rendement productif.

Et encore nous sommes loin d'exagérer. La proportion que nous venons d'indiquer n'est pas une prévision *tant pis*, c'est une prévision *tant mieux*, car il arrivera à un Annonceur inexpérimenté de dépenser mille francs en publicité, pour vendre par correspondance un article quelconque, et de ne recevoir, en tout et pour tout, que dix lettres de demandes, lesquelles ne correspondront pas, loin de là, à dix acheteurs effectifs. C'est, dans ce cas, mille francs qu'il ne reverra jamais, car l'argent dépensé dans ces sortes d'affaires d'une manière improductive est de l'argent perdu ; il est inutile d'en espérer des profits ultérieurs. La semaine qui s'écoule après l'insertion suffit à fixer l'opinion de l'Annonceur sur la valeur productive de sa publicité : *si l'effet n'est pas obtenu dans ce temps, il ne se produira jamais*. Nous tenons à insister sur ce principe, beaucoup de gens ne veulent pas l'admettre, le nient même, alors qu'il est d'une exactitude rigoureuse.

Bannir toute vanité puérile.

C'est ici que nous devons glisser quelques mots, bien timides, pour engager les Annonceurs à ne pas avoir d'amour-propre, quant au choix de leurs journaux et à la rédaction de leurs annonces. Qu'ils ne s'entêtent pas quand le résultat de leur publicité ne s'est pas manifesté complètement dans le délai fort court que nous venons de fixer : c'est que leur publicité ne vaut rien ou que les journaux qu'ils ont choisis sont sans portée pour l'affaire qui les occupe. Ils en auront peut-être une pour autre chose, mais cela importe peu à l'Annonceur qui en est pour son argent.

Or, on n'est jamais si bien servi que par soi-même. Ce ne sont pas les journaux qui déclineront une commande de publicité, parce que la nature de leur clientèle ne permet pas d'escompter un effet utile ; l'Annonceur ne doit compter que sur lui-même, ou bien encore sur son agent ou sur son chef de publicité, à la condition qu'ils soient compétents.

Les lecteurs de journaux, lorsqu'ils répondent aux sollicitations d'une annonce, sont assez peu enclins à signaler comment, par quelle feuille, ils ont été instruits de l'offre qui leur était faite. Il en est qui, bénévolement, le disent. Il en est un plus grand nombre qui le cachent : ils ne veulent pas que l'on sache qu'ils lisent un journal de telle ou telle opinion. Ils ne veulent pas paraître s'intéresser à la publicité. La majorité se fait connaître en ces termes : « J'ai lu dans mon journal... », quel journal ? C'est, cependant, très important à connaître ; ne venons-nous pas de faire ressortir la nécessité, pour celui qui recourt à la vente par correspondance, ou comme disent les Américains, au « Mail order business », de savoir quels sont les journaux qui lui donnent des résultats en harmonie avec la dépense qu'il fait ? N'est-ce pas ainsi qu'il pourra écarter de son budget de publicité les organes d'un rendement insuffisant ou nul et qu'il sera armé pour ne conserver que ceux qui lui procurent des profits ?

Ce contrôle du rendement, qui est donc essentiel, serait presque inutile si le tirage et la circulation des feuilles publiques étaient déclarés par elles aux Annonceurs, avec sincérité, et si les tarifs de la publicité, dans l'ensemble des journaux, étaient établis proportionnellement à leur tirage et à leur circulation. Malheureusement, le tirage des journaux est aussi difficile à connaître que l'âge d'une jolie femme ; et, point également capital, la nature de leur clientèle est tout aussi volontairement laissée dans l'obscurité. Il faut donc chercher dans des procédés particuliers d'investigation le moyen de suppléer à l'obscurité qui règne en cette matière. Ce moyen, c'est ce qu'on appelle le « système des clés ».

Le système des clés, ou des annonces marquées.

Ce système peut, d'ailleurs, être utilisé aussi bien pour les affaires qui procèdent par la publicité obsédante et indirecte, que pour celles qui procèdent par la publicité suggestive et directe, quoique les affaires qui se rapportent à cette dernière en tirent, généralement, plus de profits. Le but des clés dans les annonces étant de révéler la valeur propre de chaque journal au point de vue de son rendement, il est incontestable qu'un Annonceur *qui lancera une marque* aura autant d'intérêt à en être instruit que l'Annonceur *qui fera de la vente par correspondance.*

Dans le lancement des marques, il est trop facile de dépenser inutilement de l'argent en publicités infructueuses pour que le propriétaire d'une marque se dispense de rechercher si les organes auxquels il confie la tâche de vulgariser son produit valent bien le prix qu'il les paie. En conséquence, avant de faire une publicité étendue et obsédante, ce propriétaire de marque fera bien d'utiliser le système des clés pour vérifier la valeur des journaux dans lesquels il fait de la publicité. Voici comment il procédera : au lieu de faire, en débutant, des annonces qui renvoient l'acheteur au détaillant, ce qui, du reste, à ce moment serait bien inutile, puisque le détaillant ne tient pas encore l'article — l'organisation de la vente n'étant pas faite — le propriétaire d'une marque fera des annonces dans lesquelles il offrira, soit des échantillons gratuits, soit l'envoi d'une brochure ou d'un organe privé, et, pour chaque journal à qui il donnera ses annonces, il adoptera une clé spéciale. Voici en quoi consistent ces clés :

Les lecteurs des journaux n'indiquant presque jamais à l'Annonceur, dans leur correspondance, l'organe qui leur a procuré son nom et son adresse, celui-ci choisit certains signes particuliers qui modifient, soit son nom, soit son adresse, selon les journaux utilisés, et il oblige ainsi, sans que celui-ci s'en doute, le lecteur du journal à révéler, par la reproduction qu'il est obligé d'en faire pour adresser sa demande à l'Annonceur, la source de son information.

Les différentes sortes de clés.

Les clés sont de plusieurs natures. Le plus fréquemment, elles sont constituées par une altération de l'orthographe du nom de l'Annonceur ou par l'addition de prénoms toujours différents. Exemple : supposons que la maison Lelièvre et Cie s'apprête à lancer par la publicité une nouvelle marque de biscuits; elle offrira des échantillons, des brochures intéressantes, gratuitement, dans un certain nombre de journaux, dont le choix aura été préalablement fait avec tout le soin convenable et en s'entourant de tous les renseignements nécessaires. Le premier journal qui insérera l'offre de l'échantillon ou de la brochure indiquera comme adresse : *Jules* Lelièvre et Cie ; le second : *Joseph* Lelièvre et Cie ; le troisième ; *André* Lelièvre et Cie ; le quatrième : *Jean* Lelièvre et Cie ; le cinquième : *Albert* Lelièvre et Cie, et ainsi de suite pour tous les journaux. Ce procédé de marque est un des plus faciles à mettre en pratique; il est, le plus souvent, sans risques, car, en général, les lecteurs de journaux dont on sollicite une demande de renseignements ou une commande attachent une importance assez faible au prénom.

Toutefois, ce moyen ne pourra pas être utilisé si, pour une raison quelconque, l'Annonceur a intérêt à se faire désigner très exactement par son nom et son prénom. Il peut y avoir, par exemple, dans la même industrie, un M. Jean Lelièvre qui aura pour concurrent un M. Albert Lelièvre. Dans ce cas, lorsque le prénom ne peut pas être modifié pour chaque journal, et que l'orthographe du nom lui-même ne pourra pas subir de modifications, on adoptera un autre procédé, que voici : à la suite du nom, on marque l'annonce en y faisant figurer le numéro, totalement arbitraire d'ailleurs, d'un bureau, ou, comme le font les Anglais et les Américains, « d'un département », et l'adresse de l'Annonceur figurera ainsi dans ses diverses publicités, suivant les journaux : Albert Lelièvre et Cie, bureau 1, à Paris; Albert Lelièvre et Cie, bureau 2, à Paris; Albert Lelièvre et Cie, bureau 3, à Paris; Albert Lelièvre et Cie, bureau 4, à Paris, etc.

Un autre système de clé peut encore être employé : c'est celui qui consiste à modifier l'adresse même pour chaque journal; la maison Albert Lelièvre et Cie ayant ses bureaux à Paris, rue Lafayette, n° 50, par exemple, elle indiquera dans le premier journal qu'elle aura choisi son adresse exacte. Dans le second, l'adresse sera ainsi figurée : 150, rue Lafayette. Dans le troisième, 5, rue Lafayette. Dans le quatrième, 52, rue Lafayette. Dans le cinquième, 54, rue Lafayette. Dans le sixième, 48, rue Lafayette. Et l'on modifiera le numéro constamment, au fur et à mesure qu'on essaiera un nouveau journal. Ce dernier système présente un léger défaut : c'est que [la [poste peut se refuser à délivrer à M. Albert Lelièvre, 50, rue Lafayette, une lettre qui aura été adressée à M. Albert Lelièvre, 150, rue Lafayette. On obvie à cette difficulté en avertissant le service des postes que toutes les correspondances qui pourraient être confiées à ses soins et adressées à M. Albert Lelièvre, 5, 48, 52, 54, 150, rue Lafayette, doivent être transmises à M. Albert Lelièvre, 50, rue Lafayette.

En province, et particulièrement dans les petites villes, ce danger n'existe pas, l'Annonceur étant toujours connu personnellement de tous les agents des postes et particulièrement de son facteur. C'est pour cette raison que, si l'on habite Paris, on devra préalablement se renseigner sur [le secteur de la rue Lafayette que dessert le même facteur. Ce secteur s'étendant, par exemple, aux numéros pairs seulement, du n° 30 au n° 100, on ne donnera de clé à ses annonces qu'au moyen de numéros choisis entre le n° 30 et le n° 100, et seulement les numéros pairs.

Un quatrième système de clé peut être mis en pratique. Il consiste à réserver dans l'annonce une partie blanche dans

laquelle le lecteur qui fera la demande de l'échantillon ou de la brochure devra indiquer son nom et son adresse et qu'il découpera ensuite. Dans ce cas, le texte même de l'annonce portera une phrase conçue à peu près ainsi : « Pour recevoir gratuitement un échantillon de nos délicieux biscuits Delecta, découper le triangle ci-contre et le retourner à MM. Lelièvre et Cie, 5o, rue Lafayette, à Paris. » Mais, selon que l'annonce paraîtra dans un journal ou dans un autre, on devra faire figurer dans le triangle en question, soit une lettre, soit un numéro qui se référera uniquement à ce journal. Par exemple, dans *Le Petit Journal*, le triangle portera la lettre A ; dans *Le Petit Parisien*, la lettre B ; dans *Le Journal*, la lettre C ; dans *Le Matin*, la lettre [D ; dans *Le Petit Marseillais*, la lettre E ; dans *Le Progrès de Lyon*, la lettre F ; dans *L'Echo du Nord*, la lettre [G ; et ainsi de suite pour tous les autres journaux. Lorsque le courrier quotidien parviendra à la maison Lelièvre et Cie, on fera le tri de tous les triangles ainsi reçus et l'on saura que tous ceux qui porteront la lettre A seront à mettre au crédit du *Petit Journal;* tous ceux qui porteront la lettre B au crédit du *Petit Parisien,* etc.

On peut adopter également la forme carrée ou rectangulaire, ou toute autre forme analogue.

Ce moyen ne présente qu'un défaut, assez léger, d'ailleurs; il oblige le lecteur intéressé par l'annonce à un acte auquel il n'est pas toujours préparé : celui de découper la partie du journal qui porte le triangle, et il peut se faire qu'un lecteur, n'ayant pas sous la main un canif ou une paire de ciseaux au moment où l'annonce tombe sous ses yeux, remette à plus tard le soin d'écrire et... oublie ensuite de le faire. Avec les lecteurs qui utiliseraient pour cette sorte de correspondance la carte postale, la difficulté peut encore provenir d'abord de l'obligation de découper et ensuite de coller le triangle ou le carré sur la carte. Tout le monde n'a pas à sa disposition de la colle et le même embarras pourra, dans ce cas, déterminer la même abstention. En revanche, ce défaut est compensé, et largement, par le fait que les lecteurs ne sont pas obligés d'utiliser une feuille de papier pour écrire : il leur suffira de glisser le triangle ou le rectangle, dans une enveloppe, après l'avoir rempli, de mettre une adresse et de jeter à la poste.

On peut adopter encore un cinquième système de clé lorsqu'on offre un catalogue ou un prix courant. Dans l'annonce, on fera figurer la phrase suivante : « Demandez la brochure gratuite n° 1 à MM. Lelièvre et Cie, à Paris. » Bien entendu, le numéro de la brochure changera avec chaque journal, et il suffira, en procédant à l'expédition de cette brochure, d'y imprimer, du reste, au moyen d'un timbre en caoutchouc, le numéro qu'elle doit porter, pour que le lecteur, en la recevant, ait le sentiment que la brochure qu'il reçoit est bien celle qu'il a demandée, et non pas une brochure omnibus.

Un sixième procédé serait encore applicable. Il n'est qu'une modification de celui que nous avons rapporté plus haut. Malheureusement, il n'est qu'à la portée des gens dont le nom est suffisamment compliqué ou long pour se prêter à des altérations nombreuses. Un Annonceur qui s'appellerait Ortiblanc, par exemple, peut modifier son nom, pour chaque journal qui insère ses annonces, en l'écrivant : Ortiblent, Ortiblenc, Ortiblanq, Ortiblant, Ortiblenq, Ortiblens; puis, Hortiblanc, Hortiblenc, Hortiblanq, etc., etc. Il peut même aller jusqu'à l'orthographier ainsi : Hartiblanc, ou Hertiblanq, ou encore Hurtiblanc. Cette méthode permet quelquefois les combinaisons les plus variées et les plus imprévues, sans que la différence entre les divers aspects du nom propre soient très sensibles, à la lecture ou à la prononciation.

Différents autres systèmes peuvent découler encore de ces cinq procédés primordiaux.

Chaque Annonceur à son gré pourra en rechercher et en adopter un selon ses goûts ou ses commodités.

Par le moyen des clés, on saura toujours, quoi qu'il arrive, quels sont les journaux qui ont déterminé le plus grand nombre de personnes à faire la demande de l'objet offert et quels sont ceux qui n'en auront déterminé aucune, et l'on pourra, par conséquent, établir une sorte de barème de rendement, qui permettra de distinguer les journaux sans portée de ceux qui, au contraire, en ont une. Les prix payés pour ces insertions étant connus, on saura, par conséquent, quels sont les journaux qui, proportionnellement à ces prix, ont donné des résultats satisfaisants, et quels sont ceux qui n'ont produit aucun effet ou qu'un effet insuffisant; on pourra dès lors écarter de ses listes de publicité tous les organes improductifs. Pour que l'expérience soit probante, il conviendra de répéter la même annonce deux ou trois fois, à intervalle espacé dans le même journal, car il peut se faire que la première annonce, pour des raisons et par suite de circonstances insoupçonnables, n'ait pas produit d'effet, alors que la seconde en produira ou, à son défaut, la troisième. Cette

précaution de répéter des annonces à des jours différents de préférence, sera surtout prise pour que le contrôle du rendement
soit absolument mathématique et échappe à toutes les influences
du hasard.

Cela devient alors, en quelque sorte, un contrôle du contrôle.
Il peut arriver qu'une première annonce ait paru le jour où
quelque événement sensationnel a absorbé complètement les
facultés d'assimilation et les sentiments de curiosité et d'intérêt
des lecteurs. Il arrivera encore qu'une annonce, mal placée, mal
imprimée, dans un journal, sera difficilement vue et lue. Le premier essai ne peut donc être considéré comme définitif, et les
décisions qu'on sera amené à prendre alors ne sont pas sans
appel. Admettons qu'on épuise les deux juridictions : appel et
cassation, c'est-à-dire qu'on fera trois insertions. Après cela, un
Annonceur sera fixé et sur la puissance de pénétration des journaux auxquels il aura confié ses annonces, et sur la valeur positive de leur clientèle, au point de vue qui l'intéresse.

LES AGENCES DE PUBLICITÉ

Nous avons certainement quelque chose à envier aux pays
tels que l'Angleterre et les États-Unis, où la publicité a pris son
plus large développement : c'est l'organisation de leurs agences
de publicité.

Rien qu'à Londres, on compte au moins vingt grandes
agences, — sans compter une cinquantaine de moyennes et de
petites, — dont le chiffre d'affaires atteint quelquefois un million
de livres sterling par an, sinon plus. Comparées à ces entreprises, les agences de publicité françaises font tout juste l'effet
des Galeries de Carpentras à côté des Magasins du Louvre.

Ces grandes agences anglaises ou américaines possèdent un
outillage incomparable qui comporte — outre des services de
rédaction, des ateliers de dessin et tous les services de contrôle
et de comptabilité — des ateliers de photogravure et de galva-
noplastie. La collaboration qu'elles apportent par cette organisation aux Annonceurs est des plus effectives, des plus pré-
cieuses. Elles sont, pour le commerçant ou l'industriel qui fait

appel à leur concours, quelque chose comme le cabinet de l'architecte ou de l'avocat pour le propriétaire qui fait construire ou pour l'homme d'affaires qui soutient un procès. Elles le déchargent de tout soin, de tout embarras, et se substituent entièrement à lui dans la direction et dans l'exécution de sa campagne de publicité.

Comment ces organismes se sont-ils créés et ont-ils acquis l'énorme puissance qu'ils possèdent? Peut-être leur vient-elle de la disposition naturelle qu'a le commerçant anglais ou américain pour la publicité, de la foi qui l'anime pour ce merveilleux moyen de propagande et de vulgarisation? Il y a sans doute quelque vérité dans cette hypothèse; mais nous voyons une autre raison à cette expansion des agences anglaises ou américaines : elles n'ont pas été créées, organisées pour servir les journaux près des Annonceurs, mais bien pour servir *les Annonceurs* près des journaux. Leurs fondateurs ont compris que c'était, en somme, du côté de celui qui paie qu'ils avaient intérêt à se ranger, à la condition de lui être réellement utiles, et d'être véritablement le prolongement des services techniques de leurs clients. Aussi, trouve-t-on auprès de ces agences un concours inlassable, une collaboration de tous les instants, et l'on peut affirmer que la plupart des grandes campagnes de publicité qui se sont menées au Royaume-Uni sont l'œuvre presque exclusive de ces agences, dont les chefs, les directeurs, sont de solides praticiens, en même temps que de savants techniciens de la publicité.

En France, l'agence de publicité s'est toujours considérée, plus ou moins, comme le représentant des journaux près de la clientèle; ses services ne sont et n'ont été — à part de très rares exceptions — que le prolongement des services d'exploitation des journaux, si bien que l'agence de publicité française s'est confinée dans le rôle mécanique de marchande de lignes, toujours prête, par conséquent, à les vendre le plus cher possible. Nos agences ont ainsi assumé *une très lourde responsabilité* : celle de l'élévation croissante des prix et des tarifs dans la presse française. En Angleterre, l'agent est, au contraire, un modérateur, *car c'est pour le compte de ses clients qu'il achète des espaces dans les journaux; ce n'est pas pour le compte des journaux qu'il les leur vend.*

Entre ces deux systèmes, il y a un abîme. Le système anglo-américain fonctionne au profit de l'Annonceur, tandis que le système français fonctionne trop souvent contre lui.

Cependant, il faut convenir qu'une tendance se révèle depuis quelques années, en France, pour l'adoption du système qui a fait la prospérité du commerce de la publicité en Angleterre et en Amérique, mais le courant est difficile à remonter, car il se heurte, à chaque pas, *aux organisations préexistantes* qu'il est impossible de déposséder d'une position qu'elles occupent depuis longtemps, et qu'elles ont, du reste, très solidement fortifiée. Ce sont des usages, des mœurs à réformer ; on n'y parviendra qu'avec le temps et surtout grâce à la conscience que les Annonceurs auront su prendre de leurs intérêts. Il faut croire qu'un jour l'Annonceur se lassera d'être mangé, à la sauce traditionnelle que les grands carnassiers de la publicité française ont su lui faire si bénévolement accepter.

Le présent ouvrage, en enseignant à l'Annonceur les conditions indispensables au succès de la publicité, a, précisément, pour objet de le mettre à même de se défendre contre ceux qui ne cherchent qu'à l'exploiter.

Comment choisir un agent de Publicité.

Le choix d'un agent de publicité est donc particulièrement délicat. Nous ne pouvons entrer plus avant dans ce complexe sujet : mais nous engageons simplement les Annonceurs à se guider, dans ce choix, au moyen des quelques clartés que nous venons de jeter sur cette importante question et à tenir compte des indications que nous venons de leur fournir.

Tout ce que nous avons dit des agences de publicité pour les journaux peut également s'appliquer aux agences d'affichage et aux agences de distribution à domicile. Ce qui est vrai pour les uns l'est, malheureusement, aussi pour les autres (1).

1. Inutile d'ajouter que M. D. C. A. Hémet s'est toujours appliqué à mettre en pratique, dans l'agence de Publicité qu'il dirigeait, les principes exposés par lui dans son ouvrage et qui en avaient fait le conseiller aimé et écouté de quelques-uns des annonceurs français les plus intelligents et les plus sérieux.

L'agence Hémet, Jep et Carré, dans laquelle Mme veuve Hémet occupe une place si active, se fait un point d'honneur de maintenir toujours dans ses opérations la saine et loyale ligne de conduite du maître regretté.

Louis ANGÉ.

CHAPITRE IX

Les Contrats de Publicité

o o o

La conclusion d'un contrat, en matière de publicité, quelle qu'elle soit, n'est pas autre chose qu'une *commande* qu'on passe, un *ordre* qu'on donne. La publicité est une marchandise [que l'Annonceur doit chercher à s'assurer au prix le plus bas, comme il le ferait s'il achetait une matière première destinée à son industrie, ou une machine propre à la [transformation de cette matière première.

Il peut donc y avoir des qualités différentes de publicité, de même qu'une matière première peut n'être pas toujours identique, selon son origine et les propriétés qu'elle possède. Il y a du charbon maigre, il y en a du gras, et les deux ne conviennent pas aux mêmes usages. De même, la publicité faite dans un journal déterminé, sur certaines murailles, pourra présenter des qualités différentes suivant la manière dont elle sera employée et mise en œuvre. Nous disons cela pour faire ressortir que le bas prix n'est pas le seul critérium à envisager, lorsqu'on passe un ordre de publicité. La forme ou, si l'on veut, le conditionnement de cette publicité, présentée par tel ou tel, peut en diminuer ou en augmenter la valeur.

L'intermédiaire, le courtier, l'agent de publicité est le plus souvent un simple marchand de telle ou telle sorte de publicité. Il a donc, vis-à-vis de l'acheteur, de l'Annonceur, la situation d'un vendeur, le plus souvent intéressé à vendre le plus cher possible et, surtout, à vendre le plus possible. Voilà pourquoi un point capital pour l'Annonceur est de savoir choisir, parmi les professionnels de la publicité dont le concours lui est nécessaire, ceux qui offrent toutes les garanties d'honorabilité et de compétence.

Ce qui est hors de doute, c'est que, contrairement à une opinion trop répandue, la publicité n'est pas une marchandise qu'on doit acheter par grandes quantités, *tant qu'on n'est pas absolument fixé* sur la quantité qu'on en pourra utiliser. C'est le cas de tout Annonceur qui commence, qui met sur pied une affaire, qui lance un produit. Sait-il si la campagne qu'il entreprend le mènera à la ruine ou à la fortune ? Il s'exposera, néanmoins, aux plus âpres difficultés s'il s'aventure, à l'aveuglette, pour une économie de quelques francs, à prendre des engagements, à souscrire des contrats à longs termes. De pareils contrats ne sont bons que pour l'Annonceur expérimenté qui connaît ses ressources, qui sait utiliser la publicité comme un bon artisan sait se servir de ses outils. Mais un Annonceur qui commence est un peu — réserve faite des indications et des conseils que ces pages lui apportent — comme un homme entre les mains de qui on mettrait un violon et qui n'aurait jamais tenu un archet de sa vie. Le voyez-vous acheter un Stradivarius de 20.000 francs ?

Il ne faut pas perdre de vue que la publicité se crée d'elle-même au fur et à mesure des besoins ; il n'y a pas de raison d'acheter une marchandise qui n'existe pas encore, à moins de savoir quel usage précis on en fera. Alors, on pourra toujours exiger du vendeur la livraison à la date fixée, tandis que, dans le cas contraire, il pourrait se faire que ce soit le vendeur qui somme l'acheteur de consommer une publicité dont celui-ci n'aura cependant plus besoin ou dont il aura reconnu l'inutilité. Un écart de prix, même important, ne doit pas modifier les déterminations d'un Annonceur qui débute. Sa règle de conduite sera toujours de conserver les mains libres.

C'est d'autant plus nécessaire que la publicité exige, pour être productive, une grande variété de moyens, une action constamment changeante et toujours renouvelée. Or, comment pourrait-on changer, renouveler sa publicité, si quelque contrat, plus ou moins avantageux, vous contraint à l'immuabilité ?

On s'évitera donc de graves soucis en n'achetant que la quantité de publicité susceptible d'être consommée dans le délai le plus court, tout en s'assurant au besoin des facultés d'achat pour des quantités plus importantes.

Reste maintenant à connaître la forme dans laquelle les contrats de publicité doivent être établis pour sauvegarder toujours les intérêts de l'Annonceur.

Publicité dans les journaux.

On peut considérer que la pratique de la publicité dans les journaux présente quatre conditions principales :

1° La place qu'elle doit occuper dans le journal; ce qu'on appelle la position;

2° L'espace qu'elle doit avoir dans le journal ;

3° Le nombre de fois qu'elle doit paraître ;

4° Le prix auquel on la paiera.

Un contrat de publicité dans un ou plusieurs journaux sera judicieusement libellé, s'il l'est à peu près de la façon suivante :

Bon à insérer mon texte (cliché, ou à composer) de x lignes de x points, en annonces (ou en réclame, ou en faits divers, ou en chronique, ou en entrefilets, ou dans telle page), x fois aux dates suivantes : . . . . .

Le prix des insertions est de x francs la ligne, payable au comptant (ou à fin de mois), ou à telle autre date d'échéance qu'il conviendra de fixer, après justification des insertions.

Mais souvent des stipulations particulières devront s'ajouter à ces stipulations générales. Si l'on a obtenu une position déterminée à l'intérieur de la page dans laquelle une annonce doit paraître, on devra indiquer exactement cette position par la formule suivante :

Mon annonce devra paraître à la sixième page, en tête de l'une des colonnes d'annonce, — ou bien :

Mon cliché devra être inséré en troisième page, et dans l'une des trois premières colonnes de cette page.

D'autres considérations peuvent surgir qui exigent d'autres stipulations particulières. Une annonce pour une marque de bicyclettes ne devra pas figurer, par exemple, à côté de l'annonce d'une autre marque de bicyclettes, ces deux insertions devant, dans ce cas, se contrarier l'une l'autre. On ajoutera donc encore :

Il est bien entendu que mon annonce ne devra pas paraître le même jour qu'une annonce pour un produit similaire et les dates des insertions fixées plus haut pourront être avancées ou reculées d'un jour pour satisfaire à cette condition.

Il arrivera qu'un Annonceur traitera en même temps, c'est à-dire avec le même intermédiaire, agent ou courtier, pour plusieurs journaux. L'organisation du contrôle du rendement ne

pouvant être effective que si chaque journal est considéré isolément eu égard au prix qu'il coûte et aux résultats qu'il procure,
on ne devra jamais, dans un contrat de publicité, admettre
qu'une série de journaux soit traitée globalement. Exemple :
s'il s'agit d'une liste comportant quatre journaux dont le prix
global est de 20 francs la ligne, le contrat devra porter le prix de
chaque journal, et non pas le prix global de 20 francs. Le groupage des journaux permet, en effet, généralement, à certains
agents de publicité, de glisser à côté d'organes d'une valeur
incontestable des journaux d'importance secondaire et de dissimuler les écarts de valeur qui existent entre chacun de ces journaux, par le groupage des prix. L'intérêt des agents de publicité
en général n'est pas, précisément, de permettre à l'Annonceur
de se rendre compte de la valeur propre de chaque publication
pour laquelle il traite : leur intérêt est, au contraire, de la masquer. Il n'est pas, en effet, d'ennemi plus direct de l'Annonceur
que le journal et, par extension, que les intermédiaires au service de ce journal. Le devoir des Annonceurs est donc de se
défendre par des stipulations catégoriques contre les risques
d'insuccès qu'on leur ferait courir en sacrifiant sciemment leurs
intérêts à ceux du journal ou des intermédiaires.

Voici encore un point important : un contrat de publicité ne
doit jamais être signé sur un imprimé à formule. L'Annonceur a
intérêt à établir son bon d'insertion sur du papier à lettre à son
en-tête, afin d'en avoir ensuite une copie, car la formule tout imprimée dissimule souvent des clauses draconiennes pour l'Annonceur ou trop libérales pour le journal ou l'agent de publicité.

Enfin, on se méfiera comme de la peste des contrats, même
synallagmatiques, imprimés ou manuscrits, établis sur papier
timbré. Bien souvent ces contrats cachent des pièges pour
l'Annonceur, et étant donné leur caractère strictement obli-
gatoire, il ne lui est plus permis de s'en dégager, une fois qu'il a
signé lui-même sa propre condamnation. On devra, dans tous
les cas, les lire et les relire avec soin, et les soumettre au préa-
lable à une personne compétente en matière juridique.

En fait, certains agents se contentent de recevoir des ordres
verbaux. Il est, certainement, toujours préférable d'écrire ses
ordres de publicité. Tout dépend du degré de confiance mutuelle
qui règne entre les deux contractants, mais un ordre écrit est le
meilleur moyen d'éviter les difficultés.

Publicité par affichage.

Les considérations générales que nous venons d'exposer se réfèrent aussi bien à l'affichage qu'à la publicité dans les journaux.

Ici encore le contrat doit être établi, non pas sur un imprimé tout préparé, mais sur le papier à lettre même de l'Annonceur, et écrit de sa propre main ou sur ses instructions.

Voici une bonne formule de contrat d'affichage :

Je vous fais remettre, en même temps que la présente, x exemplaires de mon affiche (indiquer le titre de l'affiche), du format de 120 centimètres de large sur 160 de hauteur, que veuillez faire apposer dans les deux jours qui suivent la date du présent ordre, pour une durée de quinze jours, aux emplacements ci-après désignés :

(Liste des emplacements, indication de la rue et du numéro de la rue où se trouve l'emplacement.)

Le prix de cet affichage sera calculé à raison de x francs par affiche pour la période de quinze jours prévue plus haut. La justification de cet affichage me sera fournie au moyen de certificats légalisés par le maire de la commune ou par le commissaire de police.

(Stipuler les conditions de paiement.)

Mais encore, dans ce traité, des stipulations particulières peuvent être insérées. C'est ainsi qu'on pourra spécifier que l'affiche ne devra pas être posée à moins d'un mètre et à plus de deux mètres du sol, car une affiche placée trop bas ou trop haut ne sera pas vue, et, par conséquent, pas lue.

On stipulera encore que l'entrepreneur d'affichage se chargera, sans augmentation de prix, de remplacer les affiches lacérées ou détériorées pendant le temps spécifié pour l'affichage, et on lui remettra pour cela un certain nombre d'affiches de remplacement.

Nous recommandons de ne remettre aux afficheurs que des affiches timbrées à l'extraordinaire et non pas au moyen de timbres mobiles, de manière à ne pas leur laisser le soin de l'apposition du timbre. On comprendra certainement la raison de cette précaution, sans que nous nous y étendions davantage.

La pose des panneaux en lave émaillée, en tôle ou sur verre, se réglera d'une manière un peu différente, car, généralement, cette sorte d'affichage se traite pour des périodes assez longues : six mois, un an, trois ans même. Mieux vaut ne traiter que pour un an, mais les Annonceurs seront souvent obligés de souscrire un affichage de ce genre pour un laps de temps plus long, en raison d'abord des frais initiaux qui résultent de la création et de la mise en place de cette sorte d'affiches.

Néanmoins, les emplacements seront toujours très exactement indiqués, qu'il s'agisse de chalets de nécessité, de kiosques à journaux, d'urinoirs ou d'emplacements sur murs. Les frais de timbre seront également fixés avec précision, car, dans ce cas, il n'est généralement pas possible que l'Annonceur se charge lui-même de cette formalité. Exception faite, bien entendu, pour les panneaux qui sont exonérés du droit de timbre lorsqu'ils sont apposés sur les devantures ou soubassements des magasins de détail qui tiennent l'article.

Les contrats d'affichage dans les gares de chemins de fer, stations d'autobus ou de bateaux, lieux publics, etc., seront établis dans la même forme. Cette forme pourra être la suivante :

Veuillez faire poser, en conservation, pendant une année, sur les cinquante chalets de nécessité (ou sur les vitres des cent kiosques), dont les emplacements sont fixés par la nomenclature annexée au présent, mon tableau (ou affiche) de x centimètres de hauteur sur x centimètres de large, revêtu, conformément à la loi, d'un timbre de x francs.

Tout tableau détérioré devra être remplacé dans la huitaine au plus, à vos frais.

Vous vous chargez de la confection desdits tableaux, suivant un modèle approuvé par moi et dont maquette vous est remise ce jour. (Ou bien : Je vous remets le nombre de tableaux (ou d'affiches) nécessaire pour l'exécution de cette commande, plus x exemplaires pour pourvoir aux remplacements.)

Cette publicité sera faite moyennant le prix de x francs par tableau (ou par affiche), par an, que je paierai par trimestre (ou par semestre ou par annuité) échu. Les droits de timbre ne sont pas (ou sont) compris dans le prix de cet affichage.

Là encore, certaines stipulations pourront s'ajouter aux conditions du traité. On indiquera que, s'il s'agit de tableaux en tôle ou en lave émaillée, à poser sur des chalets ou de petits édifices érigés sur la voie publique, ils seront placés sur la face de l'édicule regardant le trottoir. S'il s'agit d'un affichage à la fois diurne et nocturne, on spécifiera l'heure jusqu'à laquelle les édifices (kiosques à journaux, par exemple) devront être éclairés.

Enfin, si la pose a lieu sur ou dans des voitures publiques, on fixera sur quelle partie de la voiture les affiches seront placées, soit sur la porte d'entrée des tramways, soit sur les vitres du fond d'un autobus, etc.

D'autres stipulations peuvent encore être faites que nous ne pouvons pas prévoir ici, car elles dépendent des circonstances, de l'époque et de la position dans lesquelles l'affichage est commandé. Tout ce que nous voulons mettre en lumière, c'est que toutes ces clauses doivent être écrites, certains intermédiaires et agents ne se faisant aucun scrupule, pour enlever une affaire, de faire toutes sortes de promesses avec le ferme propos de ne pas les tenir, s'ils les ont faites verbalement.

Les conditions à fixer pour l'affichage volant, c'est-à-dire en pose simple, ne peuvent trouver utilement place ici, cette forme d'affichage ne comportant aucune garantie sérieuse de la part de l'Agence d'affichage. Ici il n'y a qu'à prendre les précautions qu'on peut pour assurer la correction et l'exactitude de cet affichage, au point de vue des emplacements, de la condition de pose des affiches, etc.

Publicité par imprimés : prospectus, brochures, etc.

Tout ce qui concerne le travail de rédaction et d'impression d'un prospectus ayant été réglé et surveillé par l'Annonceur lui-même, celui-ci aura alors à traiter avec les entreprises qui se chargent, à des conditions généralement économiques, de la mise sous bande ou sous enveloppe. Les imprimés destinés à la distribution devront être livrés, non pas par l'imprimeur qui les aura tirés, mais par l'Annonceur lui-même au siège de l'entreprise en question, après qu'ils auront été préalablement comptés avec soin.

On laisse ordinairement le soin de la mise à la poste à l'entreprise qui a été chargée de la mise sous bande ou sous enveloppe, sauf, bien entendu, justification de cette mise à la poste. C'est le procédé le plus simple, mais ce n'est pas le procédé le plus sûr, et nous préférons conseiller aux Annonceurs d'assurer eux-mêmes cette mise à la poste : ils y trouveront certainement plus de garanties.

Sous les quelques réserves que nous avons déjà indiquées plus haut pour les traités de publicité dans les journaux ou par affiches, la forme de contrat pour la distribution d'imprimés peut être la suivante :

Je vous fais remettre, en même temps que la présente, x exemplaires d'un imprimé du format de vingt-deux centimètres $\times$ douze centimètres, pesant x grammes l'exemplaire, que veuillez mettre sous bande (ou sous enveloppe).

Ces imprimés devront être adressés et distribués aux adresses suivantes (indiquer ici, avec leur nombre, les professions auxquelles doit être distribuée la brochure ou l'imprimé, à moins qu'on n'ait fourni soi-même une liste d'adresses).

Le prix de ce travail sera de x francs par mille et comprend la confection des adresses, le pliage, la mise sous bandes (ou sous enveloppes, ou sous chemises). Lesdits imprimés seront distribués par la poste et affranchis à x centimes par exemplaire.

Vous devrez me fournir justification au moyen d'un récépissé de l'Administration des Postes qui devra porter le nombre d'exemplaires expédiés, le prix de l'affranchissement perçu et la date de départ.

(Stipuler ici les conditions de paiement.)

Les entreprises de distribution qui établissent les adresses manuscrites ne possèdent pas toujours, pour la constitution de leurs listes d'adresses, des documents récents absolument exacts, de sorte qu'il arrive que des suscriptions soient établies pour des destinataires inconnus, décédés, partis sans laisser d'adresse, etc... On devra donc stipuler, en outre, que les retours des imprimés confiés à la poste et que celle-ci n'aura pu distribuer pour l'une des raisons ci-dessus, ne doivent pas dépasser x exemplaires par mille ; on donnera toute sa valeur à cette stipulation en fixant un prix de remboursement élevé (le double ou le triple de l'affranchissement) pour les retours qui dépasseraient en nombre le tantième prévu par le contrat.

Dans d'autres circonstances, on fera distribuer les brochures ou les imprimés par les soins d'entreprises privées qui se substituent dans ce cas à la poste, et se chargent de la remise à domicile. Ce mode de distribution a le grand défaut de ne comporter aucun contrôle et aucune sanction; c'est par le choix de l'entreprise qu'on acquerra la conviction, sinon la certitude, que la distribution a bien été faite pour la quantité et dans les conditions convenues.

Il serait puéril de s'imaginer que la distribution par la poste ne présente aucun aléa, car certaines personnes ont gardé le souvenir, par exemple, d'un ballot d'imprimés — de brochures distribuées par une spécialité pharmaceutique — qui, par hasard sans doute, est tombé d'un wagon-poste au moment où le train franchissait un pont jeté sur une rivière assez importante, et si malheureusement qu'il s'en est fallu d'un mètre peut-être pour que le ballot tombât à l'eau. Ce n'était évidemment qu'un accident, mais du moment que des accidents de cette nature peuvent se produire...

On peut aussi traiter avec des entreprises privées pour la distribution d'échantillons à domicile; il est possible d'y employer aussi la poste. La forme des contrats, pour ces opérations, est la même que celle adoptée pour la distribution des imprimés; il n'y a que le volume de l'objet qui diffère, avec quelques complications qui sont uniquement relatives à l'emballage des échantillons.

CHAPITRE X

La Publicité

dans ses

Rapports avec la Comptabilité

o o o

Les méthodes employées par les Annonceurs pour *comptabiliser* leurs dépenses de publicité sont essentiellement variables.

Tantôt ces dépenses sont susceptibles d'amortissement, et tantôt elles n'en comportent pas.

Toute la publicité de la première période (suggestive et directe), par le fait même que ses résultats doivent être immédiats, s'amortit dans un temps très court, par les recettes et les bénéfices qui en découlent. Ce temps ne dépasse pas en durée un ou deux mois, au maximum. De sorte qu'on peut, dans le même exercice, engager plusieurs fois des dépenses de publicité sans qu'il en reste, l'exercice terminé, un solde débiteur quelconque à l'égard de la caisse. L'Annonceur, à moins que sa publicité ne soit de mauvaise qualité, mal distribuée, ou que l'article qu'il offre ne se vende pas dans la mesure de ses prévisions, doit récupérer ses débours dans quelques semaines. Nous pouvons affirmer même que, s'il ne les avait pas récupérés dans ce délai, il deviendrait inutile d'en faire état dans sa comptabilité, comme d'une somme susceptible de rentrer un jour. Le compte « Profits et Pertes » est seul indiqué pour la passation des écritures relatives à cette publicité avortée.

Mais, lorsque la publicité entreprise affecte la forme obsédante et indirecte et que, par conséquent, son résultat est différé, il devient nécessaire d'envisager les dépenses de publicité d'une tout autre manière. Nous ne nous occuperons ici que d'une affaire qui se lance et non pas d'une affaire déjà lancée.

Il importe alors de prévoir le temps pendant lequel le lancement ne comportera que des dépenses sans que les recettes et les bénéfices parviennent à les balancer. On peut poser en règle générale, et d'une manière simplement approximative, que ce temps sera de cinq ans. Que sont alors les dépenses de publicité? Cette question a été résolue de plusieurs manières : la seule qui semble logique, rationnelle, est celle qui admet que la publicité, dans ce cas, n'est pas autre chose que *du capital transformé*.

En effet, ces dépenses ne sont pas des « frais généraux » puisque les « frais généraux » ne doivent grever que des comptes bénéficiaires. Les « frais généraux » ne sont, en comptabilité, qu'une sorte de pourcentage prélevé sur les profits. Ces dépenses ne peuvent pas non plus être considérées comme des « frais de premier établissement », au même titre que, par exemple, la construction d'une usine, l'installation de bureaux ou l'achat de matériel — choses continuant toujours d'exister — alors que la publicité une fois faite n'existe plus matériellement, et qu'elle comporte toujours un aléa qui dépend de sa qualité, de sa réussite, de l'action forte ou faible qu'elle a eue.

En supposant une industrie parvenue à sa troisième année d'exploitation, temps suffisant pour que le lancement de la marque ou de l'article ait atteint le palier où les recettes balancent les dépenses annuelles, et que cette industrie ait alors épuisé son capital, toute la publicité faite à ce moment n'en constitue pas moins une part de son actif, part équivalente aux dépenses faites, et, en admettant qu'une nouvelle société se crée alors pour continuer l'affaire et rachète à la première son organisation, ses machines, son matériel, ses bâtiments, elle devra, pour être logique, racheter également — on peut même dire *rembourser* — la publicité faite; car, si cette publicité n'avait pas été faite, cette seconde société serait dans l'obligation d'effectuer, pendant les trois premières années de son exploitation, les mêmes dépenses, pour arriver au point où se trouve l'affaire lorsqu'elle la reprend. Selon la qualité, la puissance, la durée de la publicité acquise, le *capital transformé* qui a servi à payer cette publicité représentera sa valeur exacte ou sa valeur dépréciée, mais il constituera toujours une partie de l'actif de la société défaillante.

Par conséquent, pendant tout le temps où la marche ascendante de l'entreprise n'a pas couvert annuellement les dépenses de publicité de toute sorte, c'est au compte « capital » que l'on portera les frais de publicité engagés. Cette période, pour donner une indication purement approximative, peut durer trois, quatre ou cinq ans. La première année, les ventes seront peu importantes, elles grossiront la seconde année, puis la troisième, puis la quatrième, puis peut-être encore la cinquième année sera-t-elle nécessaire; et, dès ce moment, il arrivera que cent mille francs de publicité, cinquante mille francs de frais [de fabrication, cinquante mille francs de frais généraux et vingt mille francs d'amortissement des frais de premier établissement seront compensés, par exemple, par deux cent vingt mille francs de bénéfices bruts.

A partir de ce moment, la publicité commençant à donner des résultats positifs et l'affaire entrant dans la période des profits, la publicité cesse d'être du *capital transformé* pour s'ajouter, au contraire, aux « frais généraux ».

M. F. Grumler, professeur de sciences commerciales et directeur de l'École Supérieure Pratique de Commerce et d'Industrie de Mulhouse, avec qui nous avons eu l'occasion de discuter cette question, a formulé son opinion dans les termes suivants :

« Pour commencer, je me déclare parfaitement d'accord avec la distinction que fait l'auteur entre « publicité frais généraux » et « publicité frais d'établissement », et si cette idée n'a jamais été franchement exprimée, elle a sûrement végété dans beaucoup de cerveaux comptables. Tant mieux si elle se fait jour.

« Cependant, [une petite restriction.] M. Hémet est tenté de qualifier de « publicité frais d'établissement », non seulement la publicité faite au début « pour lancer le produit », mais même une publicité faite une fois la marque bien connue, pourvu qu'il s'agisse d'une année de publicité extraordinaire. Là il s'agit de s'entendre : si cette publicité doit faire connaître « une amélioration » du produit en question, nous sommes d'accord; ce ne sera pas de la « publicité frais généraux », mais bien de la « publicité frais d'établissement », ou quel que soit le nom que l'on voudra lui donner. Car il s'agit ici de faire connaître un produit amélioré, inconnu du public, c'est-à-dire, en somme, un produit nouveau. Autrement dit, ces frais devront être supportés par plusieurs exercices, c'est-à-dire, ils devront être amortis ; car les effets n'en seront pas immédiats et il serait injuste de faire supporter ces dépenses par le seul exercice dans le courant duquel elles auront été faites.

« Si, au contraire, il s'agit — toujours « après » la période de lancement — tout simplement d'un coup de grosse caisse donné une année plus vigoureusement que les années précédentes, dans le but d'attirer l'attention d'une partie récalcitrante du public pour le faire accourir vers un produit excellent et déjà universellement apprécié, ce sera, à mon avis, de la « publicité frais généraux », même si la somme dépensée devait être relativement considérable. Car de deux choses l'une : ou bien le tour a réussi et alors l'effet de ce supplément exceptionnel de réclame sera immédiat ; les ventes et partant les bénéfices seront immédiatement supérieurs : le coup de grosse caisse devra être payé sur ces bénéfices et exclusivement sur eux. Ou bien l'essai a manqué, et alors l'argent ainsi dépensé est de l'argent perdu à jamais et il serait inutile de répartir cette perte sur plusieurs exercices. Cette publicité ne sera plus un capital, mais une perte sèche. Il faut donc la porter à frais généraux, dont le solde, en fin d'exercice, sera viré au débit de Pertes et Profits. »

Sur ce point, nous sommes absolument d'accord avec M. Grumler, et c'est par une erreur d'interprétation dont nous sommes sans doute la cause involontaire, qu'il a pu comprendre autrement notre argumentation.

Nous avions pris comme exemple-type le cas d'une entreprise créée pour le lancement d'une marque de cirage, et disposant d'un capital initial de 500.000 francs, dont 100.000 francs étaient absorbés, dès le début, par la construction de l'usine, l'achat du matériel, et les frais de premier établissement. Restaient 400.000 francs dont 300.000 étaient consacrés à la publicité, et cela ainsi qu'il suit : 75.000 francs, la première année ; 75.000, la seconde année ; 60.000, la troisième année ; 50.000, la quatrième année et 40.000 la cinquième année.

Nous admettions que l'affaire devrait faire ces sacrifices régulièrement, pour atteindre l'époque où elle commencerait à réaliser des bénéfices.

M. Grumler a défini la situation de la manière suivante :

« 1° Les premiers bilans s'entendent sans amortissement aucun. — Par conséquent, à la fin de la première année, nous verrons figurer à l'actif du bilan les frais de premier établissement pour 100.000 francs, la publicité d'établissement pour 75.000 francs; ce sont des « existences » qui, ajoutées aux autres (matière première, matière première en transformation, stock de produits fabriqués, espèces en caisse et en banque, portefeuille) et aux comptes débiteurs des clients, formeront la contrepartie du passif (capital, effets à payer, créanciers divers).

2° Dès qu'un amortissement est possible, que ce soit pendant la période du début ou seulement après cette période, j'entends que cet amortissement soit pratiqué autant sur les frais de publicité que sur les dépenses faites pour l'acquisition de l'usine. Pourquoi, en effet, faire une distinction entre ces deux catégories de frais, puisque les deux ne sont, après tout, que des divisions d'un même chapitre : celui des frais d'établissement? On amortira aussi vite que possible; et après amortissement complet, les 300.000 francs dépensés pour lancer le produit seront totalement remboursés par les bénéfices sur les ventes de ce même produit. Ils porteront, dès lors, intérêt gratuitement, tout comme un mobilier amorti peut souvent encore servir, tout en ne figurant plus à l'actif du bilan : ses services sont devenus gratuits. Quant aux frais courants de publicité, ils serviront à entretenir l'effet des premiers 300.000 francs et passeront donc annuellement aux frais généraux. »

Il découle de ce principe que, ainsi que nous le disions au début de ce chapitre, les frais de publicité destinés à « établir » la marque d'un produit sont des « frais d'établissement » comme les autres. Ce sont, en d'autres termes, des « existences » et non de l'argent dépensé une fois pour toutes et ne pouvant être récupéré d'aucune manière. C'est donc bien du *capital transformé*.

Cette théorie comptable n'est jamais applicable, nous le répétons, aux affaires qui s'appuient sur la publicité suggestive et directe, telles que toutes les entreprises de vente par correspondance, ces affaires devant couvrir tous les frais afférant à un lancement par la publicité dans un espace de temps qui ne peut dépasser deux mois.

Il peut encore se faire qu'une entreprise parvenue à la stabilité parfaite et couvrant par conséquent ses frais de publicité avec une partie de ses bénéfices, éprouve le besoin de lancer une nouvelle marque, afin d'étendre son champ d'action. Dans ce cas, le nouveau lancement et toutes les dépenses qu'il comporte devront faire l'objet de comptes absolument spéciaux, sans qu'il y ait aucun contact entre la comptabilité de la première marque, assise celle-là, et la comptabilité de la seconde, qui en est encore à la période d'incubation.

Nous avons cru utile de donner ici ces rapides indications sur la comptabilité de la publicité. Beaucoup d'Annonceurs entrant dans la carrière éprouvent, en effet, des difficultés pour établir le plan de leur comptabilité; et les comptables, pour une part tout au moins, étant peu familiarisés avec les opérations de caisse et d'écritures auxquelles la publicité donne lieu, il arriverait que, le point de départ des livres comptables étant faussé, toute la suite des opérations serait entachée d'inexactitude.

Ce principe de comptabilité s'applique à toutes les affaires pour lesquelles on pratique la publicité sous sa forme obsédante et indirecte. Les prévisions que nous avons indiquées peuvent être, bien entendu, au point de vue du temps, plus favorables que nous ne le faisons espérer. C'est que nous estimons qu'en ces matières, il vaut mieux tabler sur les conditions les moins avantageuses : la surprise n'en sera que plus agréable, si le succès se dessine dans un temps plus court.

LIVRE IV

◇

Applications
à diverses Affaires

◇ ◇ ◇

CHAPITRE XI

LA PUBLICITÉ DU COMMERCE DE DÉTAIL

S'épanouissant sur toute la superficie du territoire d'un pays, la publicité du commerce de détail est un des appoints les plus importants que puissent trouver les journaux, les entreprises d'affichage et les agences de distribution pour prospérer et se développer en développant leurs affaires. La somme que représente la publicité des détaillants en France est considérable. Elle est faite d'apports infinitésimaux, mais la quantité d'annonces, d'affiches, de prospectus et d'imprimés de toute sorte que le commerce de détail consomme, fait de cètte catégorie d'Annonceurs une des ressources les plus productives de la publicité, quelle que soit sa forme. Si les journaux de province, notamment, n'avaient pas la publicité des détaillants, ils risqueraient de mourir d'inanition.

C'est le genre d'affaire qui peut le mieux recourir à l'emploi de tous les procédés de publicité. Aucun de ceux que l'on connaît ne lui est interdit, aucun ne lui est indifférent. Le détaillant peut faire, dans le rayon que les circonstances lui assignent, toutes les sortes de publicité.

Le détaillant pourra pratiquer la publicité des journaux de sa ville, l'affichage et la distribution d'imprimés à domicile, car, par ces divers modes, il sait qu'il touche la clientèle dont il attend le succès.

Tout d'abord, il convient de mettre au premier rang des préoccupations du détaillant deux procédés de publicité qui n'ont rien à voir avec la publicité imprimée, mais qui ont une action très forte sur le public, sur la clientèle de sa ville que le détaillant recherche : c'est l'enseigne et, ensuite, l'étalage.

La valeur de l'enseigne.

L'enseigne est, pour un détaillant, la publicité initiale, la première des publicités. C'est la publicité de fondation, celle qui s'établit avant toute autre. Quand nous disons enseigne, nous ne voulons pas dire simplement le nom du marchand inscrit, en lettres plus ou moins dorées, au-dessus de son magasin ; nous voulons dire, au contraire, le signe, le point lumineux qui sera le point de ralliement des acheteurs. C'est, par conséquent, l'enseigne débordante, celle qu'on peut voir de loin et qui signale, qui rappelle constamment le magasin.

L'enseigne exige que, par une forme spéciale, par une disposition originale, par un signe particulier, le magasin se distingue de tout ce qui l'entoure. Il faut qu'on puisse dire en ville : je vais « Aux Ciseaux d'argent » acheter des chemises ; je vole à « La Redingote grise » prendre mesure d'un complet.

Il faut que tout magasin de détail qui cherche dans la publicité un moyen de faire fructifier ses affaires, ait une enseigne originale, quelque chose comme une marque qui le différencie des autres commerçants de la même ville vendant les mêmes articles.

Ce signe, cette marque, doit être visible de jour, d'aussi loin qu'il est possible. Elle doit être aussi visible de nuit, *lorsque le commerce exercé comporte des achats nocturnes*. Et, encore, il n'est pas certain qu'une enseigne ne doive pas aussi bien se voir la nuit que le jour, même si l'objet du commerce pratiqué est seulement diurne : il y a toujours les clients du lendemain à considérer.

La fantaisie la plus grande est permise dans le choix de cette enseigne. Il suffit qu'elle ne ressemble, dans la ville, à aucune autre. Et l'on peut même assurer que, de son originalité, dépend sa visibilité et surtout sa compréhension par le public. L'arbitraire le plus complet peut présider au choix d'une enseigne; c'est souvent un élément de succès de plus.

Nous admettrions parfaitement un café qui prendrait pour enseigne : « A d'Artagnan ». Un bottier pourra choisir « La Cloche », un chemisier « L'Étoile », un marchand de parapluies « Le Cavalier »; ces appellations n'ont aucun rapport avec le commerce exercé par ces diverses personnes, mais cela ne fait rien : il suffit que ces enseignes, convenablement mises en valeur, soient *constamment visibles*; le rapport entre la cloche et les bottines, par exemple, s'établira, dans l'esprit du public, tout naturellement, par le phénomène de l'obsession, de la vision continuelle.

Pour qu'une enseigne soit visible, [il est nécessaire que, par des installations, des combinaisons de couleur et de lumière, le détaillant sache la rendre bien apparente.

Une bonne enseigne devra donc être visible de très loin le jour, et l'être également la nuit. Nous en arrivons ainsi à l'enseigne lumineuse.

Dans les conditions où se trouve le commerce de détail de nos jours, à moins de vouloir, dans un souci de tranquillité et de paix qui ressemblerait beaucoup à la léthargie, se terrer, demeurer dans un coin, et ne chercher jamais le mieux, c'est-à-dire l'accroissement de ses affaires, un détaillant qui veut aller de l'avant ne doit pas hésiter à utiliser l'enseigne lumineuse. C'est une nécessité, surtout si son magasin est situé dans une voie passante. C'est peut-être une nécessité encore plus grande si son magasin est installé dans une rue, dans une partie de la ville où, justement, il ne passe que peu de monde. Son enseigne, se voyant de loin, compensera, précisément, l'absence d'une situation plus favorable.

La valeur de l'étalage.

Indépendamment de l'enseigne, le commerçant de détail doit se soucier de son étalage. C'est presque toujours sur la foi de l'étalage que les acheteurs se décident. Et, l'étalage, c'est encore et toujours de la publicité.

L'étalage doit être captivant, impressionnant; il doit faire supposer au passant qui le regarde, sans aucune envie d'acheter parfois, que la maison est capable de fournir bien et à bon marché, et qu'elle possède un grand choix d'articles.

Le passant, en face d'un étalage, n'est pas toujours un acheteur au moment où il s'arrête devant une exposition de lingerie, de parapluies, de cravates, de chaussures ou de vêtements. Mais il peut le devenir et il le deviendra d'autant mieux qu'il aura vu, dans tel magasin, par l'étalage, que la maison semble bien assortie, qu'elle pratique des prix raisonnables. Il restera dans son esprit, une impression favorable qui le conduira, à l'occasion d'un achat quelconque, vers ce magasin où, sans y penser, il aura remarqué des articles nouveaux, intéressants, étiquetés à des prix bas, ou un grand assortiment.

Aussi, non seulement les marchandises doivent être disposées dans les vitrines avec goût, avec élégance et avec art, mais encore, les prix des articles devront être marqués *très visiblement* en chiffres connus.

On ne doit pas hésiter non plus à changer souvent un étalage. Il faut que, dans le temps le plus court, tous les articles mis en rayon voient le jour à la devanture. Certains détaillants n'exposent qu'une faible partie des articles qu'il possèdent en stock et n'en placent à l'étalage que quelques-uns seulement, ceux qu'ils supposent devoir plus spécialement intéresser les acheteurs et les consommateurs. Ils ont tort. Toute marchandise est bonne à vendre, et le détaillant n'est pas toujours apte à juger si tel article exercera une attraction plus vive que tel autre. Toutes les marchandises mises en rayon ont des acheteurs latents; mais encore faut-il faire savoir à ces derniers qu'ils peuvent les trouver dans le magasin.

En faisant défiler dans l'étalage l'ensemble des articles des divers rayons, un détaillant évitera, certainement, l'accumulation toujours désagréable des « rossignols » dans ses réserves et ses assortiments. Étiquetez, *exposez* tout ce que vous avez à vendre, c'est le meilleur moyen de faire connaître que vous en êtes munis et que vous en possédez un bon choix. Cette observation s'applique à tous les commerces de détail, depuis le grand magasin de nouveautés jusqu'au plus petit épicier.

La publicité spéciale constituée par l'enseigne et par l'étalage ainsi définie, il nous reste à traiter de la publicité proprement dite, de celle qui s'imprime dans les journaux, sur les affiches, dans les brochures et les catalogues.

Rien de commun, du reste, entre la publicité du détaillant et celle du propriétaire de marque. Cependant, la forme de la publicité pour le commerce de détail peut aussi bien être obsédante que suggestive, mais elle présente cette particularité qu'elle est toujours directe. Nous entendons par là qu'en dehors des époques où, pour des raisons généralement saisonnières, le détaillant pratique la publicité sous sa forme suggestive et en escompte un rendement immédiat, il lui est loisible de faire des placements *permanents* d'annonces et d'avoir, dans sa localité et ses environs, des panneaux *fixes*. Mais toutes ces publicités concourent au même résultat : attirer DIRECTEMENT la clientèle à ses magasins.

Publicité méthodique.

Certains « grands magasins » des États-Unis, ou, comme on dit là-bas, des « stores », pratiquent, pour pousser la vente de leurs marchandises, une publicité que nous ne sommes pas près de connaître en France. On cite d'importants magasins de nouveautés qui occupent tous les jours plusieurs pages dans tous les quotidiens de leur ville, sinon toute l'année, du moins à certaines époques. Nous n'en sommes pas encore là chez nous; mais cet exemple est bien fait pour indiquer [aux détaillants français quelles ressources ils peuvent tirer d'une publicité énergique et continue.

A moins d'avoir avec différentes marques des arrangements spéciaux, le détaillant averti ne doit faire de publicité que pour des marchandises anonymes. On ne comprendrait guère un détaillant faisant une réclame plus ou moins abondante pour une marque de corsets ou pour un chocolat ou un cirage vendus sous cachets. Cependant, le fait se produit quelquefois, mais seulement dans deux cas spéciaux : lorsque le détaillant est seul dépositaire du produit dans sa ville et qu'il réalise un bénéfice suffisant sur l'article pour couvrir ses frais de publicité; ou lorsque, à la suite d'un marché avantageux, il lui est possible d'offrir un produit de marque, vendu partout à un prix fixé, au-dessous de ce prix. Le but de cette dernière publicité est d'attirer au magasin les acheteurs intéressés par cet avantage; il laisse l'espoir et fait concevoir la possibilité de leur vendre autre chose. Les [grandes affaires de marque se défendent, du reste, contre ces mises en vente au rabais et, de plus en plus, réglementent le prix de leurs produits, afin d'éviter les dépréciations pouvant en résulter.

La première condition pour obtenir tous les résultats espérés de la publicité, est d'abord de se rendre compte du rayon d'action dans lequel elle peut opérer utilement. Un grand magasin de Paris peut compter pouvoir rayonner sur la France entière. Un magasin situé dans une grande ville de province, malgré la concurrence des maisons similaires parisiennes, est en droit d'escompter une clientèle de plusieurs départements. Mais un magasin situé dans une ville d'une population inférieure à quarante mille habitants ne peut guère compter sur un rayon d'action dépassant son arrondissement, ou son département, tout au plus, — à moins d'une situation tout à fait spéciale.

Ce rayon d'action exactement reconnu et étudié sous toutes ses faces, le détaillant devra d'abord se rendre compte des moyens de publicité qui sont à sa disposition. Il examinera quelle valeur et quelle circulation ont les journaux publiés dans le rayon d'action qu'il s'est assigné; il s'enquerra des possibilités d'affichage que lui offrent les organisations locales, et, ainsi instruit, il dressera son plan de campagne.

La question du pas de porte.

Une considération très importante entre alors en ligne : c'est la situation topographique du magasin par rapport à l'agglomération dans laquelle il est situé et aussi par rapport aux moyens de transport qui le relient aux différents points de sa ville et de ses environs. C'est là ce qu'on appelle la question du pas de porte; de ce que le magasin ne sera pas toujours situé dans une position centrale et fréquentée, il ne s'ensuit aucunement qu'on ne puisse pas faire de publicité pour y amener une clientèle, bien au contraire. Un exemple frappant en existe : le Louvre, le Printemps, à Paris, sont bien des magasins situés dans des endroits particulièrement passants, mais le Bon Marché s'est fondé et a prospéré sur un point de la capitale qui, toutes proportions gardées, ne peut pas être regardé comme un lieu de circulation intensive. Cependant, le Bon Marché a fini par faire affluer à ses rayons une bonne partie de la clientèle parisienne et aussi de la clientèle provinciale et même étrangère. Ses acheteurs se recrutent aussi bien sur la rive droite de la Seine que sur la rive gauche, et c'est, incontestablement, la plus importante des organisations de ce genre. Le Bon Marché n'a obtenu ce résultat que par une publicité *méthodique* entreprise *de longue main*.

Ce point élucidé, il convient d'étudier la question même du pas de porte, où qu'il se trouve. D'abord, puisque pas de porte il y a, il faut que ce pas de porte soit une chose existante, accessible, facile à franchir et d'un abord engageant ; nous connaissons beaucoup de magasins qui ont ou qui sont censés avoir un pas de porte et qui ont trouvé le moyen de le réduire à si peu de chose que, en fait, ce pas de porte n'existe pour ainsi dire pas. Puisque l'on dit : « pas de porte », il est entendu que cette ouverture doit être exactement le point d'attraction d'un magasin qui s'offre le plus aisément à l'accès des passants et des acheteurs déjà acquis. Il doit donc être situé autant que possible au centre, et de préférence à une encoignure, s'il y en a une. Cette baie doit être aussi large que possible. La perfection serait qu'elle semble, en quelque sorte, continuer la rue, de manière qu'on la franchisse sans presque s'en apercevoir. Enfin, sauf cependant pour des commerces dont les marchandises se détériorent au soleil et à la poussière, ou craignent la contamination et demandent quelques soins spéciaux, la porte qui sépare le magasin de la rue ne doit pas être isolante. Elle doit être au contraire ouverte, toujours ouverte, ou, du moins, d'une ouverture si facile qu'il n'y ait qu'à la pousser pour livrer passage aux chalands. On réalisera ainsi cette condition essentielle à tout commerce de détail et qui est l'ENTRÉE LIBRE. Si cette condition n'était pas remplie, il arriverait que les gens regarderaient peut-être les étalages, les objets exposés, s'y intéresseraient et auraient quelques velléités d'achat ; mais s'il leur faut alors chercher une porte pour entrer, s'ils la trouvent étroite, mal commode, avec des airs de souricière, ils hésitent, leurs velléités d'achat disparaissent et, contrariés par la difficulté de la pénétration, ils vont ailleurs.

Le prix fixe.

La méthode du prix fixe et du prix marqué et affiché, pratiquée à peu près partout maintenant, a fait disparaître les marchandages auxquels se livraient les acheteurs dans les boutiques de nos grands-pères. Les clients savent toujours ce qu'ils veulent acheter avant d'entrer dans un magasin, mais, s'ils savent ce qu'ils veulent acheter, ils ne savent pas toujours ce qu'ils achèteront, et si l'acheteur, avant d'entrer dans le magasin, éprouve la sensation qu'entrant difficilement, il ne pourra sortir que plus difficilement encore, il conçoit une certaine méfiance, car il sait parfaitement qu'en lui montrant dans l'étalage une profusion de cravates à 2 fr. 5o, le vendeur est stylé pour tâcher de lui en faire acheter à 5 francs. Le pas de porte doit donc assurer aussi bien l'entrée que la sortie, afin de donner exactement aux clients l'impression qu'ils sont entièrement libres, — libres aussi bien d'entrer que de sortir.

La concurrence.

Une des raisons qui éloignent de la publicité certains détaillants est l'existence, dans leur voisinage ou dans la même ville, d'un autre magasin vendant les mêmes articles qu'eux, qui, déjà, fait de la publicité et qui a acquis, par ce moyen, une notoriété qui semble inaccessible au détaillant qui n'en a pas encore fait. Cette raison est spécieuse, car, si ce dernier veut bien se dire que le concurrent qui excite son envie et qui lui paraît si redoutable, n'a pas commencé autrement que lui-même et que la prospérité de ce concurrent n'a pas été de tout temps ce qu'elle est, il se rendra compte que l'augmentation des affaires de ce concurrent coïncide précisément avec l'emploi de la publicité, et que, s'il a grandi, s'il a acquis une situation qui lui paraît privilégiée, c'est à la publicité qu'il le doit; eh bien ! ce qu'un autre a fait, il n'y a aucune raison pour qu'un détaillant habile, quoique nouveau venu, n'arrive pas également à le faire.

Un commerçant de détail qui n'a pas su, qui n'a pas voulu faire de publicité, alors qu'un de ses concurrents en faisait, n'a pas perdu pour cela tout droit à en bénéficier par la suite. Ce n'est pas, en effet, le point de départ qui compte, c'est le point d'arrivée. Ce détaillant objectera peut-être qu'il ne lui est pas possible de consacrer à la publicité le même budget que son concurrent. C'est vrai, mais il peut commencer par employer judicieusement un budget modeste, proportionné à ses ressources et capable néanmoins de faire grandir son affaire, par les bénéfices supplémentaires qu'il réalisera du fait même de cette publicité. La question offre un autre aspect : c'est l'obligation dans laquelle se trouve tout détaillant soucieux de maintenir son chiffre d'affaires et de l'augmenter, de faire de la publicité : car le commerçant qui ne fait pas de publicité en face d'un concurrent qui en fait, voit fréquemment son chiffre d'affaires diminuer. Et, un chiffre d'affaires qui diminue, c'est le signe certain de la décadence d'une maison, puisqu'il est acquis qu'un chiffre annuel, quel qu'il soit, doit toujours être en progression sur celui de l'année précédente pour qu'une entreprise soit normalement prospère.

On peut donc commencer à faire en petit de la publicité pour le commerce de détail et arriver à en faire ensuite pour des sommes importantes. Les résultats obtenus par la publicité accroissent les transactions, et cette augmentation permet, en retour, de forcer la publicité.

Étudions maintenant les moyens de publicité imprimée qui s'offrent au détaillant pour faire connaître sa maison.

Les annonces.

L'époque à laquelle on fera paraître ses annonces varie évidemment selon les commerces. Les détaillants savent certainement mieux que nous à quel moment il convient d'annoncer tel ou tel article, que ce soit un épicier offrant des primeurs, un marchand de parapluies proposant des ombrelles ou un marchand de nouveautés faisant une exposition de blanc. Il y a, pour toutes ces mises en vente, des dates naturelles dont il ne faut pas s'écarter.

La qualité essentielle d'une bonne annonce pour un détaillant sera d'abord la personnalité. Il ne faut pas que cette annonce ressemble à une autre annonce, mais il faut qu'elle soit, dans le journal où elle paraît, *comme l'enseigne même* du magasin. Nous recommandons, par conséquent, aux commerçants de détail d'adopter pour toutes leurs annonces une forme constamment la même, présentant toujours, soit un cadre identique, soit un signe toujours semblable, soit une disposition typographique invariable. Il faut que, du premier coup d'œil, cette annonce soit reconnaissable dans la page d'un journal, et ce résultat ne peut être obtenu que, précisément, par le caractère personnel qu'on donnera à la disposition des annonces. On y parvient aisément en adoptant, soit un caractère spécial pour indiquer le titre du magasin, soit des signes conventionnels ornant l'annonce et qui, par exemple, se rapporteront au commerce du détaillant. Un chemisier adoptera de préférence des ciseaux, un marchand de gants un chamois, un cordonnier un soulier. Ces signes sont, du reste, inspirés au commerçant lui-même par les mille détails de son commerce. S'il a une enseigne originale, typique, c'est cette enseigne qu'il fera figurer constamment dans son annonce, afin d'établir l'identité parfaite entre sa publicité et son magasin.

Pour beaucoup d'articles, il est sage d'illustrer les annonces, et on peut le faire à peu de frais, car les maisons de gros qui fournissent les détaillants disposent généralement de clichés représentant leurs articles et qu'ils prêtent ou qu'ils donnent à leurs clients. Ces clichés pourront encore servir à illustrer les catalogues et prix courants.

Jamais, en quelque circonstance que ce soit, on ne doit promettre dans une annonce plus que l'on ne peut tenir. Être franc, loyal est encore la suprême habileté, car les acheteurs d'aujourd'hui sont de plus en plus *des gens renseignés* et, si l'on cherche à les prendre pour dupes, on est sa propre dupe.

La publicité qui reste dans le vague ne donne généralement pas de résultats. Nous appelons « publicité vague » celle que ferait un marchand de comestibles, par exemple, qui se contenterait d'expliquer que son épicerie est située telle rue, tel numéro, qui donnerait son nom et qui compléterait simplement son annonce en faisant savoir qu'il est approvisionné de « tout ce qui concerne son commerce ». Rien dans une semblable annonce ne suscite l'intérêt et ne décide les acheteurs à visiter un magasin qui se présenterait ainsi. On annoncera donc, selon les saisons et les époques, *les articles spéciaux* qui se consomment ou qui s'achètent à ce moment, et on les annoncera à des prix *suffisamment avantageux* pour que les lecteurs apprécient le profit qu'ils ont à acheter dans le magasin qui fait l'annonce plutôt que dans un autre. La description des objets annoncés sera aussi exacte que possible, et on fournira tous les détails sur les particularités de l'article, sans toutefois tomber dans l'exagération qui ferait naître *l'incrédulité et la défiance*. Les prix seront indiqués en chiffres bien apparents, pour attirer facilement les regards et frapper l'imagination.

Les articles qu'il faut annoncer.

L'Annonceur détaillant doit encore observer un autre principe : c'est de n'annoncer spécialement que des articles qu'il peut vendre *moins cher* que d'autres ou qu'il *est seul* à vendre. Cela ne signifie pas qu'un marchand de corsets, par exemple, ne devra pas annoncer ses corsets, mais, comme il y aura certainement une différence entre les corsets que vendront ses concurrents et les siens, il faut qu'il informe exactement le public que tel corset, présentant tel avantage, telle propriété, établi de telle ou telle façon, se trouve chez lui, et qu'il donne l'impression qu'*on ne le trouvera pas ailleurs*. Les acheteurs, en effet, ne se décident pas à la légère : ils font des comparaisons, ils supputent les commodités de tel ou tel article, et c'est l'habileté de l'Annonceur de leur présenter le sien sous des dehors *tellement plaisants* que le consommateur *le préfère*, mais, bien entendu, tout cela doit se faire sans mensonge et sans « bluff ». Nous mettons en garde les Annonceurs détaillants contre les formes de publicité trop laudatives, qui affectent de prendre un caractère sensationnel. On est sensationnel une fois, mais, pour soutenir la lutte, il faut ensuite l'être toujours et de plus en plus, et le public est alors, à l'égard de cette publicité tapageuse, comme un morphinomane : quand un malade a usé une fois de la morphine, il lui en faut constamment et à des doses toujours plus élevées.

Le choix des mots dans une annonce a une importance considérable. C'est surtout la banalité qu'il faut en écarter, et souvent une phrase incisive, un mot heureux feront plus pour le succès d'une publicité qu'une savante énumération d'articles, qui a toujours le défaut d'être longue *et fastidieuse*.

Les annonces des figures 73 et 75 n'ont rien de captivant ni de particulièrement suggestif. Mais, si elles sont conçues de la façon indiquée par les figures 74 et 76, elles acquièrent une force d'intérêt et de persuasion bien plus considérable.

Il nous aurait été facile de transformer la rédaction de ces deux textes d'une manière radicale en créant d'autres phrases, une autre disposition, ou en adoptant un espace différent. Mais comme il ne s'agit ici que de typographie et de procédés de composition matérielle, nous nous en sommes tenus à peu près aux termes employés par les auteurs, nous bornant à modifier la

Fig. 73.

Fig. 74.

disposition générale de ces deux annonces, en n'utilisant que des lettres d'un usage courant.

Ce principe s'applique à tous les commerces de détail, car il est toujours possible, avec de l'imagination et du bon sens, de composer *la phrase alléchante qui fera lire le texte de l'annonce.*

Pour tout ce qui regarde la composition même du texte, on trouvera au chapitre V toutes les indications utiles. Néanmoins nous donnons encore (p. 165 et suiv.) des spécimens de composition typographique d'annonces, établies pour un magasin de nouveautés de province. Ce sont là des modèles, dont la reproduction est interdite, mais ils peuvent au moins inspirer les détaillants, dans l'établissement de leurs annonces.

Les catalogues.

L'établissement d'un catalogue complet des articles vendus dans un magasin de détail ne peut être réalisé que progressivement. On ne voit guère un catalogue de ce genre édité au moment de l'ouverture d'un magasin ou au moment où ce dernier commence sa publicité. D'ailleurs, cette publicité devant toujours être organisée pour des articles spéciaux, et en tenant compte des saisons d'achat et des époques de consommation, on agira sagement en n'éditant d'abord qu'un catalogue des articles les plus intéressants, ceux qui sont particulièrement achetés au moment où paraît le catalogue ; on pourra, tout au plus, y joindre quelques indications générales sur les autres articles mis en vente. Le point important dans l'établissement d'un catalogue est son aspect extérieur et sa composition. Quel qu'il soit, il doit posséder les qualités suivantes :

1° Un texte clair et sobre à la fois ;

2° Des illustrations *aussi exactes que possible* et très soignées, de manière à représenter très exactement les objets annoncés ;

3° Une classification méthodique et bien ordonnée.

Une maison de détail ne doit pas écarter forcément pour cela l'idée de créer du premier coup un catalogue général de ses articles. Cela n'est qu'une question de dépense initiale et nous ne croyons pas qu'on puisse courir à un échec en le faisant ; mais si l'on ne dispose pas des capitaux nécessaires pour l'établissement de ce catalogue général ou si l'on hésite sur le moyen de publicité à adopter et qu'on veuille limiter son effort et sa dépense, l'édition

Fig. 77.

Depuis ses récents agrandissements
la Maison des **MAGASINS RÉUNIS** de Charleville
vend de tout, et au meilleur marché

Son installation moderne, son personnel nombreux et stylé, le choix des articles mis en vente à tous les rayons, son service de livraison à domicile, l'importance de ses achats en font l'égale des maisons les plus réputées de la Capitale

Toutes les Ardennes visiteront nos nouveaux magasins à l'occasion de notre prochaine **Exposition de Blanc** qui aura lieu le Samedi 31 Mars 1910

Fig. 78.

Depuis ses récents agrandissements la Maison des **MAGASINS RÉUNIS DE CHARLEVILLE** Vend de tout et au meilleur marché

Son installation moderne, son personnel nombreux et stylé, le choix des articles mis en vente à tous les rayons, son service de livraison à domicile, l'importance de ses achats en font l'égale des maisons les plus réputées de la capitale. **TOUTES les ARDENNES** visiteront nos nouveaux magasins à l'occasion de notre prochaine **EXPOSITION DE BLANC** QUI AURA LIEU LE **SAMEDI 31 Mars 1910**

Fig. 79.

Depuis ses récents agrandissements **LA MAISON des Magasins Réunis** de Charleville vend de tout et au meilleur marché

Son installation moderne, son personnel nombreux et stylé, le choix des articles mis en vente à tous les rayons, son service de livraison à domicile, l'importance de ses achats en font l'égale des maisons les plus réputées de la capitale. *Toutes les Ardennes* visiterons nos nouveaux magasins à l'occasion de notre prochaine **EXPOSITION DE BLANC** qui aura lieu le **SAMEDI 31 MARS 1910.**

Fig. 80.

Depuis ses récents agrandissements la Maison des **Magasins Réunis de Charleville** **Vend de tout** et au meilleur marché

Son installation moderne, son personnel nombreux et stylé, le choix des articles mis en vente à tous les rayons, son service de livraison à domicile, l'importance de ses achats en font l'égal des maisons les plus réputées de la capital.

Toutes les Ardennes visiteront nos nouveaux magasins à l'occasion de notre prochaine

Exposition de Blanc qui aura lieu le Samedi 31 Mars 1910.

Fig. 81.

Fig. 82.

Fig. 83.

Fig. 84.

Fig. 85.

Depuis ses récents agrandissements la maison des
MAGASINS RÉUNIS
DE CHARLEVILLE
vend de tout et au meilleur marché

Son installation moderne, son personnel nombreux et stylé, le choix des articles mis en vente à tous les rayons, son service de livraison à domicile, l'importance de ses achats en font l'égale des maisons les plus réputées de la capitale

Toutes les Ardennes visiteront nos nouveaux Magasins à l'occasion de notre prochaine EXPOSITION DE BLANC qui aura lieu le samedi 31 mars 1910

Fig. 86.

Depuis ses récents agrandissements, la Maison des
MAGASINS RÉUNIS
DE CHARLEVILLE
vend de tout et au meilleur marché

Son installation moderne, son personnel nombreux et stylé, le choix des articles mis en vente à tous les rayons, son service de livraison à domicile, l'importance de ses achats en font l'égale des maisons les plus réputées de la capitale.

Toutes les Ardennes visiteront nos nouveaux magasins à l'occasion de notre prochaine
EXPOSITION DE BLANC
qui aura lieu le Samedi 31 Mars 1910

Fig. 87.

Depuis ses Récents AGRANDISSEMENTS
La MAISON des
Magasins Réunis de Charleville
Vend de Tout et au Meilleur Marché

Son installation moderne, son personnel nombreux et stylé, le choix des articles mis en vente à tous les rayons, son service de livraison à domicile, l'importance de ses achats en font l'égale des maisons les plus réputées de la capitale.

Toutes les Ardennes visiteront nos Nouveaux Magasins à l'Occasion de notre Prochaine
Exposition de BLANC
Qui aura lieu le 31 MARS 1910

Fig. 88.

Depuis ses récents Agrandissements la Maison des
Magasins Réunis de Charleville
vend de tout et au meilleur marché :: ::

:: Toutes les ARDENNES visiteront nos NOUVEAUX MAGASINS à l'occasion de notre Prochaine exposition de Blanc qui aura lieu le Samedi 31 Mars 1910

Son installation moderne, son personnel nombreux et stylé, le choix des articles mis en vente à tous les rayons, son service de livraison à domicile, l'importance de ses achats en font l'égale des maisons les plus réputées de la capitale.

de catalogues successifs, chaque édition étant consacrée à une série d'articles spéciaux, est préférable, en ce sens qu'elle permet au bout d'une année, par le groupement des diverses parties déjà éditées et qui, dès lors, embrasseront tous les produits, toutes les marchandises vendues dans une maison, de constituer, avec le minimum de dépenses, le catalogue complet dont on n'aura pas voulu faire les frais en débutant.

La distribution de ce catalogue doit être faite d'abord aux acheteurs qui se présentent au magasin. Le détaillant ne reculera jamais devant l'obligation où on le mettra de livrer ses marchandises à domicile, car il se procurera par ce moyen un répertoire de noms et d'adresses qui lui serviront ensuite pour distribuer les éditions successives de son catalogue. Au début toutefois, un catalogue pourra être distribué dans une ville et dans ses environs à toutes les personnes susceptibles de s'intéresser aux articles offerts. Mais, à la longue, chaque détaillant pourra posséder un répertoire d'adresses suffisant pour se dispenser d'une distribution générale, qui a le défaut de faire s'égarer, chez des personnes qui ne seront jamais des acheteurs, des imprimés qui seraient beaucoup mieux placés ailleurs, — à moins qu'on ne dispose de moyens suffisamment puissants, d'une installation suffisamment vaste pour pouvoir ambitionner la clientèle totale d'une ville ou d'une région. Tout cela est une question de mesure, que chaque détaillant devra résoudre par rapport à ses propres moyens.

Les prospectus.

Pour la grande majorité des petits magasins de quartier, la distribution des prospectus à la main, soit dans la rue même où est situé leur établissement, soit dans le rayon d'action qu'ils ambitionnent, donne généralement de bons résultats. Ce procédé a pour lui l'énorme avantage de coûter peu en proportion de son effet, il a le défaut de ne convenir qu'à des entreprises modestes, à moins qu'il ne se présente sous une forme belle ou luxueuse.

L'affiche murale.

L'affichage dans les différents emplacements propices d'une ville ou d'une région présente deux phases. Ce peut être un affichage fixe, permanent, qui alors sera toujours placé dans des endroits fréquentés, tels que le voisinage d'une gare, d'un marché, ou des foires périodiques et dans les lieux favorables avoisinant le magasin lui-même. Mais toujours, suivant les époques et les saisons, un magasin de détail peut avoir intérêt à faire un affichage volant. Une exposition de marchandises nouvelles, l'arrivée d'un stock d'articles intéressants peuvent donner lieu à une affiche, soit illustrée, soit simplement de lettres. Ce dernier mode d'affichage, qui appartient à la forme de publicité que nous appelons suggestive et directe, ne comporte pas une longue période de pose : il suffit qu'il annonce quelques jours à l'avance la date à laquelle l'exposition des marchandises sera ouverte, la date à laquelle le stock d'articles de nouveautés sera mis en vente, etc.

Primes.

Un procédé très usité en Amérique consiste à faire connaître, par des affiches ou des annonces dans les journaux, qu'un certain nombre d'achats faits dans le cours d'un mois seront remboursés par voie de tirage au sort au commencement du mois suivant; ce procédé implique l'emploi de la caisse enregistreuse, car c'est sur le vu des tickets délivrés chaque jour par cet appareil pour tous les achats, et qui portent la date à laquelle ces achats ont été faits, que le remboursement peut être effectué sans contestation. Ce procédé, en apparence compliqué, est plus simple qu'on ne croit : il fait cependant une grosse impression sur le public.

Un magasin étant ouvert en moyenne vingt-six jours par mois, en comptant que, les dimanches, il est fermé, le remboursement des achats faits un certain jour du mois représente approximativement trois et demi pour cent du montant total des ventes faites pendant les vingt-six jours ouvrables. Ce pourcentage ne grève donc pas trop sensiblement les frais généraux d'un détaillant. Il est même moins élevé que cela, car il faut toujours compter que les acheteurs égareront une partie de leurs tickets ou ne se présenteront pas pour demander leur remboursement, surtout pour de petites sommes; le commerçant est ainsi dispensé, en toute honnêteté, de rembourser un achat dont on ne lui réclame pas le prix. Le seul inconvénient de ce système est que, les ventes étant généralement plus importantes certains jours de la semaine, comme le samedi, par exemple, il serait onéreux que le sort désignât un samedi comme jour de remboursement. Les remboursements devant être faits en toute loyauté, nous ne saurions, bien entendu, conseiller à un détaillant de falsifier les opérations du tirage au sort pour éviter que le jour désigné soit un samedi; mais voici le moyen d'obvier à cet inconvénient : il consiste à organiser une publicité spéciale pour attirer les acheteurs pendant les jours morts, soit en offrant à ces dates des articles de soldes ou certaines marchandises peu demandées, ou bien des primes ou des cadeaux spéciaux qui constitueront par la suite, entre les mains de ceux à qui on les remettra, une nouvelle publicité. Ce seront des calendriers, des agendas, des éventails, des cendriers, des crayons porte-mine, des images pour les enfants, bref, la multitude d'objets-primes de toute sorte qui existe actuellement dans le commerce. Par ce moyen, les primes jouent un rôle modérateur, qui soustrait l'opération aux risques d'un remboursement trop élevé pour un jour de grosse vente.

Le tirage au sort qui désignera la journée du remboursement

sera fait dans les cinq premiers jours du mois suivant et de préférence un jour mort : un mercredi ou un vendredi. La date en
sera fixée par les tickets-primes, c'est-à-dire qu'elle sera connue
d'avance, et on invitera les acheteurs à y assister et à y amener
leurs enfants. C'est par un de ces enfants que l'on fera extraire
d'une caisse ou d'un sac spécial le numéro qui désignera le jour,
et l'affluence de visiteurs provoquée par ce tirage au sort est
encore l'occasion, pour le détaillant, de faire des ventes ines-
pérées, puisque son magasin sera particulièrement fréquenté ce
jour-là.

Considérations générales.

Les détaillants qui débuteront dans la publicité devront se
mettre en garde contre la tendance qu'ils auraient de vouloir,
dès le début, en contrôler les résultats. C'est presque impossible.
Il serait, évidemment, indiscret de demander, à chaque acheteur
qui se présente, par quel moyen de publicité il a été touché et si
c'est une annonce ou un prospectus qui l'amène. Le seul contrôle
possible est celui que révélera le chiffre des affaires à la fin de
l'année ou à la fin de l'exercice commercial.

Un détaillant qui, pendant trois ou quatre ans, sans publicité, aura fait régulièrement chaque année cent mille francs
d'affaires, sans que des variations importantes se soient pro-
duites dans ce chiffre, ou bien un détaillant qui, pendant ces
mêmes quatre années, aurait fait successivement cent mille
francs la première, quatre-vingt-dix-huit mille la seconde,
quatre-vingt-quinze mille la troisième et quatre-vingt-douze
mille la quatrième, comprendra aisément que, faisant de la
publicité la cinquième année, et son chiffre d'affaires, à la fin
de cette cinquième période, atteignant cent trente mille francs,
ces trente-huit mille francs d'excédent sur la quatrième année
d'exercice sans publicité sont dus à la publicité qu'il aura faite.
Le calcul sera alors facile pour établir le coût de la publicité faite
pendant l'année et pour fixer le tant pour cent que représente
cette publicité par rapport aux bénéfices réalisés. Ce n'est, d'ailleurs, pas encore à la fin de la première année de publicité que
l'expérience sera pleinement concluante, car l'action de la publicité déjà faite à ce moment sera loin d'être épuisée. Elle se manifestera encore pendant l'année qui suivra pour maintenir le

chiffre d'affaires augmenté, sans préjudice de l'accroissement qui résultera de toute la publicité nouvelle venant à être entreprise.

A titre d'indication, nous ajouterons que, comme base d'évaluation des dépenses de publicité, par rapport au chiffre d'affaires, ces dépenses ne devront guère, pour un détaillant, s'élever au delà de cinq ou dix pour cent de ce chiffre. Cent mille francs d'affaires comportent normalement cinq mille francs de publicité, quelquefois dix mille ; toutefois, il va sans dire que ce tantième peut varier suivant le taux des bénéfices que laissent ordinairement les articles vendus : un commerçant qui gagne habituellement cinquante pour cent sur ses ventes pourra faire, naturellement, une publicité plus importante proportionnellement à son chiffre d'affaires que le commerçant dont le bénéfice moyen n'est que de vingt pour cent.

CHAPITRE XII

Les Marques de Commerce

et

l'Organisation de la Vente

◇ ◇ ◇

LA PUBLICITÉ OBSÉDANTE, INDIRECTE ET A EFFET DIFFÉRÉ

La tendance générale de l'industrie de nos jours est de vendre ses produits sous des marques, *sous cachets*, de manière à établir, entre elle et l'acheteur, le consommateur, un lien sympathique qui met chacune des parties en confiance mutuelle. L'industriel dit : « Je me donne la peine de fabriquer et de livrer à la consommation une marchandise dont la qualité est certaine, je veux qu'on sache au moins la distinguer de toutes les autres. » — Le consommateur pense : « Je sais que, sous la marque de tel industriel, je ne trouverai que des produits sainement et correctement fabriqués ; je préfère donc cette marque à tout autre produit que je ne connais pas et dont je n'ai pas éprouvé la valeur. »

C'est pour cela qu'un industriel probe, sûr de ne vendre que *du bon*, doit revêtir tous ses produits d'une marque et rendre celle-ci parfaitement reconnaissable. C'est son devoir, et c'est son intérêt. Sans cette qualité qu'on attache à sa marque et qu'on veut faire apprécier par le client, le consommateur, il n'y aurait pas tant de contrefaçons, de *contremarques* et de mauvais produits, vendus sous des déguisements qui tendent à les faire confondre avec telle marque à laquelle la faveur du public est déjà allée, parce que celui-ci savait que la qualité ne se trouvait que sous tel signe dont le produit est généralement revêtu. Il n'est pas nécessaire d'en fournir d'exemples. Tout le monde sait ce que c'est.

La marque a, en effet, l'avantage d'IDENTIFIER UNE MARCHANDISE et de la protéger contre les sophistications, les imitations et les contrefaçons. Tout industriel qui fabrique, qui conditionne un produit quelconque, a le plus grand intérêt à le revêtir de sa marque, dont il aura préalablement fait le dépôt dans les conditions prévues par la loi.

Il est bien certain qu'une telle marque de commerce ne peut servir de pavillon qu'à une marchandise irréprochable, soit au point de vue de son prix, comparé au prix des articles similaires, soit au point de vue de sa qualité. La marque créée, le moment est venu de la propager, de la faire connaître du plus grand nombre possible d'acheteurs ou de consommateurs, et l'heure de la publicité a sonné. Mais en même temps qu'elle, l'heure de l'organisation de la vente est également venue.

Suivant une expression pittoresque d'un spécialiste américain, la publicité et la vente sont deux têtes qui devraient toujours être *dans le même bonnet*. Si nous posons en principe que la publicité obsédante que l'on peut faire pour des marques est indirecte, cela ne signifie pas qu'elle soit indirecte dans ses manifestations : c'est dans sa conclusion qu'elle est indirecte, en ce sens que l'acte d'achat n'est pas accompli directement par le consommateur chez celui qui fabrique, mais chez des intermédiaires, qui sont eux-mêmes sous la dépendance d'autres intermédiaires. Une marchandise, avant d'arriver chez l'épicier qui la détaille, passe, en effet, par de nombreuses mains, et tout le mécanisme que constitue l'organisation de la vente au détail d'un produit marqué est plus ou moins efficace, selon que la publicité est plus ou moins diligente de son côté, c'est-à-dire selon qu'elle aura été suggestive ou non, ou qu'elle l'aura été insuffisamment.

Mais, d'autre part, la publicité pour le consommateur est toujours directe, puisque l'action de cette publicité est de provoquer précisément chez lui le besoin d'achat de l'article annoncé : le point important est donc de canaliser ses désirs d'acquisition vers le détaillant, qui sera à même de les satisfaire. Cependant, pas toujours. Il faut bien convenir, en effet, que le détaillant n'est généralement pas l'ami des marques. Elles ne lui laissent souvent qu'un bénéfice inférieur à celui qu'il réaliserait en vendant des marchandises qu'il achète en vrac, au lieu de les recevoir conditionnées et sous cachets. C'est contre son apathie, et contre sa mauvaise volonté même, que l'on doit diriger ses efforts, et c'est la publicité qui neutralisera le mieux ces dispositions ennemies ; c'est la publicité qui contraindra le détaillant à s'approvisionner du produit annoncé, et qui l'amènera bon gré, mal gré, à le délivrer lorsqu'on le demandera. Pour cela, il faut qu'il se soit résolu à le tenir, et c'est là que commence la difficulté. C'est un peu un cercle vicieux. Mais, en principe, on ne doit annoncer un produit que dans les localités, les départements, les régions où il est vendu, où le détaillant le tient, — sinon tous les détaillants, au moins quelques-uns.

Le voyageur de commerce.

L'organisation de la vente devant aller de pair avec la publicité, le voyageur et le représentant de commerce deviennent *ipso facto* l'un des facteurs du succès. Le voyageur mis en route sera dirigé sur une région déterminée, avec un itinéraire fixé d'avance. Il visitera d'abord les *grossistes*, c'est-à-dire les négociants de gros qui groupent les produits de marque pour les revendre ensuite avec de faibles bénéfices aux détaillants. Le grossiste n'est, en réalité, qu'une poulie de transmission, car théoriquement, il n'a pas d'action sur la demande d'un produit chez le détaillant, puisqu'il ne concourt pas à la direction de la publicité. Le grossiste tiendra l'article s'il est demandé, et il s'en munira plus ou moins abondamment selon que la demande sera faible ou forte. Il n'en est pas moins nécessaire qu'il possède en magasin, dans le début d'un lancement, une quantité plus ou moins importante du produit qu'on s'apprête à lancer sur le marché.

Le voyageur, ayant posé ce premier jalon, visitera ensuite le détaillant. On peut pour cela adopter deux méthodes. Par la première, on choisira, dans une localité ou dans les différents quartiers d'une ville, les détaillants les mieux placés pour tenir l'article, et on leur concédera une sorte de monopole, tout au moins pour la première ou les deux premières années du lancement. Ce moyen présente un avantage et un inconvénient. L'avantage, c'est qu'on obtiendra du détaillant un concours plus empressé et plus loyal, puisqu'on le rend ainsi maître de la vente du produit dans un certain rayon. L'inconvénient — qui découle, du reste, de l'avantage — est qu'on rendra hostiles au produit les autres détaillants établis dans le même rayon et qui ne tiendront pas l'article. Ne le tenant pas, ils seront amenés à le dénigrer.

Le second moyen est de faire visiter par le voyageur tous les détaillants sans distinction, et de lui donner pour mission de chercher à obtenir des commandes, même très faibles, du plus grand nombre de ces intermédiaires. Aux propositions du voyageur, le détaillant a toujours une réponse toute prête :

« Je tiendrai votre article si on me le demande, mais faites de la publicité. »

Il appartient alors au voyageur de traiter avec le détaillant sur les bases d'un marché dont la formule sera :

« Donnant, donnant ; faites-moi une petite commande, je vous ferai de la publicité. »

Et, muni de son bon de commission, le voyageur devra, de concert avec le détaillant, organiser ou inspirer le plan de publicité qui interviendra pour provoquer la demande de l'article.

Le détaillant.

Comme on le voit, c'est surtout avec le détaillant qu'il faut compter et c'est lui qu'il faut arriver à mettre dans son jeu. Les arguments pour convaincre le détaillant ne manquent pas, mais il peut arriver que le voyageur ne soit pas doué d'une imagination suffisante, qu'il ait l'esprit lent ou qu'il manque d'une des qualités essentielles qui font le bon vendeur. On remédie à cette insuffisance au moyen d'instructions spéciales dont on munit le voyageur avant son départ et dont il a dû préalablement se pénétrer.

Nous conseillons donc à tout Annonceur qui lance une marque de rédiger ou de faire rédiger, avant d'entreprendre l'organisation de sa vente, une sorte de notice dans laquelle seront indiqués copieusement : les qualités du produit annoncé, les points sur lesquels il est supérieur à d'autres produits concurrents, et les conditions mêmes de fabrication qui expliquent et justifient sa supériorité. Cette notice devra contenir, en outre, une liste aussi complète que possible de toutes les objections qui pourraient être faites en cours de route par un détaillant au voyageur, et, à côté de l'objection, la réponse par laquelle on la rétorquera. Il se peut que, lors de l'entrée en campagne, tous ces points ne soient pas parfaitement élucidés dans l'esprit de l'Annonceur; mais il lui appartiendra de compléter sa notice en exigeant de ses voyageurs, indépendamment de leur feuille quotidienne de visites, un rapport dans lequel chacun d'eux signalera les objections *jusqu'alors insoupçonnées* qui lui auront été faites et pour lesquelles on lui fournira largement des réponses, en même temps qu'on les communiquera aux autres voyageurs de la maison, de manière que tous puissent profiter de l'expérience d'un seul.

Il faut encore prévoir qu'un voyageur n'est qu'un homme comme un autre, avec toutes ses faiblesses, et l'une des facultés qu'il convient de développer particulièrement chez lui sera l'émulation. Nous ne saurions trop recommander à un industriel dirigeant un certain nombre de voyageurs d'avoir à son service un chef ambulant de la vente. Il le choisira pourvu de solides qualités de vendeur, de façon qu'il puisse être, dans l'exercice de sa fonction, un sorte de *professeur* et de guide pour tous les voyageurs de la maison. Son rôle sera de les inspecter à tour de rôle et particulièrement lorsque l'on constatera, par le rapport quotidien du voyageur, que son énergie faiblit, qu'il manque de courage et que sa ligne de conduite devient flottante. Le directeur ambulant de la vente joindra alors le voyageur, le « remontera », comme l'on dit familièrement, et il devra même faire avec lui des visites auprès des détaillants d'une ou plusieurs localités, afin de lui montrer comment il doit s'y prendre, quels arguments il doit présenter et dans quel ordre il faut qu'il le fasse, de manière à entretenir chez le voyageur cette émulation salutaire.

Une des raisons pour lesquelles un voyageur se rebute parfois et perd courage est principalement le faible émolument qu'on lui donne. Chez nous, les voyageurs de commerce sont, généralement, peu payés, et nous sommes convaincus que c'est une faute, en dépit des charges qui pèseraient sur une entreprise payant largement ses voyageurs. A moins d'avoir affaire à de vieux routiers connus de la clientèle, bien accueillis par elle et pour qui les affaires sont relativement faciles, il ne faut pas oublier qu'un voyageur de commerce est le plus souvent en face d'une tâche très ingrate. S'il n'entend pas tinter dans son gousset quelques louis qui le réconfortent, c'est, certainement, un homme dont la valeur productrice est très amoindrie. Cette nécessité de payer largement le voyageur et de lui assurer, en outre, un tant pour cent sur ses affaires suffisamment élevé pour qu'il s'y intéresse est surtout une nécessité du début. Par la suite, l'article étant demandé, les mêmes sacrifices ne seront pas nécessaires.

La collaboration du consommateur.

Un autre moyen de lancer une marque — moyen qui se rapproche un peu du procédé de la publicité suggestive et directe — consiste à faire entrer en scène l'acheteur. En voici les détails : la publicité, au lieu d'accompagner l'organisation de la vente, la précède. Mais au lieu d'indiquer dans la publicité que le produit est en vente chez M. X..., c'est-à-dire chez le détaillant à qui on en aurait fourni une certaine quantité, ou dans toutes les maisons de détail susceptibles de tenir l'article, mais qui, en réalité, ne le tiennent pas, on en offre l'envoi, sans frais de port ni d'emballage, directement au consommateur. Cette publicité directe procure un certain nombre de demandes, qui seront centralisées au siège de l'affaire. Pour chaque lettre, l'Annonceur aura établi une fiche qu'il classera, et ces fiches seront réunies par régions. L'Annonceur expédie alors directement le produit à l'acheteur, et il accompagnera cet envoi d'une lettre dans laquelle il l'avisera de l'expédition et le priera, *afin que la marque soit toujours à sa disposition*, de lui indiquer le détaillant de l'article chez qui il a l'habitude de se fournir, et qui en sera approvisionné à l'avenir.

Ce mode opératoire ne convient, nous nous empressons de le dire, qu'à des produits de consommation ou d'entretien, c'est-à-dire pour des marques.

L'Annonceur se retournera alors vers le détaillant qui lui aura été indiqué. Il en donnera le nom et l'adresse à celui de ses voyageurs chargé de la tournée qui comprend la ville et le détaillant en question. Le voyageur se rendra près de ce dernier, pour lui dire que l'article a déjà des amateurs qui le consomment ou qui s'en servent habituellement dans la localité. Il offrira alors au détaillant de tenir l'article en lui garantissant la clientèle de ceux de ses concitoyens qui en font déjà usage. Placé ainsi entre son dédain des marques nouvelles et la crainte de voir certains de ses clients aller ailleurs ou acheter directement, ce qui le priverait d'un profit souvent répété, le détaillant, de deux maux choisit le moindre, et devient ainsi acheteur ferme.

Mais ce n'est là qu'une simple base d'opérations pour l'Annonceur. Dès qu'il a trouvé dans une localité, une ville où un quartier, un comptoir de débit pour son article ou son produit, il devient de son intérêt de faire autour de ce comptoir de la publicité. C'est aussi un devoir qu'il a à remplir au profit du détenteur de ce comptoir. Devoir combien doux d'ailleurs ! Tout s'accorde à le rendre fructueux, car l'intérêt des deux parties en fait une nécessité.

Ce procédé qui, en quelque sorte, place le détaillant sous le contrôle du consommateur, donne généralement de bons résultats. Il est vrai qu'il manque d'ampleur ; et il ne réussira à créer que des foyers distants de vente. Aussi convient-il de préférence à des affaires qui ne possèdent pas de très gros capitaux et qui ne peuvent attendre pendant des mois le rendement d'une publicité à grand orchestre.

Il permet d'escompter, pour ainsi dire, la tache d'huile qui communiquera de proche en proche le nom de la marque et le nom du détaillant qui la tient.

La plus grande loyauté doit régner de part et d'autre dans les rapports existant entre l'Annonceur et le détaillant, et, dès que l'intermédiaire sera trouvé, l'Annonceur ne devra plus expédier directement aucune marchandise, et il devra renvoyer toutes les demandes qu'il recevra à l'intermédiaire, lequel y donnera satisfaction. C'est là, en somme, le moyen d'obtenir une collaboration constante et fidèle du détaillant, et ce n'est pas peu de chose, étant donné l'état d'esprit d'une corporation qui, comme nous le disions plus haut, a, généralement, pour les marques une hostilité certaine.

Dans ces deux modes d'organisation de la vente, il y a un autre intermédiaire qu'il ne faut pas complètement négliger : c'est le grossiste, car c'est par le grossiste que la totalité des détaillants d'une région sera assortie d'un article. Le grossiste devra être mis constamment au courant par des lettres-circulaires ou par le voyageur, de vive voix, du progrès que fait la marque. On le tiendra ainsi en haleine et on obtiendra qu'il ne perde jamais de vue l'article auquel il est dès ce moment porté à s'intéresser, s'il reconnaît que tous les efforts utiles sont faits pour en développer la consommation ou l'usage.

On aurait tort de garder rancune au détaillant de ses résistances, car c'est, lui aussi, un homme semblable aux autres hommes et, par conséquent, imbu des mêmes préjugés et pourvu de la même dose d'égoïsme. Son intérêt n'est pas de choisir des marchandises, de les acheter, mais bien de les vendre. Il ne contribue pas à créer une demande, mais il y répond lorsqu'elle lui est faite, — avec plus ou moins de complaisance d'ailleurs. Il est, en somme, dans le commerce pour *gagner* de l'argent, et non pas pour en *faire gagner* à ses fournisseurs, et tout nouvel article est pour lui un sujet de tracas, puisqu'il représente des capitaux à immobiliser, souvent avec un profit moins élevé que celui qu'il a réalisé jusque-là sur les articles analogues..

Les bénéfices qu'accordent les produits de marque aux détaillants doivent fatalement être plus bas que ceux que ces derniers peuvent obtenir de la vente d'un produit qu'ils achètent en gros et qu'ils revendent au détail. Pour nous servir d'un exemple, supposons un épicier qui achète son macaroni par cent kilos chez un fabricant et qui l'empaquette et le vend au détail; son taux de bénéfice est plus élevé que sur du macaroni qu'il vend tout conditionné sous une marque. Pourquoi s'évertuerait-il à vendre le produit de marque? Pour gagner moins? Cette considération est absurde. L'épicier vendra, peut-être, le produit conditionné sous marque, mais seulement si on le lui demande, non pas une fois, mais dix, vingt fois, d'une façon permanente et continuelle. Il ne le vendra pas sans regret, d'ailleurs.

L'ennemi des marques.

Si le détaillant avait, sur les produits vendus sous des marques, le même bénéfice que sur les autres, il n'aurait plus aucune raison de ne pas les vendre, de ne pas les proposer même. Mais il faut dire, maintenant, que les Annonceurs qui lancent des marques prélèvent en général leurs frais de publicité sur le taux de bénéfice réservé au détaillant, et il n'en peut guère être

autrement, car ce serait alors la qualité de l'article qui souffri-
rait, et ce serait la négation absolue de ce que doit être une
marque. Ce moyen est tout au plus bon pour ce qu'on appelle
les contremarques et les contrefaçons.

Donc, c'est à la publicité de provoquer, de créer la demande ;
et à l'organisation de la vente est dévolue la tâche d'assurer la
satisfaction de cette demande — quelquefois, contre le détaillant
lui-même, puisqu'il faut lui forcer la main. On voit par là qu'il
n'est pas possible de créer une marque et de la « faire prendre »,
sans mettre en mouvement ces deux organismes : la publicité
et le détaillant. Le succès de la marque dépendra de l'harmonieux fonctionnement de ces deux organismes combinés.

La contremarque contre la marque.

Quelques mots nous semblent ici nécessaires pour parler de
la véritable plaie dont souffrent les marques de commerce. Nous
voulons dire la contremarque. Tant qu'un produit ou un article
n'a pas atteint un degré avancé de notoriété, le danger de la
contremarque n'existe pas ; mais, dès qu'il est l'objet d'une
demande active et de transactions nombreuses, la contremarque apparaît. On ne fait pas pour elle de publicité, on s'en
garde bien ; mais on lui fait suivre le sillage de la marque
connue par les moyens, au contraire, les plus ténébreux. La
contremarque est vendue au public généralement *un peu moins
cher* que la marque, mais le détaillant la paie, lui, *bien moins
cher encore*, et l'argument dont se servent les propagateurs de
la contremarque est bien fait pour toucher l'âme du détaillant,
puisque c'est à sa caisse qu'on parle. On lui dit :

« Vous vendez certainement beaucoup de corsets X. ou de
pneumatiques Z., mais vous ne gagnez que dix pour cent sur ces
articles ; or, voici des articles qui valent autant que ces marques.
Ils leur ressemblent, d'ailleurs, et vous pouvez, sans que votre
conscience ait à s'en faire aucun reproche, dans la plupart des
cas, vendre cet article *aux lieu et place* de la marque qui vous
est demandée, puisque ce que vous vendrez aura la même
qualité, la même apparence, mais vous le paierez trente pour
cent moins cher, parce que — comprenez bien cela — nous, nous
ne faisons pas de publicité ! » Voilà le grand mot lâché.

Nous ne saurions trop engager les propriétaires de marques

à ne pas laisser les contremarques vivre et grandir à leurs côtés, car il n'est pas d'action plus funeste au succès d'une marchandise vendue sous cachets que cette forme de la contrefaçon. Nous avons acquis la conviction, par les différentes enquêtes auxquelles nous nous sommes livré, que, si l'on vendait chez les détaillants la quantité d'articles et de produits marqués qu'on demande, mais qu'on ne vend pas, puisqu'on y substitue les contremarques, *le lancement et la prospérité des marques* deviendraient deux fois plus faciles. C'est surtout sur le public qu'il faut exercer une influence pour le persuader de ceci ; lorsqu'un industriel, un commerçant, met en vente une marchandise qu'il a revêtue d'une marque spéciale qui est la représentation de sa signature et qui engage, par conséquent, *sa responsabilité et sa probité commerciales*, c'est que la marchandise revêtue de cette marque est d'une qualité toujours supérieure à la moyenne, et surtout toujours égale à elle-même. Il y aurait beaucoup à faire dans cette voie si la presse, qui est la première intéressée, voulait s'emparer de la question et faire l'éducation des consommateurs ; elle y trouverait pour elle-même de beaux profits, par suite de l'accroissement qui en résulterait dans ses recettes de publicité.

Tous les modes et tous les moyens de publicité sont applicables au lancement d'une marque. On peut utiliser aussi bien le journal que l'affiche, la brochure ou le prospectus.

Pour les produits de consommation et d'entretien, l'envoi d'un échantillon ou sa distribution à la clientèle constituent un excellent procédé de lancement.

L'organe privé.

Certains produits de marque peuvent même, dans l'ordre de la publicité par l'imprimé, aller jusqu'à la publication d'un journal spécial de publicité, d'un « organe privé », — ce que les Américains appellent un « house organ » (1), au moyen duquel on peut toucher simultanément la clientèle des consommateurs, celle-ci n'étant en quelque sorte qu'un sous-produit de la première.

En effet, un Annonceur lançant une marque doit surtout

---

1. Voir vol. II, ch. VIII.

s'efforcer de donner à tous ceux qui le secondent dans ce lancement l'impression de sa force et de la puissance de ses moyens
d'action. C'est à ce titre que les détaillants devront être régulièrement mis au courant de toutes les phases du lancement.
On créera pour eux un service de lettres-circulaires dans
lesquelles on traitera séparément certains points spéciaux
relatifs au produit. Tantôt on attirera l'attention sur sa qualité,
tantôt on parlera des procédés de fabrication ; tantôt on répondra, pour la rétorquer, à une objection émanant du consommateur. Mais, si l'on procède par la voie d'un « organe privé », la
lettre-circulaire n'est presque pas nécessaire, car celui-ci en
tient largement lieu.

Le but de cette publicité spéciale est de tenir constamment
le détaillant en haleine et de lui montrer qu'on s'occupe de la
marque et qu'on le surveille, en quelque sorte, dans l'attitude
qu'il prend vis-à-vis d'elle. Chaque produit, qu'il soit un objet
d'utilité ou un article de consommation, possède généralement
une qualité essentielle qui le distingue des produits similaires.
Si on lançait par la publicité un produit qui n'aurait pas précisément cette caractéristique, la tâche de l'Annonceur deviendrait plus difficile, puisqu'il n'offrirait rien que l'on ne puisse
trouver sous d'autres marques. Nous admettrons donc que
tout produit de marque, pour être facilement lancé, doit présenter un avantage sur les articles de nature semblable. Comment pourrait-il en être autrement ? Ce serait la négation
même de l'utilité de la marque.

La création d'un argument typique, pour appuyer le lancement d'une marque, doit donc être la première préoccupation
d'un industriel, et, par la suite, cet argument devra être le *leit-
motiv* de toute sa publicité, de manière qu'il devienne insépa-
rable de la marque elle-même.

Puisque nous avons signalé les dangers que présentent, pour
une marque quelle qu'elle soit, la contremarque et la contrefaçon, nous recommandons aux industriels, dès le début de
leurs tentatives de lancement, de donner à leurs produits, dans
leur forme et dans leur conditionnement, une personnalité très
distincte, un aspect très spécial, qui rendront l'imitation plus
difficile, et qui, surtout, familiariseront les consommateurs avec
une présentation tellement particulière et originale qu'il ne sera
plus possible de la confondre avec celle d'autres produits. Ce

soin est aisé à prendre, quand on crée, qu'on constitue les éléments de la marque; et l'on regretterait vivement de ne l'avoir pas pris lorsque, le succès se dessinant, des concurrents surviendraient avec des produits affectant de ressembler à ceux pour lesquels le légitime propriétaire de la marque aurait fait des sacrifices, sans qu'il soit possible à celui-ci, en raison précisément de la banalité de sa présentation, de se défendre contre ces contrefacteurs ou ces imitateurs. Et, à ce moment, il pourrait être trop tard.

CHAPITRE XIII

La
Publicité Pharmaceutique

◇ ◇ ◇

Qu'on ouvre n'importe quel journal de Paris ou de province, on est frappé de la quantité d'annonces pharmaceutiques qui y figurent. C'est que la publicité pour les remèdes secrets contribue, pour la plus large part, à alimenter la caisse des publications de toutes sortes. Il y a à cette situation une raison toute simple. Le prix de revient de la spécialité pharmaceutique étant généralement très bas par rapport à son prix de vente au détail, l'écart de bénéfices existant entre ces deux termes permet de couvrir des frais de publicité importants.

Les préparations spécialisées ne pouvant être connues du public ou des médecins que par la publicité, il est tout naturel que la réclame pharmaceutique ait acquis son développement actuel. Mais il y a deux manières de présenter une spécialité par la réclame. D'une part, on peut rechercher la clientèle directe des malades et, d'autre part, on peut rechercher la collaboration des médecins qui prescrivent les spécialités. Ces deux procédés sont absolument exclusifs l'un de l'autre, car une spécialité qui se présente directement au public, s'aliène les médecins, tandis qu'une publicité qui n'utilise que la publicité médicale se ruinerait en cherchant en même temps à s'introduire dans le public directement.

Cette situation oblige un spécialiste qui se dispose à lancer un produit pharmaceutique à choisir, après mûre réflexion, la voie dans laquelle il s'engagera. S'il ne veut compter que sur le concours du Corps Médical pour faire vendre sa spécialité, il renoncera complètement à la publicité près du public, et vice-versa.

Les éléments et les circonstances qui guideront cet Annonceur dans son choix méritent ici un examen sévère. Une spécialité, qui possède de véritables vertus thérapeutiques, un véritable spécifique, en un mot, issu des dernières découvertes de la science et répondant, par conséquent, à des besoins cliniques évidents, devra de préférence s'adresser aux médecins. Si cette spécialité, à un autre point de vue, est toxique et présente des dangers de manipulation et d'emploi pour des personnes non exercées, c'est encore sur les médecins qu'il faudra tabler pour organiser la publicité.

Si cette spécialité est un produit d'une valeur thérapeutique courante, mais qui ne répond pas à des besoins cliniques nouveaux, un spécialiste avisé estimera que les médecins, qui disposent de nombreuses formules magistrales ou spécialisées pour combattre le même groupe d'affections, ne s'intéresseront que médiocrement à elle, et, dans ce cas, c'est au grand public qu'il faudra présenter le produit; c'est à lui qu'il faudra le faire connaître, et c'est par la publicité générale des journaux les plus lus qu'on devra procéder.

Les médecins.

Plus on va, moins les médecins parviennent à se constituer une clientèle et à gagner véritablement de l'argent. D'autre part la pharmacie officinale a vu diminuer de plus en plus ses bénéfices. Cette raréfaction parallèle des ressources dans les deux professions n'a pas rapproché, comme on pourrait le croire, les membres de l'une et de l'autre corporation. Au contraire, nous croyons qu'elle les a plutôt éloignés. Le médecin s'en prend volontiers au pharmacien, parce que le pharmacien, dans beaucoup de cas, se substitue à lui et fait presque ouvertement de la consultation médicale dans son officine. Le pharmacien accuse le médecin de ne plus prescrire, de ne plus formuler et, par conséquent, de ne plus envoyer les malades chez lui; et cette situation a créé entre médecins et pharmaciens un véritable antagonisme qui rend de plus en plus difficile le lancement d'une spécialité pharmaceutique auprès du corps médical, ce dernier se souciant peu d'enrichir les pharmaciens sans y trouver lui-même

un profit. Et puis, il faut bien le dire, les médecins jeunes, fraî-
chement sortis des Facultés, sont imbus d'un esprit mercantile
que n'avaient pas leurs prédécesseurs dans la carrière, et, cette
carrière étant encombrée, le médecin est facilement porté à
rechercher, par intérêt d'abord et par représailles ensuite, des
profits ou des avantages dans la vente des spécialités pharmaceutiques. La position respective occupée par les médecins et les
pharmaciens ainsi définie, on admettra que, pour intéresser
véritablement un médecin à prescrire une spécialité pharmaceutique, il ne suffit pas de lui en démontrer la valeur thérapeutique,
il faut aussi lui faire entrevoir les bénéfices qu'il peut en retirer.

Cadeaux, intérêts et pourboires.

C'est pour cela que, de plus en plus, la publicité médicale
consiste plus particulièrement en cadeaux de toutes sortes faits
aux médecins, et même en participation de bénéfices qu'on leur
assure. Certaines spécialités, certaines sociétés exploitant des
sources d'eaux minérales sont même allées jusqu'à remettre aux
médecins des parts de fondateurs, des actions, des obligations,
et à leur en payer régulièrement les intérêts ou les coupons.
Voilà où nous en sommes aujourd'hui ! Il n'en est pas moins vrai
qu'il existe des moyens normaux de faire de la publicité auprès
des médecins. Ces moyens sont les suivants : les journaux médicaux de Paris et de province, les brochures et les prospectus,
ainsi que la correspondance personnelle. Cette publicité ouverte
n'a souvent d'autre but que de masquer la publicité secrète
faite parallèlement par les cadeaux, souvenirs, profits et bénéfices
qu'on leur assure sous la table. La science et l'art de la publicité
n'ont plus à s'exercer dans cette occurrence, une « réclame »
organisée de telle sorte ne portant pas directement ses fruits et
n'étant faite que pour, en quelque sorte, justifier l'autre.

Néanmoins, un fabricant de spécialités pharmaceutiques
pourra toujours faire de bons clichés d'annonces, rédiger et faire
distribuer des brochures bien éditées et bien illustrées, et il trouvera, dans les divers chapitres de cet ouvrage, les renseignements
utiles pour l'organisation de cette publicité régulière et officielle.
Quant à la publicité « officieuse », ses ressorts doivent être
cachés. C'est à son ingéniosité, à sa connaissance psychologique
de la mentalité du corps médical que le fabricant de spécialités

demandera l'inspiration qu'il lui faut pour le choix du baromètre, du pèse-lettres ou de l'encrier dont il honorera les médecins, ou du moyen *discret et sûr* qu'il adoptera pour faire participer les membres de la Faculté à ses profits, — sans y être de sa poche !

Les médecins spécialistes pour leur compte.

Un autre écueil de la publicité destinée aux médecins provient de l'existence de sociétés de prévoyance ou de retraites organisées par des groupes de médecins, et qui, sous le couvert de pensions aux veuves, de retraites aux vieux médecins et de secours en cas de maladie ou d'incapacité de travail, ont constitué de véritables syndicats commerciaux qui fabriquent et vendent toute sorte d'articles de pansement, de produits alimentaires, voire même des légumes secs, des chocolats, et aussi, il faut bien le dire, des spécialités pharmaceutiques que les médecins, membres de ces associations, achètent de préférence ou font acheter par leurs malades ; de telle sorte que ces associations en sont arrivées à faire aux pharmaciens et aux fabricants de spécialités une concurrence directe et, d'ailleurs, illicite. A côté de ces associations de prévoyance ou de secours mutuels, beaucoup de médecins, particulièrement dans les grandes villes, ont formé entre eux des groupes et ont créé avec la collaboration, sinon la complicité, d'un pharmacien, de véritables spécialités répondant aux exigences les plus communes de leur art, qu'ils prescrivent dans leur clientèle et qui leur procurent des profits très importants. Ces médecins se sont dit qu'il était bien inutile et bien sot aussi de laisser un pharmacien gagner deux ou trois francs sur une spécialité, alors qu'il était si simple de les gagner soi-même.

Dans ces conditions, il n'est pas étonnant que la publicité médicale soit de beaucoup celle qui exige le plus de doigté, le plus de *générosité* et aussi le plus de temps, car elle ne procure des résultats qu'après une période assez longue.

Le grand public.

Reste la publicité directe aux consommateurs. C'est relativement, dans l'ordre pharmaceutique, la plus facile à entreprendre et à mener à bien. Elle n'en présente pas moins certaines difficultés que nous devons exposer ici. Tout pharmacien a dans son cœur un fabricant de spécialités qui sommeille, et qui ne demande, du reste, qu'à s'éveiller. C'est assez naturel, puisqu'il est acquis que la pharmacie, telle qu'elle est exercée aujourd'hui, est tombée dans un état de précarité qui est bien fait pour en éloigner les bonnes volontés et même les vocations. Mais, par un singulier retour aux principes de son art, tel pharmacien qui a créé une ou plusieurs spécialités, est généralement hostile à toutes les autres, et l'on peut dire que ce pharmacien-là, c'est tous les pharmaciens; si bien que tous les pharmaciens voudraient exploiter des spécialités et qu'aucun d'eux, au sens général, ne veut les vendre... lorsque ce sont celles des confrères.

Cet état d'esprit paradoxal a certainement contribué pour beaucoup à la création des officines qu'on appelle aujourd'hui couramment des « pharmacies commerciales », et qui accaparent un peu partout le commerce de la pharmacie, dont elles ont transformé les principes. Autrefois, un pharmacien faisant vingt-cinq mille francs d'affaires par an, trouvait encore le moyen d'en gagner douze ou quinze mille net. Les pharmaciens commerciaux visent, au contraire, à faire cent mille francs d'affaires par an pour en gagner simplement quinze à vingt mille. C'est donc par le bon marché, par la réduction des tarifs et des prix, que ces organisations ont canalisé à leur profit la plus grande partie du « commerce » pharmaceutique.

Théoriquement, ces pharmacies commerciales devraient se plier aux exigences du public et vendre sans difficultés toutes les spécialités qui leur sont demandées. Pratiquement, il n'en va pas toujours ainsi, car, malgré tout, un pharmacien est toujours un pharmacien, et, même pharmacien commercial, il répugne souvent à ne gagner que cinquante centimes sur un flacon ou une boîte contenant un médicament spécialisé, alors qu'il possède tous les éléments et tous les diplômes nécessaires pour le préparer. Aussi combat-il les spécialités des autres, quitte à proposer la sienne, et il en a généralement une, ou plusieurs. Le principal argument des pharmaciens pour combattre les spécialités est, en effet, celui-ci : « Nous avons, disent-ils, fait plusieurs années de stage. Nous avons dû faire des études longues et compliquées, passer des examens, obtenir des diplômes, et ces diplômes nous ont conféré le droit de préparer et de délivrer tous les médicaments composés qui concernent la pharmacopée moderne ; puisque l'on nous a donné ce droit et, en quelque sorte, ce monopole, payé par nous assez cher de nos années d'études et de nos inscriptions, de quel droit nous imposerait-on de vendre des préparations spécialisées toutes composées, que nous aurions parfaitement pu et que nous aurions même dû, légalement parlant, préparer et composer nous-mêmes ? » Ce raisonnement est d'une logique incontestable. Ce n'est que par une nouvelle loi sur la pharmacie qu'il sera possible de concilier les intérêts du corps pharmaceutique et les droits de la spécialité. Mais quand ?

Il n'en est pas moins vrai que tout cela complique sérieusement la vente de la spécialité et, par conséquent, l'organisation de la publicité qui peut être faite pour favoriser et développer cette vente.

Nous ne sommes pas, bien entendu, entré dans ces détails pour décourager les pharmaciens, mais seulement pour leur faire toucher du doigt les dangers de leur situation en tant que fabricants de spécialités, et pour leur permettre d'y parer pour le plus grand bien de leurs affaires.

Nécessité de gros capitaux.

Le moyen le plus sûr pour lancer une spécialité pharmaceutique de bonne qualité, présentant une efficacité générale dans certains cas pathologiques, est, incontestablement, de disposer de capitaux suffisants pour saturer rapidement l'esprit public du nom du produit et *de ses vertus*. C'est par ce moyen que les Américains, les Canadiens et aussi les Anglais, qui savent quelle est la puissance de la publicité et qui connaissent son rendement méthodique, sont arrivés à inonder la France de nombreuses préparations qui ne présentent sur nos produits nationaux qu'une seule supériorité : savoir dépenser plusieurs millions par an en publicité de toute sorte. Et ils réussissent.

Malheureusement, la mentalité présente des Annonceurs français, pharmaciens ou autres, n'est pas encore suffisamment préparée à la pratique de la publicité pour que cette théorie puisse être admise d'une manière courante. Si quelques-uns la considèrent bien comme la meilleure, ce sont, généralement, ceux qui n'ont personnellement que peu d'argent et qui consentiraient volontiers à faire le bonheur de leurs semblables en les amenant à constituer, pour l'exploitation de leurs affaires, le capital important qui leur est nécessaire. Mais, comme il est assez rare que des particuliers non pharmaciens consentent à s'y intéresser dans la mesure très large que réclame une spécialité pharmaceutique, les conceptions de ces hommes de bonne volonté restent, à très peu d'exceptions près, purement chimériques, et il est préférable d'envisager la question de moins haut et surtout avec plus de modestie. Nous arrivons ainsi à l'étude des moyens qu'un « spécialiste » disposant de peu de capitaux, mais consentant à les engager dans une affaire qui est la sienne, doit pratiquer pour réussir sans grand fracas, mais aussi sans grands aléas.

Les modes habituels de la publicité s'offrent à lui : journaux quotidiens ou périodiques, affiches, prospectus, brochures ou échantillons.

Tout d'abord, nous écarterons l'affiche, dont le caractère ne convient guère à la publicité pharmaceutique, laquelle exige une certaine dignité et se trouverait mal, par conséquent, de la brutale provocation du placard mural visible pour la masse des passants.

La publicité des journaux.

L'annonce, par contre, constitue le meilleur véhicule de propagation, puisque, par elle, le « spécialiste » peut toucher le plus grand nombre de lecteurs anonymes susceptibles d'acheter sa spécialité, lorsque leur état de santé est compromis. Mais la pratique de la publicité par les journaux exige encore quelques accommodations relatives à l'importance du budget que l'Annonceur peut consacrer à cette publicité. A moins de disposer de capitaux considérables, il est présomptueux de songer à une publicité générale englobant tout le territoire. L'organisation d'une telle entreprise comporterait toutes les opérations qui constituent le lancement d'une marque, c'est-à-dire le concours de tous les grossistes et de tous les détaillants, — le mot « détaillants » étant pris ici dans le sens de « pharmaciens en détail ». Ce seraient alors des centaines de mille francs pendant plusieurs années qu'il faudrait affecter à une semblable publicité; les capitaux dont disposent les « spécialistes » étant, généralement, d'une importance beaucoup plus modeste, il est préférable pour eux d'envisager le lancement de leurs marques et de leurs produits au point de vue local ou régional. Si le « spécialiste » habite la province, c'est dans le rayon d'action de sa pharmacie qu'il opérera d'abord, et il aura recours pour cela aux journaux les plus lus dans son département ou dans sa région. Le caractère de la publicité pharmaceutique devant avoir toujours une certaine respectabilité, en raison de sa nature toute spéciale, les insertions que l'on fera pour un tel objet se trouveront mieux du voisinage du texte du journal que de la dernière page, à moins de procéder par des annonces importantes. Cette publicité affectant la forme rédactionnelle devra, par conséquent, présenter la plus grande variété et commenter, expliquer les diverses utilisations du produit, en énumérant *les divers symptômes* qui caractérisent les maladies que la spécialité annoncée combat — et guérit. Toutes les règles qui s'appliquent à la rédaction et à l'établissement des textes de publicité s'appliquent à la rédaction de la publicité pharmaceutique (1).

Les brochures, les prospectus.

En même temps que de la publicité des journaux, la spécialité pharmaceutique se trouvera bien de la publicité par l'imprimé : soit du prospectus simple distribué abondamment, soit de la brochure, illustrée ou non, adressée à des destinataires choisis. Il est même des cas où la publicité par les journaux ne pourra pas être utilisée par un fabricant de spécialités pharmaceutiques : c'est, par exemple, lorsque les journaux lus dans son département ou sa région sont peu importants et que la presse lue là où il a décidé de répandre son produit est la presse de la capitale ou d'une grande ville voisine. En effet, toutes les insertions qu'il ferait pour atteindre un département ou deux, seraient également lues dans tous les autres départements où sa vente n'est pas organisée, mais où cependant ces journaux circulent. L'effort et la dépense ne répondraient pas aux bénéfices possibles. Pour remédier à cet état de choses, les brochures et les prospectus sont tout indiqués, car ils permettent de ne toucher que les localités, le département ou la région dans lesquels on opère.

1. Voir spécialement volume II, ch. ii, Les Modes de Publicité.

L'échantillon.

La distribution gratuite d'échantillons peut encore donner d'excellents résultats, mais à condition que cette distribution soit faite par les soins des *pharmaciens de détail*. Le public, les malades auraient une certaine hésitation à employer un médicament qu'ils auraient trouvé dans leur boîte aux lettres ou qui leur aurait été remis à la main par un distributeur quelconque, non qualifié pour une telle besogne. D'autre part, il serait illégal, croyons-nous, de faire distribuer des échantillons par des personnes non diplômées, car on tomberait sous le coup de la loi de germinal an XI, qui n'autorise que les pharmaciens à préparer et à vendre.

Organisation des dépôts.

L'organisation de dépôts dans les pharmacies de détail est un point essentiel. Nous avons déjà dit quelle hostilité jalouse les spécialités rencontrent généralement chez les pharmaciens. Néanmoins, comme il faut admettre que la publicité aura rarement pour effet de décider un malade à commander par la poste un flacon ou une boîte de pilules directement au spécialiste qui fabrique le produit, il est indispensable de mettre ce produit à la disposition du public dans un certain nombre de pharmacies, c'est-à-dire dans une pharmacie au moins par localité ; et, dans ce cas, il faut que la publicité faite par la presse ou par les brochures mentionne le nom et l'adresse de ces dépositaires.

Lorsque cette organisation de vente concernera une région assez voisine de la pharmacie tenue par le « spécialiste », celui-ci aura avec ses confrères des relations suffisamment étroites et cordiales pour que leur concours ne lui fasse pas défaut ; mais, plus il s'éloignera de son centre pour y organiser sa publicité, moins ces concours seront fidèles. Aussi, nous conseillons aux « spécialistes » de prévoir, dès le début de leur entreprise, que la collaboration de ces dépositaires ne pourra leur être utile que pendant les premières années d'exercice. La création de ces dépôts ne devra représenter pour eux que le premier échelon de leur organisation de vente, et il leur faudra concevoir leur affaire de manière à prévoir qu'après ces premières années, leur produit pourra être demandé dans toutes les pharmacies et non pas dans une seule, par localité. La raison principale qui les guidera dans cette circonstance est que, de deux choses l'une : ou leur produit ne se sera pas vendu pendant ces premières années, et alors le pharmacien dépositaire s'en sera complètement désintéressé ; ou bien le produit se sera très bien vendu, et le dépositaire s'y intéressera à tel point que, cinq fois sur dix, il en fabriquera une contrefaçon. Ce dilemme est étroit, mais il est absolument précis.

Tous les produits pharmaceutiques n'ont pas les mêmes chances de réussir dans un même temps. Le succès rapide d'une spécialité est, en effet, soumis, comme toute opération commerciale, aux lois de la concurrence. Une préparation qui s'adressera à des maladies très répandues, telles que la bronchite, le rhumatisme, la constipation, l'anémie, les maladies d'estomac, se heurtera, dès ses premiers pas, aux nombreuses spécialités qui déjà s'adressent à ces affections, et il lui faudra plus de temps pour s'imposer. Partant, il lui faudra une publicité plus considérable qu'à un produit ayant une concurrence moins active, mais s'adressant à des maladies moins fréquentes. Un « spécialiste » réussira donc plus vite en créant une spécialité d'un usage limité qu'en en créant une d'une destination générale. (Voir *Potentiel d'intérêt*, p. 45 et suiv.)

Maladies aiguës, maladies chroniques.

Une autre considération doit encore guider le « spécialiste » dans la création de son produit. Certaines maladies sont chroniques, et les personnes qui en souffrent en souffrent tout le temps. Ce sont, précisément, les affections que nous venons d'indiquer. Mais d'autres maladies se manifestent à chaque instant avec un caractère aigu, qui peut devenir chronique, au moment où se révèle la publicité des médicaments qui les combattent. Il est peu fréquent que, pour une affection aiguë, telle qu'une bronchite, un rhume de cerveau, une attaque soudaine de goutte et d'autres cas encore, trop longs à énumérer, le malade s'adresse du premier coup à une spécialité pour se guérir. D'ordinaire, il fera venir le médecin, et c'est seulement lorsque son affection passera à l'état chronique, que sa bronchite dégénérera en phtisie et que sa goutte aura progressivement déformé ses articulations, sans crises aiguës, qu'il examinera la possibilité de se débarrasser de son mal au moyen d'un médicament spécialisé, que des journaux ou des imprimés de toute nature lui auront présenté comme curatif.

Il vaudra donc toujours mieux qu'une spécialité faisant de la publicité auprès du public s'adresse à une maladie chronique qu'à des maladies susceptibles de se déclarer à chaque instant sous la forme aiguë. Un exemple fera mieux comprendre encore cette vérité : a-t-on remarqué qu'on n'a presque jamais fait de publicité vraiment productive pour des produits destinés à guérir les brûlures ? L'explication est toute simple : lorsqu'on se brûle, on souffre terriblement d'abord, et le premier soin qu'on ait est de se précipiter chez le pharmacien et de lui demander un soulagement immédiat. Le pharmacien intervient alors en préparant un baume, une lotion quelconque, et en engageant le [malade à en faire l'application pendant plusieurs jours. Si l'on s'est brûlé très gravement, on appellera immédiatement le médecin qui formulera une préparation officinale ou qui indiquera même une spécialité qu'il connaît contre la brûlure, mais, dans ce cas, la publicité n'a plus à intervenir, ou, alors, il faudrait admettre qu'au moment précis où l'on se brûle, on a sous les yeux le journal qui contiendra l'annonce de la spécialité ou la brochure par laquelle le spécialiste la recommandera. Et encore où se la procurera-t-on ? Nulle part, sans doute, à moins que la vente n'ait été préalablement organisée. Un tel concours de circonstances serait tellement exceptionnel qu'il n'y a pas à l'envisager.

Pour conclure, nous dirons qu'on peut toujours essayer le lancement de spécialités pharmaceutiques auprès du public, à condition de disposer de capitaux suffisants pour soutenir l'effort *pendant un certain temps*. Ces sortes d'affaires sont soumises aux mêmes conditions que les lancements de marques de consommation, et nous renvoyons les lecteurs qui se proposeraient de vulgariser une spécialité pharmaceutique vendue sous une marque, au chapitre spécial où nous avons amplement traité cette question (1).

Certaines spécialités pharmaceutiques se présentent au public sous des apparences qui ne sont pas celles d'un médicament spécialisé. Ce sont des traitements, propres à guérir des affec-

1. Voir p. 173 et suiv.

tions définies, mais sur la nature desquels il faut que les intéressés se documentent en s'adressant, par lettre ou autrement,
à un pharmacien pour lui demander son moyen de guérison. Le
pharmacien, dans ce cas, fait un peu de l'exercice illégal de la
médecine, puisque les indications qu'il fournit sur demande sont
un peu l'équivalent d'ordonnances. Ce danger est, généralement,
évité par les pharmaciens qui se livrent à cette sorte de trafic
par l'envoi de brochures, de livres [même, où la prescription
qu'ils font prend un caractère de généralité qui fait échapper
l'auteur aux responsabilités qu'il encourrait, de par la loi sur
l'exercice de la médecine et de la pharmacie. Il en est même
qui ne craignent pas de répondre aux sollicitations que la publicité leur procure, par des lettres manuscrites, dont la rédaction
est établie de manière à esquiver ces responsabilités par une
tournure impersonnelle. Ces lettres tendent à généraliser les
applications du médicament, ou du traitement, et sont ainsi
censées être dépourvues du caractère privé, spécial à la personne, que revêt une ordonnance médicale.

Ces entreprises sont susceptibles d'utiliser la publicité sur
une très vaste échelle; mais ce ne sont, à proprement parler,
que des affaires de vente par correspondance. Nous renvoyons
les lecteurs qui y seraient intéressés aux chapitres que nous
consacrons ultérieurement à la vente par correspondance
et au rappel d'offres méthodique (1). L'existence, le fonctionnement, l'organisation de ces entreprises les rattachent absolument à ces modalités de vente, au point de vue de la publicité à faire.

En somme, nous pouvons dire que la publicité intelligemment pratiquée est susceptible de mener sur le chemin de la
fortune un certain nombre de pharmaciens se consacrant à la
fabrication de spécialités lancées sur une vaste échelle.

1. Voir volume II, ch. x, La Vente par Correspondance et le Rappel
d'Offres Méthodiques.

Les Origines de la Publicité

DE L'ANTIQUITÉ AUX TEMPS MODERNES

◇ ◇ ◇

Écrire en détail l'histoire de la publicité dans le monde serait une tâche considérable qui n'entre nullement dans nos idées. Nous voulons simplement apporter ici quelques très rapides indications générales, situant brièvement l'évolution historique de la publicité dans le cadre de la vie sociale, politique et commerciale.

Ce serait une erreur de croire que la publicité est le produit de la civilisation actuelle et qu'elle ne serait née qu'au cours du siècle dernier.

Tout au contraire, la publicité est vieille comme le monde. Elle est née naturellement, le jour où les premiers hommes éprouvèrent le besoin de communiquer entre eux et de poser les bases de leurs relations économiques. L'homme des cavernes faisait de la publicité lorsqu'il disposait à l'entrée de son antre la peau du renne qu'il venait de tuer et de dépecer, indiquant par là, sans doute, qu'il était disposé à échanger une partie de sa chasse contre quelque autre objet qu'un de ses congénères aurait pu lui offrir.

Sans remonter aux civilisations hindoue, chinoise ou égyptienne, et aux traces de publicité qu'on découvre dans les relations commerciales de ces peuples, — n'a-t-on pas dit que les Pyramides d'Égypte n'étaient qu'une forme de publicité nécrologique à la gloire des Pharaons? — on constate l'existence de certaines formes de publicité chez les Grecs et les Romains.

Hérodote rapporte que c'est en Lydie qu'à sa connaissance, on organisa de toutes pièces le premier étalage. Des commerçants se décidèrent à exposer aux yeux de leurs concitoyens, en dehors de leurs maisons, les marchandises qu'ils offraient en vente. Les boutiques des commerçants avec les étalages apparaissent chez les Grecs dès les premiers âges, mais la publicité ne se borna pas là, et on en a retrouvé d'autres vestiges dans de nombreuses inscriptions, qui ont été spécialement étudiées et résumées par un savant helléniste, M. Philippe Berger. C'est sous la forme de l'affichage qu'elle se manifesta particulièrement, par des inscriptions grossièrement tracées sur les murailles ou gravées dans les pierres des édifices.

A Rome même, les colonnes et les murs du Forum étaient couverts d'inscriptions de toutes sortes, par lesquelles le peuple glorifiait des généraux ou des tribuns, et où aussi des marchands : bouchers, changeurs, tisserands, se recommandaient à la bienveillance des acheteurs. L'affichage dans les grandes villes de l'empire romain avait pris un tel développement et se montrait tellement envahissant, surtout à l'époque des élections, où les candidats traçaient leurs promesses sur tous les emplacements libres et se faisaient recommander de la même manière par leurs amis politiques, qu'un précurseur des adversaires actuels des abus de l'affichage défendait en ces termes qu'on affichât sur les murs de sa maison : « Je prie qu'on n'écrive rien ici. Malheur au candidat dont le nom sera écrit sur ces murs. Puisse-t-il ne pas être élu ! »

Les fouilles que l'on a faites et que l'on fait encore à Pompéi rendent au jour, à chaque instant, de curieux spécimens de l'affichage de cette époque.

On y a découvert notamment les vestiges d'un bar, assez bien conservés du reste, si bien même qu'on y lit encore, sur certaines parties des murailles, des affiches électorales de l'époque.

Des voies importantes, des murs de maison, dans les rues les plus fréquentées, ont été retrouvés couverts d'inscriptions commerciales de toute nature. Les murailles, généralement blanchies, étaient même divisées en cases, et l'on traçait dans ces cases de véritables annonces, en couleur rouge ou bleue. Cette publicité fut si active que les soubassements des murs eux-mêmes recevaient de ces sortes d'affiches.

Cependant, les commerçants romains s'aperçurent vite que la publicité constituée par leurs étalages et leurs inscriptions ne suffisait pas à attirer à leurs boutiques des chalands nombreux. C'est de cette époque que datent les crieurs publics, généralement recrutés parmi les affranchis. Enfin, et l'on s'étonne que ce peuple n'y ait pas songé plus tôt, vint l'enseigne.

L'enseigne servait donc à distinguer la maison du marchand et à la faire reconnaître, alors que les habitations ne portaient

Fig. 91.

Un « bar » pompéien avec ses murs de façade, dont l'un, à gauche, porte les traces d'une inscription électorale.

point de numéro. Entrés dans cette voie, les commerçants de Rome ne tardèrent pas à y passer maîtres : non seulement l'enseigne indiquait le nom du marchand et son genre de commerce, mais elle s'augmentait d'un éloge pompeux des marchandises ou des produits qu'il vendait. Ces enseignes et ces inscriptions furent à un certain moment si nombreuses à Rome et leur vogue fut si considérable que la loi les sanctionna et en interdit la détérioration.

Comme on le voit, la publicité existait déjà sous de multiples formes dans ces temps reculés. Il ne lui manquait qu'une chose : des moyens rapides et nombreux de se multiplier.

Dalloz aîné, dans son *Répertoire de doctrine et de jurispru-*

dence, a indiqué l'origine de la publicité administrative et légale :
« De tous temps, nous dit-il, on a dû porter à la connaissance
des citoyens les lois, les actes de l'autorité, auxquels ils devaient
obéir, les choses qu'il leur importait de connaître ou auxquelles
il était intéressant de donner de la publicité. »

M. Pierre Nolay, qui s'est livré à de sérieuses études sur la
publicité dans l'antiquité, nous apprend encore que « dans les
derniers siècles de l'empire, on vit même apparaître, sous le
nom de « livrets », nos prospectus modernes. La veille des jeux,
les entrepreneurs faisaient distribuer à travers la ville le programme complet de la fête du lendemain. Ces prospectus étaient
établis à très bon compte, grâce à la multitude des copistes.
Cependant, pour une raison qui n'a pu encore être déterminée,
on ne s'en servit que fort rarement. Cicéron semble être le premier qui ait eu recours à ce procédé pour répandre dans tous les
villages de l'Italie sa plaidoirie contre Catilina. »

« Quant au journal — manuscrit bien entendu — les Romains
n'y virent jamais un moyen de publicité. Cent ans avant notre
ère, il existait à Rome, sous le nom d' « actes diurnaux », une
sorte de journal qui reproduisait les affiches officielles du Forum.
On y inséra bientôt des renseignements non officiels, avis de
naissance, de mariage, de décès et même comptes rendus des
jeux. Cependant, jamais on n'eut l'idée d'y insérer de réclames.
Cette feuille, paraît-il, servait surtout à faire patienter les
clients chez les barbiers. »

Néanmoins, les feuilles politiques, fort rares, d'ailleurs, de
l'ancienne Rome, publiaient comme nos grands journaux d'aujourd'hui, les annonces de mariages, les avis de funérailles, les
édits, les condamnations. Pétrone nous donne, du reste, un
exemple de ce que pouvait contenir un journal de ce temps,
lorsque l'intendant de Trimalcion interrompt les extravagances
de son maître pour lui lire ses tablettes, semblables, dit Pétrone
lui-même, aux actes de la ville. Voici la lecture qu'il lui fait :

« Le 7 des calendes de sextilis. Dans la terre de Cumes, propriété de Trimalcion, il est né trente garçons et quarante filles.
On a porté de l'aire au grenier cinq cent mille boisseaux de blé ;
on a dompté cinq cents bœufs. Le même jour, l'esclave Mithri-
date a été mis en croix pour avoir mal parlé du génie de notre
Caius. Le même jour, encaissement de ce qui n'a pu être placé,
cent mille sesterces. Le même jour, incendie dans les jardins de

Pompéi ; le feu a commencé par la demeure du fermier Nasta.
— « Qu'est-ce, dit Trimalcion ; depuis quand a-t-on acheté pour
moi les jardins de Pompéi ? — L'année dernière, reprend l'intendant, et c'est ce qui fait que le compte n'en a pas encore été
rendu. » Trimalcion irrité s'écrie : « Si je ne sais pas dans les
six mois les terres que j'ai achetées, je défends qu'elles soient
mises à mon compte. » On lit ensuite les ordonnances des édiles,
les testaments où les gardes champêtres disent pourquoi ils
n'ont rien légué à Trimalcion, les dettes des fermiers, l'aventure d'une affranchie surprise chez le baigneur et répudiée par
le surveillant, la relégation du valet de chambre à Baïes, la mise
en accusation de l'astronome et son jugement par les gens de
maison. »

✿ ✿ ✿

L'époque gauloise ne nous a révélé rien qui soit de la publicité proprement dite. Du reste, le flambeau de la civilisation
romaine qui avait si longtemps éclairé les esprits en Gaule,
s'éteignait, et la barbarie renaissante ne comportait rien qui pût
y ressembler. La condition essentielle de l'existence d'une publicité importante est, en effet, la capacité qu'ont les individus de
lire ; et, à une époque où personne ne savait lire, sauf quelques
rares religieux, la plus simple des publicités eût été bien inutile. Toutefois, l'étalage et l'exposition des marchandises sub-
sistèrent naturellement. Puis, de Rome, l'usage des crieurs
s'était répandu dans les Gaules et persista en France pendant
longtemps.

On avait recours aux crieurs pour répandre les avis
que les marchands désiraient communiquer au public ; ces
crieurs étaient de véritables officiers publics, formant une corporation, ayant leurs statuts particuliers et leurs Maîtres. Par
lettres patentes du mois de septembre 1651, les jurés crieurs
furent érigés en titres d'officiers royaux, au nombre de trente.
De nouvelles lettres patentes de janvier 1670 en portèrent le
chiffre à cinquante, et bientôt, de semblables offices furent créés
dans toutes les villes du royaume par différents édits. Mais, dès
le XIVᵉ siècle, les marchands eux-mêmes furent leurs propres
crieurs, eux ou leurs aides, car ils allaient de porte en porte,
afin d'offrir leurs marchandises.

Les cris de Paris, particulièrement, sont un remarquable sujet de publicité. Toutes les marchandises se criaient, depuis le poisson jusqu'au beurre frais, le vin de Suresnes jusqu'à la salade, les oranges jusqu'aux poires. On criait des sauces pour assaisonner les viandes, on criait les fruits, le pain, les légumes. Mais dominant le tout, les cris des marchands de poisson remplissaient les rues étroites de la capitale de leurs clameurs. Guillaume de la Villeneuve, qui vivait au xvᵉ siècle, en fit un poème intitulé : « Les Crieries de Paris », dans une langue des plus savoureuses, qui, malheureusement, serait aujourd'hui difficilement comprise.

L'immortelle invention de l'imprimerie devait bouleverser ces vieux errements. Non point à son début — car elle ne fut utilisée d'abord que pour l'impression des livres, et particulièrement des livres saints — mais seulement lorsque les perfectionnements qu'elle reçut après la mort de son inventeur permirent d'en étendre l'application à des buts plus modestes, et aussi plus nombreux. C'est l'époque des premières affiches. Cependant, sous François Iᵉʳ, les affiches, qui ne servaient alors qu'à publier les actes officiels, étaient encore écrites sur du parchemin ; il faut atteindre le milieu du xviiᵉ siècle pour rencontrer les premières affiches imprimées. L'affichage, alors, n'était permis qu'aux premiers magistrats des villes. Dans la capitale, le prévôt de Paris avait seul le droit de faire apposer des affiches qui, toutes, d'ailleurs, avaient un caractère officiel.

Dès que l'imprimerie permit de répandre à plusieurs exemplaires des écrits quelconques, les pamphlétaires de l'époque s'en servirent clandestinement pour attaquer les grands, fronder le gouvernement et ses édits. La police ne se bornait pas à lacérer ces placards et à poursuivre leurs auteurs lorsqu'elle les découvrait. Un arrêt du Parlement du 22 janvier 1653 fait défense à tout imprimeur d'imprimer des placards et mémoires pour afficher sans permission, et à toute personne de les afficher, sous peine de vie.

Quelques années plus tard, Louis XIV rendait l'ordonnance suivante :

Louis, par la grâce de Dieu, roi de France et de Navarre : A notre ami et féal conseiller en nos conseils, maître des requêtes ordinaires de notre hostel, le sieur de la Reynie, lieutenant général de police à Paris, salut. Suivant l'arrêt dont l'extrait est ci-attaché, sous le contre-scel de notre chancellerie, ce jourd'hui donné en notre Conseil d'État, nous y étant, nous vous mandons et ordonnons, par ces présentes signées de notre main, d'informer tant contre l'imprimeur qui a imprimé une prétendue ordonnance sur le fait des chasses que contre ceux qui l'ont distribuée et débitée et procéder contre eux suivant et au désir de nos ordonnances, conformément audit arrêt. Commandons au premier des huissiers de nos conseils ou autre huissier ou sergent, sur ce requis, de signifier ledit arrêt à tous qu'il appartiendra à ce qu'il n'en prétende cause d'ignorance, et faire pour son entière exécution tous autres significations, commandements, sommations, actes et exploits à ce requis et nécessaires sans autre permission. Voulons que ledit arrêt soit publié et enregistré en la communauté des libraires et imprimeurs, à la diligence des syndics et adjoints de ladite communauté, à ce qu'aucun n'en ignore ; et qu'aux copies d'iceluy et des présentes collationnées par l'un de nos amis et féaux conseillers et secrétaires, foi soit ajoutée comme aux originaux. Car tel est notre bon plaisir.

Donné à Saint-Germain-en-Laye, le 4 mars 1669.

Le peuple n'en goûtait pas moins ces affiches clandestines et anonymes, et, malgré la sévérité des ordonnances qui punissaient l'affichage non autorisé, celui-ci prit, au xvii° et au xviii° siècles, une importance toujours grandissante, jusqu'au jour où les marchands et les commerçants résolurent de tirer parti pour eux-mêmes de ce procédé nouveau de publicité, mis à leur disposition par la découverte de Gutenberg.

Les afficheurs publics formaient alors une corporation composée de quarante membres qui, seule, avait le droit de coller des affiches sur les murs de la capitale. Bon nombre de commerçants utilisèrent leurs services, mais ce fut surtout le recrutement militaire et les préparations pharmaceutiques qui en tirèrent le plus de profit. En 1766, le recruteur du régiment de La Fère faisait apposer l'affiche suivante, que plusieurs auteurs ont déjà citée, mais que nous reproduisons néanmoins à cause de son originalité :

AVIS A LA BELLE JEUNESSE

Artillerie de France. — Corps Royal.

RÉGIMENT DE LA FÈRE. — COMPAGNIE RICHOUFFTZ.

De par le Roy :
Ceux qui voudront prendre party dans le corps royal de l'artillerie, régiment de La Fère, compagnie de Richoufftz, sont avertis

que le régiment est celui des Picards. L'on y danse trois fois par semaine, on y joue au battoir deux foys, et le reste est employé aux quilles, aux barres, à faire des armes. Les plaisirs y règnent ; tous les soldats ont la haute paie, bien récompensés de places de gardes d'artillerie, d'officiers de fortune à soixante livres d'appointement.

Il faut s'adresser à M. de Richoufftz, en son château de Vauchelles, près Noyon, en Picardie. Il récompensera ceux qui lui amèneront de beaux hommes.

Vers la même époque, un sieur Laurent de la Roche, quelque peu apothicaire, faisait apposer une affiche conçue dans les termes suivants :

Par permission et privilège du roy, le public sera adverty que l'on vend à Paris un petit sachet, de la grandeur d'une pièce de quinze sols, pour garantir toutes sortes de personnes de la vermine et en nettoyer ceux qui en sont incommodés, sans mercure.

Il faut que chaque personne le porte toujours sur soy, attaché au col de sa chemise ou ailleurs, touchant la chair. Il n'apporte aucune incommodité ni mauvaise odeur. Le portant ainsi, l'on n'aura jamais de vermine à la teste, ny ailleurs, et quelque quantité que l'on en ayt, l'on est nettoyé dans trois semaines au plus tard ; et que l'on mette un desdits sachets en prenant un habit neuf ou une chemise blanche, et que l'un et l'autre pourrisse sur le corps sans les changer ni oster, d'un an l'on n'en aura aucun, quand même le corps les engendrerait naturellement ainsi que le roy a esté informé de cette vérité par la grande épreuve qui en a esté faite sur quinze cens pauvres de l'hospice général de Paris, comme il est justifié par l'arrest du Parlement et certificat cy après. Il le faut renouveler tous les ans, et pour six sols par an l'on est garanty de la plus grande misère que souffre le corps humain. Il est marqué de deux chiffres pour éviter que l'on ne le contrefasse pour tromper le public. L'on y vend aussi une tablette qui a la vertu, par son parfum, une fois par an, sans mauvaise odeur, de garentir chaque chambre, tant des maisons que des navires, des puces et punaises pendant un an. L'on le vend trois livres la pièce. L'on donnera l'instruction de s'en servir.

La Révolution devait faire tomber les entraves qui s'opposaient encore à la liberté de l'affichage. C'est du 28 juillet 1791 que date le décret qui interdisait aux particuliers de faire imprimer leurs affiches sur du papier blanc, ce papier étant réservé pour les actes de l'autorité, mais l'affiche sur papier de couleur devint libre, sauf pour les placards ayant un caractère politique.

On a longtemps discuté et l'on discute encore sur le point de savoir à quelle époque remonte le premier avis de publicité inséré dans les journaux. C'est à Théophraste Renaudot, le précurseur de la publicité moderne en France, qu'il convient d'en attribuer le mérite. Mais il eut rapidement des émules, et l'on trouve dans *le Journal de Paris*, et dans *la Chronique de Paris*, non moins que dans *la Gazette de France*, le journal fondé par Th. Renaudot en 1631, de nombreux exemples d'insertions payées.

L'annonce à laquelle on attribue l'ancienneté la moins contestable est la suivante :

De Saint-Germain-en-Laye, le 2 juillet 1631. — La sécheresse de la saison a fort augmenté la vertu des eaux minérales, entre lesquelles celles de Forges sont ici généralement en usage. Il y a trente ans que M. Martin, grand médecin, leur donna la vogue ; le bruit du vulgaire les approuva. Aujourd'hui, M. Bonnard, premier médecin du Roy, les a mises au plus haut point de la réputation que sa grande fidélité, capacité et expérience peut donner à ce qui le mérite vers Sa Majesté, qui en boit ici par précaution, et presque toute la cour à son exemple

Goûtez maintenant, comme il convient, cet amour d'entrefilet, plus récent, paru dans *le Cabinet des Modes* en 1785, le plus luxueux des journaux de modes de l'époque, car il contenait des gravures en couleur :

AVIS AUX DAMES

Le rouge est très ancien. Il était même chez les païens d'institution divine. Junon s'en servait ; sans doute, ce n'était pas le jour où elle emprunta la ceinture de Vénus. Ce qui est sûr, c'est qu'une de ses suivantes vola un pot de fard sur sa toilette pour le donner à Europe.

Europe l'apporta dans cette partie du monde qui porte son nom ; c'est en France surtout que les dames s'empressèrent d'adopter une mode qui venait du ciel ; et depuis les Pictes, l'art a conservé le droit d'embellir la nature.

Cet honneur coûta à l'art bien des travaux et des peines. Combien de fois les grâces rebutées de ses essais informes et peut-être dangereux, implorèrent les lumières des savants chargés de veiller sur leurs charmes ! Enfin, voici un nouveau procédé que la société royale de médecine approuve et garantit. C'est Flore elle-même qui l'a fourni à la Demoiselle Latour. Son rouge a le parfum et le coloris de la rose. Elle demeure rue Montmartre, n° 182, vis-à-vis le bureau des messageries.

La presse politique anglaise, qui devança la nôtre, insérait également des annonces. Le *Public Advertiser* du 16 février 1652 contenait ceci :

Dans Bishopsgate Street, à Queen's cad Alley, dans la maison d'un Français, on trouve une excellente boisson nouvelle appelée « chocolat », qui vient des Indes occidentales. On la trouve prête à toute heure, ou à emporter, pour la faire soi-même, à des prix raisonnables.

Le procédé n'a pas beaucoup varié depuis, si la forme a beaucoup changé.

Revenons en arrière pour rechercher l'origine du prospectus. Elle est contemporaine de l'invention de l'imprimerie. Le plus ancien qu'on ait découvert est une vieille petite feuille jaunie, écrite en latin, et qui remonte aux environs de l'an 1479. Par ce prospectus, le libraire Pierre Schaeffer, de Mayence, avait noté la liste des ouvrages imprimés qu'il offrait au public ; dans le coin inférieur de ce papier, le commis-voyageur qui se chargeait de placer ses livres avait indiqué à la main son nom et l'enseigne de l'hôtellerie où il logeait. Il répandait des prospectus semblables dans les écoles et dans les rues passantes, et recueillait ses commandes en même temps qu'il distribuait son petit papier. On a bien trouvé aussi, dans des catalogues de librairie remontant au xvᵉ siècle, de petites feuilles glissées entre les pages des livres et qui annonçaient la publication d'un livre nouveau, mais ces imprimés n'avaient pas, à vrai dire, le caractère de publicité ouverte qu'a le prospectus, et nous n'en parlons que pour mémoire.

Mais, peu à peu, l'usage du prospectus se répandit, au fur et à mesure que l'imprimerie se vulgarisait ; il était, d'ailleurs, rédigé de la façon la plus simple et sans aucune recherche typographique ; voici comment un prospectus de 1750 prône les vertus du baume de M. le Commandeur de Perne :

Il n'y a point de coup de fer ou de feu, pourvu que la plaie ne soit pas mortelle, qu'on ne guérisse en huit jours en y mettant du baume, soit avec une plume, coton ou injection.

Il est sûr pour la morsure des bêtes venimeuses et même des chiens enragés. Il est bon pour empêcher d'être marqué de la petite vérole, en frottant les grains qui sortent du visage à mesure qu'ils paraissent. Il est excellent pour les hémorroïdes, en les frottant lorsqu'on se met au lit. Il est admirable pour le pourpre. Il faut en avaler cinq ou six gouttes dans quatre ou cinq cuillerées de bouillon.

Vers la même époque, un dentiste faisait distribuer le papier suivant :

AVIS SALUTAIRE AU PUBLIC

Le Grand Thomas, reçu à Saint-Côme et fameux opérateur pour la partie qui concerne les dents, donne avis au public qu'il arrachera les dents pendant quinze jours gratis, en réjouissance de l'heureuse naissance de Mgr le Dauphin, et qu'à cette occasion, il tiendra, lundi prochain 19, du présent mois, table ouverte sur le Pont-Neuf, depuis le matin jusqu'au soir, et donnera, pour le dessert, une petite réjouissance d'artifice.

Sa place ordinaire, sur le Pont-Neuf, vis-à-vis le cheval de bronze.

La recherche apportée à la typographie est, d'ailleurs, une conséquence toute moderne de la concurrence que se font entre eux les commerçants ; jusqu'en 1730, sa physionomie ne varie guère. Il sert à vulgariser les inventions nouvelles, les découvertes de la médecine et de la pharmacie : des prospectus d'alors apprennent au public l'existence d'ingrédients capables de donner au plus mauvais vin la couleur, le parfum et le goût que l'on veut qu'il ait, ou de conserver indéfiniment la viande et le poisson frais. Bien avant Liebig et son « Oxo », un prospectus du xviiie siècle indiquait aux ménagères économes le moyen de faire un excellent potage en cinq minutes, avec de l'eau bouillante dans laquelle on faisait dissoudre du terouen desséché. L'invention de la bougie détermine l'impression d'une masse de prospectus, sous le flot desquels l'antique chandelle succombe. Enfin, le prospectus devint illustré vers 1830, et Balzac en a immortalisé le type dans son roman « César Birotteau », à propos de l'huile céphalique, inventée par le héros de son ouvrage (1).

Nous voici parvenus au seuil de la grande publicité; sa naissance coïncide avec celle de la presse quotidienne à bon marché, et c'est au génie d'Émile de Girardin que nous la devons, car c'est lui le premier qui transforma complètement les conditions d'existence de la presse, en substituant au journal cher, qui ne vivait que de ses abonnés, le journal bon marché, qui devait surtout vivre de ses annonces. Sa conception n'alla pas jusqu'au journal à cinq centimes et à huit ou dix pages, comme nous l'avions avant la guerre. Il se borna au journal à dix centimes et à quatre pages, mais à grand format.

L'organisation du service de publicité que Girardin créa pour permettre à son nouveau journal *la Presse* (fondé en 1836) de vivre et de prospérer par les recettes qui lui venaient de la publicité, était, sinon des plus perfectionnées, du moins des plus compliquées. Elle comportait la création à Paris de nombreux bureaux auxiliaires où le public était à même de déposer chaque jour le texte de ses annonces, moyennant le versement de leur prix. Le développement inattendu que prit dès lors *la Presse* lui suscita aussitôt plusieurs concurrents, et, comme la fonction crée l'organe, le commerce de la publicité et la recherche des annonces pour les journaux devinrent une véritable entreprise professionnelle, grâce à quelques innovateurs qui s'appelaient d'abord Duveyrier, puis Lebey, Bullier, Mercier. Ils ont eu des successeurs. Malheureusement, entre les mains de ces intermédiaires, le commerce de l'annonce tendit très rapidement à devenir un monopole de fait, qui, comme tous les monopoles, eut pour résultat de fausser et d'élever d'une manière anormale les prix de la publicité dans les journaux. A l'heure actuelle, encore, le joug de cette organisation pèse sur l'industrie et le commerce français, et continue à détourner des colonnes des journaux une publicité abondante et loyale qui y prendrait une place importante, si les tarifs imposés par les journaux eux-mêmes et par les régisseurs et fermiers d'annonces n'avaient pas atteint des hauteurs qui les rendent parfois doubles, triples ou quadruples des tarifs appliqués par la presse d'autres pays, tels que l'Alle-

---

1. Voir dans les numéros de novembre 1910 et février 1911, de la revue *La Publicité,* l'article de Comfort intitulé : Coups d'œil rétrospectifs : — *La Publicité dans un roman de Balzac.*

magne, l'Angleterre et l'Amérique, dans lesquels ne s'est pas exercée une omnipotence pareille, au détriment des Annonceurs.

Telle est, très succinctement retracée, l'histoire des origines de la publicité, depuis l'antiquité jusqu'à nos jours.

On voit que la technique de la publicité perfectionnée tire peu de profit de ce qui s'est fait dans le passé.

Ce n'est guère qu'à partir de 1900-1910 qu'on s'est préoccupé sérieusement d'étudier les conditions d'efficacité de la publicité commerciale et industrielle, et chaque année marque quelques pas de plus dans la voie de la généralisation des bonnes méthodes de la publicité qui donne le meilleur rendement.

Le xxe siècle est appelé de plus en plus à devenir le siècle de la publicité — de la publicité scientifique et rationnelle, c'est-à-dire de la publicité atteignant son plus haut degré de productivité.

❧

Les Cours techniques de Publicité
par Correspondance
de la revue *La Publicité*

A titre documentaire, nous ne saurions mieux faire connaître toute l'ampleur du rôle de D. C. A. Hémet en matière de publicité qu'en parlant ici [brièvement de trois institutions qui doivent leur naissance soit à lui-même, soit à son exemple, soit à son inspiration, à savoir :

Les *Cours techniques de Publicité par Correspondance*, la revue *La Publicité* et le *Bureau Technique de « La Publicité »*.

Les Cours techniques de publicité par Correspondance de la revue *La Publicité* sont une œuvre d'enseignement de la publicité sans analogue en Europe, et même aux États-Unis, le pays qui, cependant, a été le berceau des écoles de publicité.

Nous nous bornerons à donner ici des extraits d'articles parus dans la revue *La Publicité*, sur une institution qui est appelée à avoir une influence capitale dans tous les pays de langue française pour la [formation de professionnels d'élite dans les carrières de la publicité.

❧ ❧ ❧

(Extrait du numéro de mars 1919 de la revue *La Publicité*.)

La revue *La Publicité*, dont le rôle éducatif n'a pas besoin d'être souligné, estime que le moment est venu de parachever sa mission en créant des *Cours de publicité par correspondance*.

Elle ne fera ainsi que développer l'œuvre de son regretté fondateur, M. Hémet, qui, on le sait, fut un des premiers et des plus éminents professeurs de publicité en France.

Nos Cours auront pour objet de former des *techniciens en publicité*, capables de diriger la publicité d'une entreprise quelconque, soit pour eux-mêmes, soit pour autrui.

Pour que nos Cours soient fructueux, nous considérons qu'ils ne peuvent être suivis que par des *esprits intelligents* et ayant déjà *le goût du Commerce*.

Pour ceux qui ne rempliraient pas ces deux conditions, nous croyons que cet enseignement serait stérile, mais, ces conditions étant remplies, nous pensons que cet enseignement est aussi utile — NI PLUS, NI MOINS — que n'importe quel autre enseignement.

Nous n'avons pas la prétention de CRÉER des génies en publicité : les Pascal *inventent d'eux-mêmes* la géométrie.

Mais, en dehors des Pascal — qu'il s'agisse de sciences, de lettres ou de techniques diverses — *toute chose peut être enseignée*, c'est-à-dire que chacun a intérêt à être amené SYSTÉMATIQUEMENT à réfléchir sur « les préceptes et les exemples » qui lui sont méthodiquement soumis.

Des « préceptes et des exemples » de publicité, avec commentaires et exercices pratiques, voilà quelle sera notre méthode. Mais ce qui, croyons-nous, fera toute la valeur de cette méthode, c'est la façon dont elle sera présentée, ce sont les CONDITIONS PÉDAGOGIQUES de son application.

Or, nous avons la bonne fortune de nous être assuré, pour diriger ces Cours, la collaboration de quelqu'un QUI SAIT ENSEIGNER, et dont la compétence pédagogique a fait ses preuves dans l'Enseignement supérieur et dans l'Enseignement secondaire — *enseignement officiel de l'État* — en France et à l'étranger, ainsi que dans l'enseignement de la publicité elle-même.

Cette garantie pédagogique — condition essentielle du succès de cet enseignement — sera, bien entendu, complétée, de la manière requise, par la collaboration de *l'État-major des techniciens en publicité* que notre maison, comme on le sait, a su grouper sous son vieil étendard.

Inutile d'insister sur ce fait que, bien que mettant à profit toute la documentation existante sur la publicité faite dans le monde entier, nos Cours seront conçus, rédigés et pratiqués uniquement *par* des Français et *pour* des Français.

(Extrait du numéro d'avril 1919 de la revue *La Publicité*.)

En prenant l'initiative de créer des Cours de Publicité par correspondance, *La Publicité* savait qu'elle comblait une lacune et qu'elle répondait à un besoin ; mais elle était loin de s'attendre à l'accueil si empressé et si flatteur pour elle que le public a bien voulu faire tout de suite à cette innovation.

Nous avons, en effet, reçu des demandes de renseignements de tous les coins de la France, et même de l'étranger, et provenant de catégories de personnes les plus diverses, depuis l'élève sortant à peine de l'école de commerce, jusqu'au commerçant blanchi déjà sous le harnais professionnel, sans oublier, ce qui est pour nous le plus grand des honneurs, les titulaires des grades les plus sérieux de nos Facultés de Droit et des Lettres et les chefs de publicité des firmes les plus importantes.

Nous allons montrer aujourd'hui comment nous pensons être dignes de cette confiance en faisant connaître à quel personnel ont été confiées la préparation, l'organisation et la mise en œuvre de cet enseignement.

1º La direction pédagogique — chose essentielle en l'espèce, car la publicité ne peut être bien enseignée que par un spécialiste non seulement de la publicité mais surtout des méthodes intuitives de l'enseignement en général — en a été confiée à M. Louis Angé, qui, ancien professeur de langues classiques et modernes dans divers collèges, lycées et facultés de France et de l'étranger, s'est, depuis plus de dix ans, attaché à l'étude scientifique et expérimentale de la publicité, et qui est actuellement chargé de Cours de Publicité à l'École Supérieure pratique de Commerce et d'Industrie de Paris, où il professe également le Cours de Publicité faisant partie des Cours spéciaux de Sciences Commerciales organisés par cette École pour les étudiants de l'armée américaine.

Sous le pseudonyme, depuis longtemps familier à nos lecteurs, de Comfort, M. Angé a publié ici, à ses moments perdus, de nombreux articles.

2º M. Émile Gautier, l'éminent publiciste, le maître de la chronique documentaire, le vulgarisateur de tant de découvertes scientifiques et de tant de nouveautés industrielles et commerciales, fera, *de façon permanente*, profiter nos Cours de son expérience en la matière, ainsi que de son autorité intellectuelle ;

3° La direction technique sera assurée par M. Jep, le rédacteur en chef de cette revue, dont ce n'est pas ici le lieu de faire l'éloge ; la myriade d'annonces qu'il a composées et qui ont rempli les journaux des deux continents sont la meilleure preuve de sa compétence.

4° M. René Carré, qui connaît à fond la publicité anglaise et américaine pour l'avoir étudiée et pratiquée sur place, sans parler de son expérience quotidienne de la publicité française, apportera à nos Cours toutes les lumières du praticien.

5° Enfin, en dehors de la collaboration assidue des quatre théoriciens et techniciens susnommés, nous ferons appel, pour certains points particuliers, à ceux de nos collaborateurs ou des spécialistes de la typographie et des diverses techniques d'illustration et de reproduction dont le concours pourrait nous être utile.

(Depuis lors, les Cours de Publicité disposent de la collaboration autorisée de M. Garnier, dont la compétence s'affirme spécialement en matière de typographie appliquée à la publicité.)

❖

(Extrait du numéro de mai 1919 de la revue *La Publicité*.)

Après avoir annoncé, d'une façon générale, la création de nos Cours de Publicité par correspondance et fait connaître à quel personnel — dont nous avons laissé à nos lecteurs le soin d'apprécier l'autorité et la compétence — ont été confiées la préparation, l'organisation et la mise en œuvre de cet enseignement, nous tenons aujourd'hui à réfuter d'un mot une objection qui se présente naturellement à l'esprit de beaucoup de gens d'une intelligence parfois supérieure, mais qui sont peu au courant des rapports de la science avec l'action, de la théorie avec la pratique, de la pédagogie avec la vie.

La publicité peut-elle s'enseigner, ou plutôt quelle peut être l'efficacité de cet enseignement ? — A cette question, nous répondrons ce qui suit :

Si vous avez beaucoup de temps et d'argent à perdre en tâtonnements superflus, votre meilleur maître sera la pratique. Mais, si vous tenez à apprendre dans le minimum de temps et avec le minimum de frais et d'efforts, *profitez de l'expérience acquise*

et des connaissances spéciales de ceux qui les mettent précisé-
ment à votre disposition sous forme de cours.

Si vous êtes un imbécile, vous n'apprendrez pas plus la publicité que vous n'apprendrez autre chose. Nos cours ne sont pas faits pour vous.

Mais, si vous êtes un homme normal — d'une intelligence moyenne et ayant le goût des questions si passionnantes qu'englobe l'organisation moderne du commerce — vous profiterez autant de nos leçons qu'un étudiant normal profite des cours de la Faculté de Droit ou de Médecine, ou de l'École des Beaux-Arts, s'il veut être avocat, médecin, peintre, sculpteur ou architecte.

Et, si même vous êtes un génie et un phénix, ce dont nous serions très heureux et vous féliciterions bien sincèrement, nous croyons que, même encore, nos Cours vous feront économiser du temps et de l'argent, en vous mettant en face de réalités que vous n'auriez découvertes qu'avec infiniment plus de peine.

D'ailleurs, la question de l'enseignement de la publicité est résolue en France, depuis la guerre, par tous les esprits éclairés qui, officiels ou non, ont proclamé et fait reconnaître unanimement la nécessité de développer l'enseignement technique, industriel et commercial, *dont la publicité n'est qu'un des rameaux.*

❦

Nous croyons intéressant de citer ici quelques opinions d'étudiants sur les Cours de Publicité suivis par eux. Ce qui fait la valeur particulière de ces opinions, c'est qu'elles sont entièrement spontanées, qu'elles n'ont pas été sollicitées et qu'elles sont simplement extraites des lettres ou des exercices envoyés par les étudiants à la direction des Cours.

De M. A., chef de publicité, à Paris :

Quelques occupations urgentes d'abord et ensuite la complexité de ce Cours que j'étudie soigneusement m'ont surtout demandé du temps, désirant le suivre d'une façon très sérieuse vu son grand intérêt.

Tous les jours la science de la publicité ouvre de nouveaux

horizons; et surtout la façon rationnelle avec laquelle votre Cours est traité le rend très intéressant.

J'espère arriver par la suite, guidé par vos conseils, à parfaire mon savoir et devenir un publicitaire dans une moyenne assez bonne.

Je ne sais si j'y parviendrai, mais, en tous cas, je tiens déjà à vous remercier de l'excellent enseignement dont vous avez pris l'initiative.

Autre citation :

Je puis donc maintenant reprendre de façon suivie l'étude de votre Cours, dont l'intérêt indiscutable me permet de parfaire si utilement mes connaissances publicitaires.

De M. B., à Paris :

Cette première leçon du Cours de Publicité a fortement développé en moi l'idée de critique et surtout d'observation.

De M. C., à Nancy :

Mon temps et mes moyens ne me permettant de consacrer qu'une modeste partie de leurs disponibilités à l'étude de la publicité que j'envisageais toujours sérieusement, je cherchais dans les programmes de différentes écoles par correspondance celui de leurs Cours qui serait susceptible de me satisfaire, quand le bienheureux hasard me fit découvrir dans le Bottin l'adresse de *La Publicité* et de ses « Cours par Correspondance ».

Depuis la réception de la première leçon de ces Cours, pour mettre en application les excellents conseils de documentation qui y sont indiqués...

Autre citation :

Que je regrette d'être devenu si tard votre élève! C'est vous dire combien j'apprécie votre enseignement...

De M. D., à Nice :

Si, extrêmement absorbé par mes nouvelles occupations, je n'ai plus le temps matériel de faire mes « devoirs », je n'en continue pas moins à lire et étudier avec le plus vif intérêt et le plus réel profit les leçons que vous continuez à m'envoyer. Celle de la Marque a particulièrement retenu mon attention. Et voici la première production publicitaire où s'essaie votre élève...

De M. E., département de l'Isère :

Une chose qu'il m'a été très agréable de trouver dans le Cours, c'est l'esprit de droiture, d'honnêteté qui en fait pour ainsi dire le fond.

Nous voyons maintenant autour de nous tellement de bluff, d'exagération, de mensonge, qu'il est bien précieux de constater encore de la droiture chez ceux qui veulent bien se charger de faire l'éducation des commerçants, des industriels et des publicitaires.

La publicité est encore critiquée par beaucoup parce qu'ils ne la connaissent pas, ou ils ne connaissent pas la bonne publicité, qu'ils confondent avec le charlatanisme.

Aussi est-ce avec un grand plaisir que nous voyons les professeurs des Cours techniques de Publicité établir soigneusement la ligne de démarcation de la vraie publicité, afin qu'elle ne soit pas confondue avec ce qui n'est que de la contrefaçon.

De M. F., au Canada :

Mes remerciements les plus vifs pour les deux premiers devoirs retournés et annotés avec tant de soin et d'à-propos.

Autre citation :

Avant de terminer cette courte lettre, je veux vous remercier vivement du soin que vous avez apporté à la correction de mes devoirs; une attention aussi suivie de votre part ne peut que m'encourager à travailler plus encore.

Autre citation :

Jusqu'à aujourd'hui, je m'étais contenté d'imiter, peut-être un peu servilement parfois, nos voisins des États-Unis, mais depuis que je reçois votre journal *La Publicité*, et après lecture de votre première leçon, j'ai vu réellement que l'homme de valeur en publicité, comme ailleurs, doit penser et agir par lui-même.

Et j'ai mis en pratique ce principe de la personnalité, en concevant un dessin original...

... Tout ce que je puis vous dire, c'est que, maintenant, je veux voler de mes propres ailes, si vous voulez bien m'indiquer vers quels cieux il me faudra aller.

D'autres indications sur les Cours Techniques par Correspondance (1) de la revue *La Publicité* se trouvent dans le second volume du présent ouvrage, Appendice I.

1. Les personnes qui s'intéressent à ces Cours par Correspondance, — qui, étant individuels, peuvent être commencés à n'importe quel moment de l'année, — n'ont qu'à demander la *Notice de Renseignements n° 1* à M. le Directeur des Cours techniques de Publicité, 6, rue Grange-Batelière, Paris, 9°.

1. Nous publions dans cet appendice, à titre de documentation, les tables des matières parues dans la revue *La Publicité* de 1909 à 1913.

Pour le Commerce de détail (Divers.)

8ᵉ Année : Janvier à Décembre 1910

10ᵉ Année : Janvier à Décembre 1912

Pour le Commerce de détail.

(Voir dans le vol. II la table des matières de Février 1919 à Janvier 1922.)

APPENDICE IV

Le Bureau Technique de la revue
" *La Publicité* "

Dès 1907, M. D. C. A. Hémet avait été amené, par la force même des choses, à créer un organisme qui était alors sans précédent en France, et voici comment il en a expliqué lui-même l'origine : « Un grand nombre de nos abonnés et de nos lecteurs nous demandent de leur procurer les moyens de faire de bons clichés d'annonces, de bonnes rédactions d'articles ou de prospectus; des dessins suggestifs; ils désirent, en un mot, que nous leur donnions des idées, que nous leur en facilitions l'application et que nous nous chargions, au besoin, de la direction de leur publicité.

« Jusqu'ici, nous avons cherché à satisfaire nos correspondants par nos seuls moyens. Mais les demandes sont devenues si nombreuses que nous avons dû créer, pour y répondre, une organisation spéciale qui comporte : des dessinateurs habiles, des rédacteurs documentés, des compositeurs d'annonces éclairés, bref, des techniciens de publicité, parfaitement au courant de tout ce qui peut être fait pour conduire au port n'importe quelle entreprise, basée sur la publicité sous n'importe quelle forme. »

C'est ainsi que fut fondé le Bureau Technique de la revue *La Publicité*, qui prit rapidement une grande extension et qui, depuis, n'a fait que se développer constamment. Aujourd'hui, la nécessité de plus en plus urgente d'éviter les fausses manœuvres, de réduire la dépense et de ne frapper qu'à coup sûr, rend les services du Bureau Technique indispensables pour tous les Annonceurs qui n'ont pas eux-mêmes une organisation de publicité suffisante ou qui désirent faire contrôler ou améliorer les travaux de cette organisation.

Le Bureau Technique est en mesure de fournir rapidement à tous les commerçants, agriculteurs ou industriels, des plans rationnels et méthodiques pour le lancement de toutes sortes de produits ou de marques, qu'il s'agisse d'objets de consommation ou d'entretien, de spécialités pharmaceutiques ou d'entreprises commerciales, agricoles, médicales ou financières. Il est, par conséquent, à la disposition de tous les Annonceurs pour l'étude de toute affaire destinée à vivre et à prospérer par la publicité, quelle que soit sa nature et son importance.

Combien de gens voudraient faire de la publicité, mais qui n'osent pas ou ne savent pas, ou qui, absorbés par la direction de leur maison, ne trouvent pas les heures nécessaires pour mettre sur pied une publicité vivante et productive! Le Bureau Technique répond donc parfaitement aux exigences particulières de cette situation, puisqu'il peut tenir lieu, pour de nombreux Annonceurs, d'un chef de publicité compétent, en étant leur conseil expérimenté et autorisé.

Dans la rédaction, l'illustration et l'impression de tous les éléments d'une publicité systématique : annonces, brochures, prospectus, catalogues, dépliants, circulaires, lettres de relance, affiches, tableaux-réclame, etc., il apporte des idées neuves et originales, des idées « qui font vendre ». Témoin ce qu'écrivent ses clients désireux de lui exprimer leur satisfaction : « La rédaction est parfaite et me vaut une nouvelle occasion de rendre hommage à vos conceptions.... J'ai l'honneur de vous accuser réception des lettres de relance que j'attendais : je vous adresse toutes mes félicitations, car je suis pleinement satisfait de leur rédaction, etc. »

Voici, à titre de documentation, quelques-unes de ses principales références; on verra que son activité embrasse presque toutes les branches des affaires.

Marques Pharmaceutiques

Dépuratif Richelet.	Dentol.
Pectoral Richelet.	Goudron Guyot.
Pastilles Richelet.	Charbon de Belloc.
Végétal Richelet.	Quinium Labarraque.
L'Iridal.	Pâte Regnault.

Autoplasme.
Goménol.
Lithinés du Dr Gustin.
Sirop des Vosges Cazé.
Fer Bravais.
Elixir Duchamp.
Poudre de Cock.
Réglisse Florent.
Wincarnis.
Pastilles du Dr Gého.
L'Antésite.
Sirop de Joupy.
Pastilles Libéria.
L'Ovitine.
Traitement du P. Kœnig.
Le Thé d'Alger.
Produits Bénit.
Cachets Kustophile.
La Névroplasmine.
Le Graminol.
Pastilles de Sœur Louise.
Phosphorgane.
Produits Sam.
Le Sulfo-Benzol.
Pilules Vixir.
Pilules Ho-Her.
Pommade Ardagh.
Parrafinoil.
Droguerie Piot, Lemoine et Royer, Paris.
Pharmacie Centrale du Nord.
Gde Pharmacie du XXe Siècle.
Gde Pharmacie du P.-L.-M.
Gde Pharmacie de la Gare de Lyon.
Gde Pharmacie Alésia, Paris.
Grande Pharmacie Renaud.

Pharmacie Parmentier.
— Descottes.
— Centrale des Lombards.
— de l'Epoque.
— Brocadet.
— du Docteur Vée.
— Bonnet.
— Cassau Cœuret.
— Damis.
— du Ranelagh.
— Coupillaud.
— Girard.
— Gourdet.
— Humanitaire.
— Rouet.
— Fiamma, St-Mandé.
— Rosset, —
— Castel-Chabre, Toulon.
— Buchard, Le Puy.
— du Progrès, Valence.
— Léger, Amiens.
— Gourdal, Brive.
— Trouillet, Rodez.
— Tixier, Mâcon.
— Mestray, Angers.
— Tétard, Beauvais.
— Régionale, Chambéry.
— Principale, Genève.
Droguerie Vétérinaire du Centre.
Pharmacie Mondiale, Bruxelles.
Pharmacie de Toledo, Genève.
Pharmacie Franco-Anglaise, Buenos-Aires.

Marques Alimentaires

La Végétaline.
Amieux Frères.
Bouillon Oxo.
Extrait Liebig.
Chocolat François-Meunier.
Chocolat-François.
Chocolaterie Talencia.

Entremets Lucullus.
Malt-Kneipp.
Source Parot.
Camembert « Delecta ».
Camembert « Le Parfait ».
Chicorée à la Vierge Dorée.
Saucisson Arlaten.

Pâtes Excelsior.
Barthélemy Frères.
Grains « Cristallis ».

Couscouss Vian.
Tissier-Ricard.
Grande Epicerie Centrale, Douai.

Marques Industrielles

Automobiles Hotchkiss.
Ecrémeuses Alfa-Laval.
Ecrémeuses Baltic.
Ecrémeuses Domo.
Etablissements Delacourt.
— Howiller.
— Godiniaux Fros.

Établissements Monet et Goyon.
— Siégel.
Etau Thiébaud.
Moto-Pompes Devèze.
Compresseurs Saturne.
Bicyclette « La Cocarde ».

Huiles et Savons

Sunlight-Savon.
Savon Lux.
Savon La Girafe.
Savon La Panthère.

Savon Erasmic.
Savon Richelet.
Maison Pons, Arles.
Le Pélican.

Vins et Liqueurs

Cinzano.
Vin Desiles.
Liqueur Izarra.
Mexiko.
Grès-Mad.
Anselme Bigorre.

Delonca.
Orangeade Terrier.
Le Turinet.
Cidrerie du Val d'Aulne.
Decamp, Paris.

Produits de Beauté

Crème Simon.
— Verlaine.
Poudre Verlaine.

Eau Végétale Marquis.
Sauzé Frères.

Magasins de Nouveautés

Au Marché de Bercy.
Saint-Germain-des-Prés.
La Jeune France.
Au Gagne-Petit, Château-Thier-
ry.

A l'Idéal, Toulouse.
Grands Magasins du Globe, Cons-
tantine.
Société Nationale d'Achats.
A l'Elégance, Douai.

Divers

100.000-Chemises.
Graines d'élite Clause.
Etablissements Belin, Argenteuil.
Harris, détective.
La Kabiline.
Petit Journal.
Comité d'études françaises.
Pipes L. M. B.
Centenaire de Napoléon Ier.
Imperméables André, St-Etienne.
Imperméables Fleury, Paris.
Teinturerie Heurtebise, Nantes.
Parapluies Cinqualbre, Rouen.
Gemme Atzel.
Porte-Plume Goldstarry.
Corsets Standart.
Bâches Thibault.

Comptoir Central d'Horlogerie.
Dauzet, bijoutier.
La Ruche d'Or.
Emballages Bourgeois.
Banque Jean Morieux.
Union Economique.
Docks du Cycle, Angers.
La Botte d'Or, Auxerre.
Destrez, Versailles.
Fontaine Frères.
Librairie Agricole.
Renaissance du Livre.
Cigarettes Araks.
Cigarettes Saamca.
Huilier Robusta.
Contentieux Foubert.
Rouen-Automobile.
Aviette Poulain.

N. B. — Pour tous renseignements, projets, devis, etc., s'adresser à M. le Directeur du Bureau Technique, 6, rue de la Grange-Batelière, Paris (IXe). Téléphone : Louvre 16-67.

Table alphabétique des Matières

(Les numéros indiquent les pages du volume).

Table analytique des Matières

❀ ❀ ❀

LIVRE PREMIER

LES PRINCIPES GÉNÉRAUX DE LA PUBLICITÉ

CHAPITRE PREMIER

La publicité suggère. — Qu'est-ce que la publicité? — Réclame
et publicité. — La publicité est-elle une science? Est-elle un
art? — La publicité-science. — Les sentiments moteurs de la
publicité : l'intérêt, la vanité, la propriété (ou possession), la
confiance, la crédulité, la pusillanimité, la cupidité. — Qu'est-ce
qu'un annonceur? — La publicité-art.

CHAPITRE II

Les majorités relatives. — Les deux périodes de la publicité :
première période. — La répétition. — Deuxième période. La
vente et la publicité. — L'action cumulative. — Le temps,
facteur du succès.

CHAPITRE III

La publicité crée-t-elle le besoin? — Le besoin latent. — Le besoin
existant. — La concurrence. — La réceptivité. — Le potentiel
d'intérêt ou de réceptivité.

APPENDICE II

APPENDICE III

APPENDICE IV

www.ingramcontent.com/pod-product-compliance
Lightning Source LLC
LaVergne TN
LVHW021147050726
842519LV00002B/536